【 学研ニューコース 】

中学地理

Gakken

はじめに

　『学研ニューコース』シリーズが初めて刊行されたのは，1972（昭和47）年のことです。当時はまだ，参考書の種類も少ない時代でしたから，多くの方の目に触れ，手にとってもらったことでしょう。みなさんのおうちの人が，『学研ニューコース』を使って勉強をしていたかもしれません。

　それから，平成，令和と時代は移り，世の中は大きく変わりました。モノや情報はあふれ，ニーズは多様化し，科学技術は加速度的に進歩しています。また，世界や日本の枠組みを揺るがすような大きな出来事がいくつもありました。当然ながら，中学生を取り巻く環境も大きく変化しています。学校の勉強についていえば，教科書は『学研ニューコース』が創刊した約10年後の1980年代からやさしくなり始めましたが，その30年後の2010年代には学ぶ内容が増えました。そして2020年の学習指導要領改訂では，内容や量はほぼ変わらずに，思考力を問うような問題を多く扱うようになりました。知識を覚えるだけの時代は終わり，覚えた知識をどう活かすかということが重要視されているのです。

　そのような中，『学研ニューコース』シリーズも，その時々の中学生の声に耳を傾けながら，少しずつ進化していきました。新しい手法を大胆に取り入れたり，ときにはかつて評判のよかった手法を復活させたりするなど，試行錯誤を繰り返して現在に至ります。ただ「どこよりもわかりやすい，中学生にとっていちばんためになる参考書をつくる」という，編集部の思いと方針は，創刊時より変わっていません。

　今回の改訂では中学生のみなさんが勉強に前向きに取り組めるよう，等身大の中学生たちのマンガを巻頭に，「中学生のための勉強・学校生活アドバイス」というコラムを章末に配しました。勉強のやる気の出し方，定期テストの対策の仕方，高校入試の情報など，中学生のみなさんに知っておいてほしいことをまとめてあります。本編では新しい学習指導要領に合わせて，思考力を養えるような内容も多く掲載し，時代に合った構成となっています。

　進化し続け，愛され続けてきた『学研ニューコース』が，中学生のみなさんにとって，やる気を与えてくれる，また，一生懸命なときにそばにいて応援してくれる，そんな良き勉強のパートナーになってくれることを，編集部一同，心から願っています。

学研プラス

違うところで生まれ育ったオレたち。
そんなオレたちが
地理の授業をキッカケに
わかり合えたのは必然なのかもしれない

隣の席どうしでペアになって、世界の国についてリサーチしてもらいます！

夏休み目前にして、社会科の美里ちゃん（先生）からそんな課題が出た

隣どうしでペアか…

ま、課題をやるのは全然いいんだけどちょっとやりづらいかもなあ

だって……

オレの隣の菊池由依は、引っ越してきたばっかの転校生なんだ

菊池由依　中1

西島陸　中1

5

7

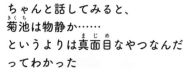
ちゃんと話してみると、
菊池は物静か……
というよりは真面目なやつなんだ
ってわかった

オレが忘れ物をすると、
ちょっと怒りながらも
教科書を
見せてくれるし……

菊池のおかげで、
課題もどんどん
形になっていった

内陸だと小麦やぶどうが、
沿岸部だと美味しい魚が
とれるんだって

なるほど……土地が違うと、
とれるものも全然違うのか！
だからその土地の名物料理が
できる、ってわけなんだな

お、料理の話？
スペイン料理なら、
パエリアとか有名だよな！

パエリアかー
なんか
海鮮炊き込みご飯
に似てるよな
たまに家でも
出てくるやつ

へえ……
この町の郷土料理なの？

パエリアみたいに
おしゃれじゃないけどな

今度作り方
聞いてこようか？

そうすれば、もっとお互いのことがわかるようになると思うから！

本書の特長と使い方

各章の流れと使い方

解説ページ

本文

本書のメインページです。基礎内容から発展内容まで，わかりやすく，くわしく解説しています。

問題

チェック基礎用語

よく問われる基礎用語を簡単にチェックできます。

定期テスト予想問題

学校の定期テストでよく出題される問題を集めたテストで，力試しができます。

本文ページの構成

教科書の要点

この項目で学習する，テストによく出る要点をまとめてあります。

解説

ていねいでくわしい解説で，内容がしっかり理解できます。

豊富な図解

本文の理解を助けるための，豊富な写真や図表を掲載しています。

---

1 地球の姿

教科書の要点

1. 地球の姿　●6大陸…ユーラシア大陸，アフリカ大陸，北アメリカ大陸など
　　　　　　●3大洋…太平洋，大西洋，インド洋

2. 世界の地域区分　●6つの州…アジア州，ヨーロッパ州，北アメリカ州など

1 地球の姿

　地球はほぼ球体をしており，表面は陸地と海洋からなる。陸地は**6大陸**とその他の島々からなり，海洋は**3大洋**と，3大洋に付属する地中海や日本海などの小さな海からなる**■**。
(1) 地球の大きさ…半径は約6400km，全周は約4万km。
(2) 陸地と海洋…陸地3：海洋7で，海洋のほうが広い。

重要
●**6大陸**…**ユーラシア大陸**，**アフリカ大陸**，**北アメリカ大陸**，**南アメリカ大陸**，**オーストラリア大陸**，**南極大陸**。
●**3大洋**…**太平洋**，**大西洋**，**インド洋**。太平洋が最大。

参考 ユーラシア大陸
ユーラシア大陸のユーラシアを英語で書くと"Eurasia"となる。これは，ヨーロッパ"Europe"とアジア"Asia"を組み合わせた呼び名とされている。

くわしく 陸半球と水半球
陸地が最も多くみえる向きからみた半球を陸半球といい，海面が最も多くみえる向きからみた半球を水半球という。

陸半球➡

陸地の面積が49%を占める

海洋の面積が89%を占める
⬅水半球

ユーラシア大陸　北アメリカ大陸　大西洋　アフリカ大陸　太平洋　インド洋　南アメリカ大陸　南極大陸　オーストラリア大陸

■ 6大陸と3大洋 太平洋はすべての陸地を合わせた面積より大きい。

本書の特長

教科書の要点が ひと目でわかる	授業の理解から 定期テスト・入試対策まで	勉強のやり方や, 学校生活もサポート

特集

地理コラム

地理に関連する知識や技能を身につけたり,課題に対して考えたりする練習ができます。

勉強法コラム

ノートの取り方,スケジュールの立て方,勉強環境のつくり方など,知っておくとよい情報を扱っています。

入試レベル問題

高校入試で出題されるレベルの問題に取り組んで,さらに実力アップすることができます。

要点整理ミニブック

この本の最初に,切り取って持ち運べるミニブックがついています。テスト前の最終チェックに最適です。

サイド解説

本文をより理解するためのくわしい解説や関連事項,テストで役立つ内容などを扱っています。

くわしく 本文の内容をよりくわしく解説。

発展 発展的な学習内容の解説。

テストで注意 テストでまちがえやすい内容の解説。

用語解説 重要な用語解説。

参考 知っておくとさらに理解が深まる内容の紹介。

思考 なぜそうなるのかなど,社会科的な考え方を用いた解説。

重要ポイント

それぞれの項目のとくに重要なポイントがわかります。

Column コラム

地理の知識を深めたり広げたりできる内容を扱っています。

---

2 世界の地域区分

世界は6つの州2に分けられ,日本はアジア州の東アジアに属する。ロシアやトルコ,エジプトなどのように,2つの州にまたがる国もある。

最重要

(1) **アジア州**…ユーラシア大陸のウラル山脈より東の地域。6つの州の中で最も面積が大きく,人口も最も多い。さらに東アジア,東南アジアなどに分けられる3。

(2) **ヨーロッパ州**…ユーラシア大陸のウラル山脈より西の地域。ロシアはヨーロッパ州に分類されることが多い。

(3) **アフリカ州**…アフリカ大陸と周辺の島々からなる。スエズ地峡を境にアジア州と分かれる。

(4) **北アメリカ州**…北アメリカ大陸と西インド諸島からなる。パナマ地峡を境に南アメリカ州と分かれる。

(5) **南アメリカ州**…南アメリカ大陸と周辺の島々からなる。

(6) **オセアニア州**…オーストラリア大陸と太平洋の島々からなる。

オセアニア州の大部分は海だよ。

 くわしく・ロシアは何州?

ロシアは西部はヨーロッパ州,東部のシベリアと呼ばれる地域はアジア州に属する。しかし,ヨーロッパ州の国々と文化的な共通点が多いことからヨーロッパ州に分類されることが多い。

 発展 地峡

大陸と大陸,あるいは大陸と半島を結ぶ陸地の細くなった部分。**スエズ地峡**と**パナマ地峡**には,それぞれスエズ運河とパナマ運河が通っており,重要な航路となっている。

(Cynet Photo)

↑ パナマ運河を航行する船 運河とは人工の水路のことで,人や貨物の運搬に利用される。

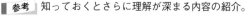

1章 世界の姿

2 6つの州

3 アジア州の区分

学研ニューコース
Gakken New Course
for Junior High School
Students

中学地理

もくじ

Contents

3編　日本のさまざまな地域

1章　身近な地域の調査

2章　日本の地域的特色

3章　日本の諸地域

1節　九州地方

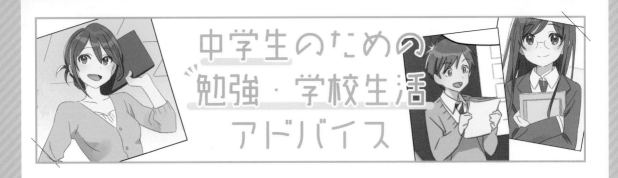

中学生のための
勉強・学校生活
アドバイス

中学校は小学校と大きく変わる

「中学校から勉強が苦手になった」という人はたくさんいます。 勉強につまずいてしまうのは，中学に上がると変わることが多いためです。

　まず，勉強する内容が高度になり量も多くなります。小学校の1回の授業時間は40〜45分で，前回の授業を復習しながら進みましたが，中学校の1回の授業は50〜60分で，前回の授業は理解している前提で進みます。

　生活面では部活動が始まります。入る部活によっては朝や休日にも練習があるかもしれません。勉強と部活を両立させられるかどうかで，成績に大きく差がつきます。

小学　　　中学

中学の地理の特徴（とくちょう）

　中学の地理では，日本だけでなく，**世界の内容**も取り上げられます。出てくる地名や用語の数もぐっと増えるため，あせらずに少しずつ学んでいくようにしましょう。

　地理では，地名を覚えることは基本の一つです。しかし，むやみに地名だけ覚えようとするのでは，あまり知識が身につきません。新しい地名が出てきたら，**まず地球儀や地図帳を使って，位置を確認しましょう**。また，各地域の産業の学習では，**その産業がその地域に発達するのはなぜなのかを考えましょう**。理由も含めて理解することで，地域の特色をスムーズにつかむことができます。

ふだんの勉強は「予習→授業→復習」が基本

中学校の勉強では，**「予習→授業→復習」の正しい勉強のサイクルを回すこと**が大切です。

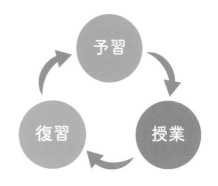

☑ 予習は軽く。要点をつかめば OK！

予習は 1 回の授業に対して 5 〜 10 分程度にしましょう。完璧（かんぺき）に内容を理解する必要はありません。「どんなことを学ぶのか」という大まかな内容をつかみ，授業にのぞみましょう。

☑ 授業に集中！ わからないことはすぐに先生に聞く‼

授業中は先生の説明を聞きながらノートを取り，気になることやわからないことがあったら，授業後にすぐ質問をしに行きましょう。

授業中にボーっとしてしまうと，テスト前に自分で理解しなければならなくなるので，効率がよくありません。**「授業中に理解しよう」としっかり聞く人は，時間の使い方が上手く，効率よく学力を伸（の）ばすことができます。**

☑ 復習は遅（おそ）くとも週末に。ためすぎ注意！

授業で習ったことを忘れないために，**復習はできればその日のうちに。それが難しければ，週末には復習をするようにしましょう。** 時間を空けすぎて習ったことをほとんど忘れてしまうと，勉強がはかどりません。復習をためすぎないように注意してください。

復習をするときは，教科書やノートを読むだけではなく，問題も解くようにしましょう。問題を解いてみることで理解も深まり記憶（きおく）が定着します。

定期テスト対策は早めに

　定期テストは1年に約5回※。一般的に，一学期と二学期に中間テストと期末テスト，三学期に学年末テストがあります。しかし，「小学校よりもテストの回数が少ない！」と喜んではいられません。1回のテストの範囲が広く，しかも同じ日に何教科も実施されるため，テストの日に合わせてしっかり勉強する必要があります。(※三学期制か二学期制かで回数は異なります)

　定期テストの勉強は，できれば2週間ほど前から取り組むのがオススメです。部活動はテスト1週間前から休みに入る学校が多いようですが，その前からテストモードに入るのがよいでしょう。「試験範囲を一度勉強して終わり」ではなく，二度・三度とくり返しやることが，よい点をとるためには大事です。

中1・中2のときの成績が高校受験に影響することも！

　内申点という言葉を聞いたことがある人もいるでしょう。内申点は各教科の5段階の評定（成績）をもとに計算した評価で，高校入試で使用される調査書に記載されます。1年ごとに，実技教科を含む9教科で計算され，たとえば，「9教科全ての成績が4の場合，内申点は4×9＝36」などといった具合です。

　公立高校の入試では，「内申点＋試験の点数」で合否が決まります。当日の試験の点数がよくても，内申点が悪くて不合格になってしまうということもあるのです。住む地域や受ける高校によって，「内申点をどのように計算するか」「何年生からの内申点が合否に関わるか」「内申点が入試の得点にどれくらい加算されるか」は異なりますので，早めに調べておくといいでしょう。

　「高校受験なんて先のこと」と思うかもしれませんが，実は**中1・中2のときのテストの成績や授業態度が，入試に影響する場合もあるのです。**

1編

編

世界と日本の地域構成

1章　世界の姿

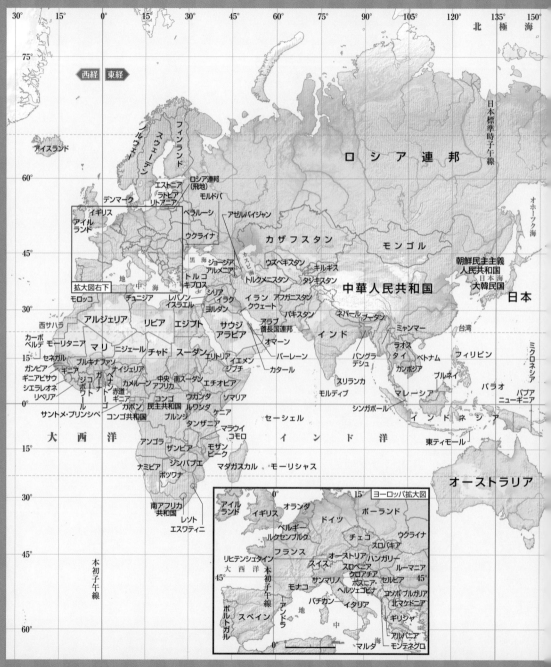

西経　東経

30°	15°	0°	15°	30°	45°	60°	75°	90°	105°	120°	135°	150°	

北　極　海

75°

アイスランド

ノルウェー　スウェーデン　フィンランド

60°　ロシア連邦

デンマーク　エストニア　ラトビア　リトアニア　ロシア連邦(飛地)　モルドバ

イギリス　アイルランド　ベラルーシ　アゼルバイジャン

45°　ウクライナ　カザフスタン　モンゴル

拡大図右下　黒海　ジョージア　アルメニア　ウズベキスタン　キルギス　朝鮮民主主義人民共和国　大韓民国

地中海　トルコ　キプロス　トルクメニスタン　タジキスタン　中華人民共和国　日本

モロッコ　チュニジア　レバノン　シリア　イラク　イラン　アフガニスタン

30°　イスラエル　ヨルダン　クウェート　パキスタン　ネパール　ブータン

西サハラ　アルジェリア　リビア　エジプト　サウジアラビア　アラブ首長国連邦　インド　ミャンマー　台湾　フィリピン

カーボベルデ　モーリタニア　マリ　ニジェール　チャド　スーダン　エリトリア　イエメン　オマーン　バーレーン　バングラデシュ　ラオス　タイ　ベトナム

15°　セネガル　ブルキナファソ　ナイジェリア　ジブチ　カタール　スリランカ　カンボジア　ブルネイ　パラオ　ミクロネシア

ガンビア　ギニアビサウ　ギニア　ガーナ　中央アフリカ　南スーダン　エチオピア　モルディブ　マレーシア　パプアニューギニア

シエラレオネ　リベリア　コートジボワール　トーゴ　カメルーン

0°　赤道　ガボン　コンゴ民主共和国　ウガンダ　ルワンダ　ケニア　シンガポール　イ　ン　ド　ネ　シ　ア

サントメ・プリンシペ　コンゴ共和国　ブルンジ　タンザニア　セーシェル

大　西　洋　アンゴラ　ザンビア　マラウイ　コモロ　イ　ン　ド　洋　東ティモール

15°　ナミビア　ジンバブエ　モザンビーク　マダガスカル　モーリシャス

ボツワナ　オーストラリア

30°　南アフリカ共和国　レソト　エスワティニ

45°　本初子午線

60°

日本標準時子午線　オホーツク海　日本海

ロ　シ　ア　連　邦

ヨーロッパ拡大図

アイルランド　イギリス　オランダ　ドイツ　ポーランド

ベルギー　ルクセンブルク　チェコ　ウクライナ

リヒテンシュタイン　フランス　スイス　オーストリア　ハンガリー　スロバキア

大西洋　45°　サンマリノ　スロベニア　クロアチア　セルビア　ルーマニア

モナコ　ボスニア・ヘルツェゴビナ　45°

本初子午線　アンドラ　バチカン　イタリア　コソボ　ブルガリア　北マケドニア

スペイン　ポルトガル　地中海　ギリシャ

アルバニア　マルタ　モンテネグロ

1000km

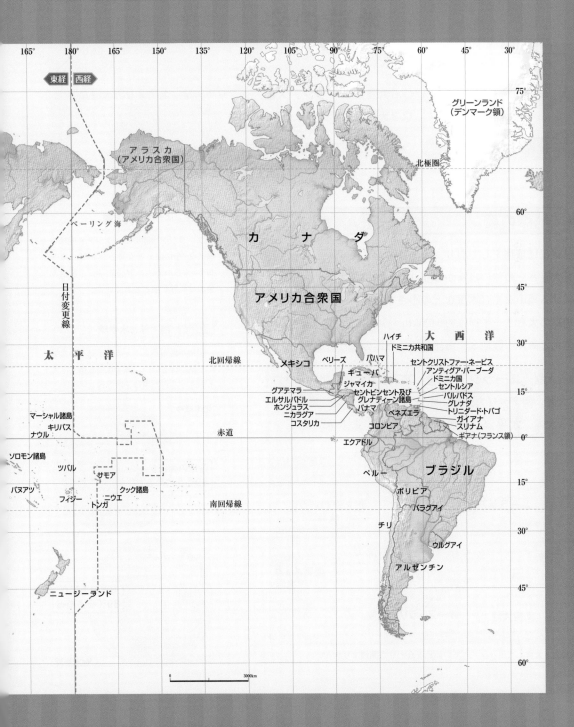

165°　180°　165°　150°　135°　120°　105°　90°　75°　60°　45°　30°

東経　西経

グリーンランド
（デンマーク領）

75°

アラスカ
（アメリカ合衆国）

北極圏

60°

ベーリング海

カ　ナ　ダ

45°

日付変更線

アメリカ合衆国

太　平　洋

ハイチ　大　西　洋

ドミニカ共和国

30°

北回帰線

メキシコ　ベリーズ　パハマ　セントクリストファー・ネービス

キューバ　アンティグア・バーブーダ

ジャマイカ　ドミニカ国

グアテマラ　セントビンセント及び　セントルシア

エルサルバドル　グレナディーン諸島　バルバドス

マーシャル諸島　ホンジュラス　パナマ　グレナダ

キリバス　ニカラグア　トリニダード・トバゴ

ナウル　コスタリカ　ベネズエラ　ガイアナ

コロンビア　スリナム

ソロモン諸島　ギアナ（フランス領）

赤道　エクアドル

15°

ツバル

サモア

クック諸島

バヌアツ

フィジー　ニウエ　ペルー　ブラジル

トンガ

ボリビア

南回帰線　パラグアイ

チリ

ウルグアイ

ニュージーランド　アルゼンチン

45°

0　3000km

60°

1 地球の姿

教科書の要点

1 地球の姿　◎6大陸…**ユーラシア大陸**, アフリカ大陸, 北アメリカ大陸など
◎3大洋…**太平洋**, 大西洋, インド洋

2 世界の地域区分　◎6つの州…**アジア州**, ヨーロッパ州, 北アメリカ州など

1 地球の姿

　地球はほぼ球体をしており, 表面は陸地と海洋からなる。陸地は**6大陸**とその他の島々からなり, 海洋は**3大洋**と, 3大洋に付属する地中海や日本海などの小さな海からなる**1**。

(1) 地球の大きさ…半径は約6400km, 全周は約4万km。

(2) 陸地と海洋…陸地3：海洋7で, 海洋のほうが広い。

> **重要**
> ❶6大陸…**ユーラシア大陸**, **アフリカ大陸**, **北アメリカ大陸**, **南アメリカ大陸**, **オーストラリア大陸**, **南極大陸**。
> ❷3大洋…**太平洋**, **大西洋**, **インド洋**。太平洋が最大。

1 6大陸と3大洋　太平洋はすべての陸地を合わせた面積より大きい。

参考　ユーラシア大陸

　ユーラシア大陸のユーラシアを英語で書くと"Eurasia"となる。これは, ヨーロッパ"Europe"とアジア"Asia"を組み合わせた呼び名とされている。

くわしく　陸半球と水半球

　陸地が最も多くみえる向きからみた半球を陸半球といい, 海洋が最も多くみえる向きからみた半球を水半球という。

陸半球➡

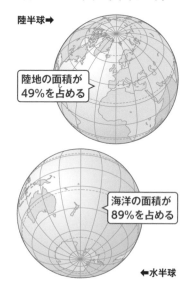

陸地の面積が49%を占める

海洋の面積が89%を占める

⬅水半球

2 世界の地域区分

世界は6つの州 **2** に分けられ，日本はアジア州の東アジアに属する。ロシアやトルコ，エジプトなどのように，2つの州にまたがる国もある。

重要

(1) **アジア州**…ユーラシア大陸のウラル山脈より東の地域。6つの州の中で最も面積が大きく，人口も最も多い。さらに東アジア，東南アジアなどに分けられる **3**。

(2) **ヨーロッパ州**…ユーラシア大陸のウラル山脈より西の地域。ロシアはヨーロッパ州に分類されることが多い。

(3) **アフリカ州**…アフリカ大陸と周辺の島々からなる。スエズ地峡を境にアジア州と分かれる。

(4) **北アメリカ州**…北アメリカ大陸と西インド諸島からなる。パナマ地峡を境に南アメリカ州と分かれる。

(5) **南アメリカ州**…南アメリカ大陸と周辺の島々からなる。

(6) **オセアニア州**…オーストラリア大陸と太平洋の島々からなる。

オセアニア州の大部分は海だよ。

くわしく ロシアは何州？

ロシアは西部はヨーロッパ州，東部のシベリアと呼ばれる地域はアジア州に属する。しかし，ヨーロッパ州の国々と文化的な共通点が多いことからヨーロッパ州に分類されることが多い。

発展 地峡

大陸と大陸，あるいは大陸と半島を結ぶ陸地の細くなった部分。**スエズ地峡**と**パナマ地峡**には，それぞれスエズ運河とパナマ運河が通っており，重要な航路となっている。

(Cynet Photo)

↑ **パナマ運河を航行する船** 運河とは人工の水路のことで，人や貨物の運搬に利用される。

2 6つの州

ヨーロッパ州　アジア州　北アメリカ州　アフリカ州　オセアニア州　南アメリカ州

3 アジア州の区分

中央アジア　東アジア　西アジア　南アジア　東南アジア

2 世界のさまざまな国（1）

教科書の要点

1 さまざまな国境線　◎国境線…**地形**を利用したものや人工的に引かれたものなど

2 さまざまな国旗　◎国旗…その国の**自然**や**歴史**，**宗教**などの意味が込められている

3 国名の由来　◎国名…**人名，民族名，自然，国の位置**などからつけられたもの

1 さまざまな国境線

　国と国との境界を**国境**といい，国境に沿って目に
みえない国境線が引かれている。

(1) 国境線の種類■

❶**地形を利用した国境線**…山脈や川，海に沿って
引かれたものや，湖や砂漠に引かれたものな
どがある。

（重要）❷**経線と緯線を利用した国境線**…まっすぐ
な国境線になる。アフリカ州に多い。

❸**海の上にある国境線**…日本のような島国（海洋国）の国境
線は，海に引かれている。

(2) 国境をめぐる問題…国境をどこにするかで争う領土問題が
みられ，国境が確定していないところもある。

地形を利用した国境線
フランス
山脈に沿った国境線
ピレネー山脈
スペイン

ミャンマー　ラオス
タイ　ベトナム
川に沿った国境線
カンボジア

経線と緯線を利用した国境線
リビア　エジプト
東経25度　北緯22度
スーダン

国境線が未確定な所
アフガニ
スタン　国境未確定
中国
パキスタン
インド

■ さまざまな国境線

2 さまざまな国旗

　国旗には，その国の自然や歴史，宗教などの意味が込められ
ている。

〈くわしく〉**アフリカの国境線**

　かつて，アフリカの大部分を植民地と
して支配していたヨーロッパの国々は，
民族のまとまりを無視して緯度と経度に
沿って境界を決めた。その名残が現在で
も直線的な国境線として残っている。

(1) 宗教に基づく国旗

　❶キリスト教徒の多い国…キリスト教の象徴である**十字架**が描かれている。

　❷イスラム教徒の多い国…イスラム教の象徴である**三日月と星**が描かれている。

(2) 三色旗…民族，自然，歴史など，それぞれの色に意味が込められている。

●キリスト教徒の多い国の国旗
ノルウェー　　　　　　フィンランド

●イスラム教徒の多い国の国旗
パキスタン　　　　　　トルコ

●三色旗
フランス　　　　　　　イタリア

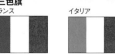

思考 **オセアニア州の国旗にイギリス国旗が描かれているのはなぜ?**

　イギリスの国旗をユニオンジャックというが，このユニオンジャックはオーストラリアやニュージーランド，フィジーなどの国旗にも描かれている。これはかつてこれらの国々がイギリスの植民地であった歴史を物語っている。

イギリス　　　　　　　オーストラリア

ニュージーランド　　　フィジー

3　国名の由来

　現在，世界には190余りの国がある。それぞれの国名は，人名や民族名，自然などを基につけられている。

(1) 人名・民族名に由来する国名

　❶アメリカ合衆国…探検家アメリゴ・ベスプッチに由来。

　❷コロンビア…探検家コロンブスに由来。

(2) 自然の特色に由来する国名

　❶インド…「インダス川の流れる土地」の意味。

　❷アイスランド…「氷の国」の意味。

(3) 国土の位置などに由来する国名

　❶モロッコ…アラビア語の国名にあたる「マグリブ」は「西の国」の意味。

　❷オーストリア…ラテン語で「東の国」の意味。

参考 **「エクアドル」の国名の由来**

　南アメリカ州のエクアドルは国内を赤道が通っているため，スペイン語で「**赤道**」を意味するエクアドルと名づけられた。

（ピクスタ）

↑ **エクアドルの赤道記念碑**　実際の赤道とは200mほどずれている。

Column　**国境を自由に行き来できるところがある!?**

　現在，国と国とを行き来するには，身分証明書であるパスポートの提示が必要である。しかし，ヨーロッパ州のEU（→p104）では，シェンゲン協定を結んだ国どうしは国境の行き来が自由で，パスポートは必要ない。このため，国境を越えて仕事に行ったり，買い物に行ったりすることが日常的に行われている。

↑ **ドイツとベルギーの国境**（Cynet Photo）

3 世界のさまざまな国 （2）

教科書の要点

1 島国と内陸国
◎**島国**…四方を海に囲まれた国。日本，フィリピン，キューバなど
◎**内陸国**…海に面していない国。モンゴル，スイス，ボリビアなど

2 世界の国々の面積
◎**ロシア**が最大で，**バチカン市国**が最小

3 世界の国々の人口
◎中国，インドの人口が多い。最少はバチカン市国

1 島国と内陸国

世界には領土・国民・主権をもった独立国が190余りあり，島国や内陸国などさまざまな国がある。

(1) 島国（海洋国）と内陸国 **1**

　❶島国…四方を海に囲まれ，陸地で他国に接していない国。日本やフィリピン，キューバなどがある。

　❷内陸国…海に全く面していない国。モンゴル，アフガニスタン，スイス，ボリビアなどがある。

オーストラリアは大陸なので，島国ではないよ。

アイスランド
イギリス
アイルランド
スイス
オーストリア
カザフスタン
モンゴル
ニジェール
チャド
ネパール
ラオス
日本
キューバ
マリ
フィリピン
太平洋
大西洋
スリランカ
パプアニューギニア
赤道
エチオピア
インドネシア
中央アフリカ
インド洋
ボリビア
大西洋
マダガスカル
パラグアイ
ザンビア
ジンバブエ
ニュージーランド

☐ 島国　☐ 内陸国

1 島国と内陸国

※イギリスやパプアニューギニアは他国と陸地で接しているが，主要な国土が島であるため，島国として扱った。

2　世界の国々の面積

1位	ロシア	1710万km²
2位	カナダ	999万km²
3位	アメリカ合衆国	983万km²
4位	中国	960万km²
5位	ブラジル	852万km²

（2018年）　（2020/21年版「世界国勢図会」）

③ 面積の大きい国

面積が最大の国はロシアで，最小はバチカン市国。ヨーロッパ州やオセアニア州には小さな国が多い。日本の国土面積は約38万km²で，世界では61番目の大きさ。**②**

重要

(1) 面積が大きい国**③**…**ロシア**が最大で，日本の約45倍の面積を有する。次いで，**カナダ，アメリカ合衆国（がっしゅうこく），中国（ちゅうごく），ブラジル**と続く。

(2) 面積が小さい国…イタリアの首都ローマ市内にある**バチカン市国**が最小で，東京ディズニーランドよりも小さい。

② 日本と世界の国の大きさの比較（ひかく）

同じ縮尺（しゅくしゃく）の日本

ロシア

0　300km

オランダ
4.2万km²

北海道
8.3万km²

オーストリア
8.4万km²

（2018年）

（2020/21年版「世界国勢図会」）

ヨーロッパには，日本より小さな国が多いよ。

3　世界の国々の人口

1位	中国	14.4億人
2位	インド	13.8億人
3位	アメリカ合衆国	3.3億人
4位	インドネシア	2.7億人
5位	パキスタン	2.2億人

（2020年）　（2020/21年版「世界国勢図会」）

④ 人口の多い国

世界の人口は**約78億人（おく）**（2020年）で，増え続けている。とくにアジア州の人口が多く，世界全体の**約6割（し）**を占める。

(1) 人口が多い国**④**…**中国，インド**が多く，近い将来（しょうらい）インドが中国を抜いて世界一になると予測（よそく）されている。日本は約1億2600万人で，世界第11位（2019年）。

(2) 人口が少ない国…**バチカン市国**が最少。オセアニア州やヨーロッパ州に人口が少ない国が多い。
→ 1000人弱

4 緯度と経度

教科書の要点

1 緯度と経度
◎ 緯度…赤道（せきどう）が0度で，南北をそれぞれ90度ずつに分ける
◎ 経度…本初子午線（ほんしょしごせん）が0度で，東西をそれぞれ180度ずつに分ける

2 気温と季節の違い（ちが）
◎ 気温の違い…高緯度に行くほど，気温が低くなる
◎ 季節の違い…北半球と南半球では，季節が逆になる

1 緯度と経度

　緯度と経度は，国や都市が地球のどのあたりにあるかを表すのに使われる。いわば地球上の番地を示しているといえる。

（1）緯度と緯線（いせん）**1**

重要
❶ 緯度（いど）…赤道（せきどう）■を0度として，南北をそれぞれ90度ずつに分けたもの。赤道より北は北緯（ほくい）○○度，南は南緯（なんい）○○度で表す。

❷ 緯線…同じ緯度を結んだ線。緯線は赤道と平行に引かれている。

（2）経度と経線（けいせん）**1**

重要
❶ 経度…本初子午線（ほんしょしごせん）■を0度として，東西をそれぞれ180度ずつに分けたもの。本初子午線より東は東経（とうけい）○○度，西は西経（せいけい）○○度で表す。

❷ 経線…同じ経度を結んだ線。経線は北極点（ほっきょくてん）と南極点（なんきょく）を結んでいる。

用語解説 赤道

　北極点と南極点との中間にあたる地点を結んだ緯度0度の緯線。アフリカ大陸中央部や南アメリカ大陸北部を通る。

用語解説 本初子午線

　経度の基準となる経度0度の経線。**イギリスの首都ロンドン**にある旧グリニッジ天文台を通る経線を本初子午線と定めている。

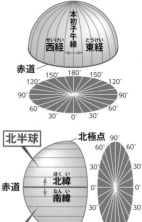

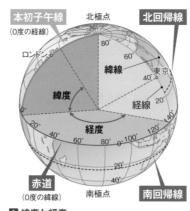

1 緯度と経度

↑ **北半球と南半球**　赤道より北を北半球，南を南半球という。

② 気温と季節の違い

地球上では，北極，南極に近づくほど（高緯度に行くほど），気温は低くなり，北半球と南半球では季節が逆になる。これは地球が約23.4度傾いた状態で太陽の周りを回っているためである。

(1) 気温差ができるしくみ②
…赤道付近は太陽の光に対して地表が垂直に近く，太陽エネルギーが大きいため，気温が高くなる。いっぽう，北極・南極付近は太

② 気温差ができるしくみ

陽の光に対して地表の角度が浅く，太陽エネルギーが小さいため，気温が低くなる。

(2) 季節の違いができるしくみ…場所と時期によって太陽の光の当たり方が異なるため，季節の違いができる。

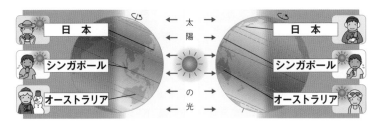

発展 回帰線

北緯・南緯23.4度の緯線を，それぞれ北回帰線，南回帰線という。北半球が夏至（昼が最も長い日）のとき，太陽は北回帰線上で真上にくる。いっぽう，北半球が冬至（昼が最も短い日）のとき，太陽は南回帰線上で真上にくる。

発展 白夜と極夜

北極・南極近くの高緯度地域では，夏至の前後の時期に太陽が完全には沈まない現象が起きる。この現象を白夜という。反対に冬至のころは太陽が昇らず，昼でも薄暗い日が続く極夜となる。

(Cynet Photo)
↑白夜　夜でも薄明るい状態が続く。

Column 地図帳の引き方

地図帳のページの端を見ると，数字やアルファベットが書かれている。これは国や都市がある位置を知る手掛かりとなるものである。

例えば，ニューヨークの位置を知りたい場合，まず，さくいんで「ニ」のところを見る。すると，ニューヨークの文字の後ろに，下のような数字とアルファベットが示されている。これを基にニューヨークの位置を見つけることができる。

ニューヨーク…42　F　2　S

ニューヨーク… 42　F　2　S
ページ数
F列
2行
南（北の場合はN）

5　地球儀と世界地図

教科書の要点

1 **地球儀の特徴**　◎面積，距離，方位など，すべてを正確に表すことができる。

2 **さまざまな世界地図**　◎角度，距離，方位，面積が正しい地図などがある。

1　地球儀の特徴

地球儀は，地球をそのままの形で縮小した模型である。面積,形,距離,方位・角度などのすべてを正確に表すことができる。

2　さまざまな世界地図

地球はほぼ球体であるため，平面の地図では面積，距離，方位などを全て同時に正しく表すことはできない。そのため，目的に応じて，さまざまな地図がつくられている。

(1)　緯線と経線が直角に交わる地図 ■

…2点間を結んだ直線が経線に対して常に同じ角度になる。昔は航海図に使われていた。高緯度にいくほど実際の面積より大きく表される。距離や方位も正しくない。

■～**3**の地図で，グリーンランドと南アメリカ大陸の大きさや形を比べてみよう。

くわしく　方位の示し方

地球上のある地点からみたほかの方向は方位を使って示すことができる。方位は東西南北で示す4方位や，さらに詳しく南東，北西などを加えた8方位，南南東，北北西などを加えた16方位で示される（→p.162）。

↑ 8方位での示し方

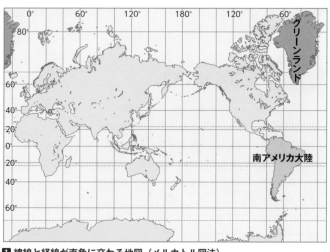

■ 緯線と経線が直角に交わる地図（メルカトル図法）

(2) 中心からの距離と方位が正しい地図

…中心の地点とある地点を結んだ直線が最短距離となり，その2地点の方位も正しく示される。中心以外の2地点間の距離と方位は正しくない。また，中心から離れるにつれて，陸地の形がゆがむ。

(3) 面積が正しい地図 ❸

…モルワイデ図法やサンソン図法がある。面積は正しいが，高緯度になるほど陸地の形のゆがみが大きくなる。

実際のグリーンランドの面積は217.6万km²，南アメリカ大陸は1746.1万km²。南アメリカ大陸のほうが約8倍も大きいよ。

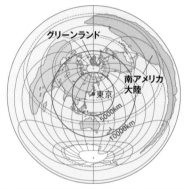

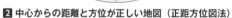

❷ 中心からの距離と方位が正しい地図（正距方位図法）

❸ 面積が正しい地図（モルワイデ図法）

Column 地球儀を使った距離と方位の調べ方

●距離の測り方
①北極点と南極点の間にテープを貼る。
②テープを20等分する目盛りを書き込む。北極点と南極点の間の距離は約2万kmなので，1目盛りは約1000kmになる。
③距離を測りたい2つの地点にテープを合わせ，目盛りから距離を読み取る。

●方位の測り方
①2本のテープを直角に貼り合わせる。
②方位を知りたい場所にテープの中心を置き，1本のテープを経線に合わせる。もう1本のテープの左側が西，右側が東になる。

距離の測り方

方位の測り方

世界地図の使い方

　世界地図は，目的に応じてさまざまなものがつくられている。それぞれの地図の特性を理解し，正しく使えるようにしよう。

1 面積を正しく知るには，どの地図？

　面積を正しく表している地図は，**図1**のモルワイデ図法が代表的である。**図2**のメルカトル図法では，緯度が高くなるほど形が変形するため，面積を正しく表すことはできない。

図1　面積が正しい地図（モルワイデ図法）

グリーンランド

南アメリカ大陸

図2　緯線と経線が直角に交わる地図（メルカトル図法）

グリーンランド
南アメリカ大陸より大きく描かれてしまっている。

南アメリカ大陸

2 日本の真東はどこか？

　図3をみると，日本（東京）の真東はサンフランシスコにみえる。しかし，メルカトル図法で描かれたこの地図は角度が正しい地図で，方位を正しく表すことはできない。方位を正しく表しているのは，中心からの距離と方位が正しい**図4**の正距方位図法で，この地図で確認すると日本（東京）の真東は南アメリカ大陸のブエノスアイレスとなる。ただし，この地図も中心以外の任意の2点の方位は正しく示せない。

図3　緯線と経線が直角に交わる地図（メルカトル図法）

真東に見えるがまちがい!!

東京　サンフランシスコ

正しい真東

ブエノスアイレス

図4　中心からの距離と方位が正しい地図（正距方位図法）

サンフランシスコは北東になる

サンフランシスコ

東京

ブエノスアイレス

正しい真東

③ 日本から最も遠い場所は？

　図5をみると，ブラジルとグリーンランドは日本から同じくらい遠くみえる。しかし，この地図（メルカトル図法）では距離を正しく表すことはできない。距離を正しく知ることができるのは，図6の正距方位図法である。この地図では，中心からの距離は中心に近いほど近く，中心から離れるほど遠くなる。このことから，中心から最も離れているブラジル周辺が，日本から最も遠い場所ということがわかる。ただし，中心からの距離と方位は正しいが，中心以外の任意の2点の距離は正しくないことに注意しよう。

図5　緯線と経線が直角に交わる地図（メルカトル図法）

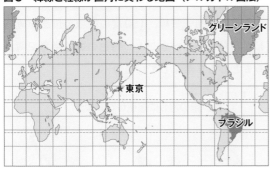

図6　中心からの距離と方位が正しい地図（正距方位図法）

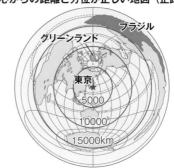

④ 日本から世界各地への最短コースを知るには？

　最後に，日本から世界各地への最短コースの求め方を確認しておこう。例えば，日本からサンフランシスコへの最短コースを求めるには，図7の地図をみる。この地図は，中心からの距離が正しいので，中心とほかの地点を直線で結んだ線が最短コースとなる。注意したいのが図8を使った場合で，この地図は距離を正しく表す地図ではないため，2地点間を直線で結んでも最短コースにはならない。図8では，日本からサンフランシスコへの最短コースは ------ のようになるので注意すること。

図7　中心からの距離と方位が正しい地図（正距方位図法）

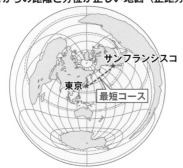

図8　緯線と経線が直角に交わる地図（メルカトル図法）

技能
Column

世界の略地図のかき方

　世界地図をかき始める前に，まずは地図を眺め，大陸のおおまかな形をイメージしておこう。トレーシングペーパーを重ねて，地図をおおまかにかいておくとイメージがつかみやすい。

①大陸のおおまかな形を覚える

　大陸には，三角形，四角形など，形に特色がある。おおまかに覚えておこう。

ユーラシア大陸
ひし形のような形
アフリカ大陸
台形を2つ重ねた形

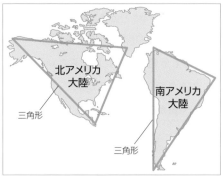

北アメリカ大陸
三角形
南アメリカ大陸
三角形

四角形
オーストラリア大陸

②地図にかきこみ，形を修正する

　赤道，本初子午線，180度の経線の位置を確認しながら大陸をかきこみ，特色のある半島や湾があるところを修正していこう。

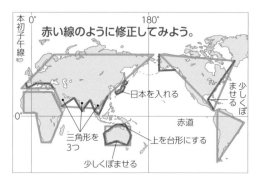

赤い線のように修正してみよう。
本初子午線
日本を入れる
少しくぼませる
三角形を3つ
赤道
上を台形にする
少しくぼませる

③完成

　コツをつかんだら，何もみないでかけるように何度も練習してみよう。さらに都市名などを書き込めばより地図らしくなる。

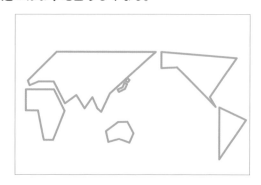

1 地球の姿 〜 3 世界のさまざまな国(2)

□(1) 6大陸とは，ユーラシア大陸，〔　　　〕，北アメリカ大陸，南アメリカ大陸，オーストラリア大陸，南極大陸である。

(1) アフリカ大陸

□(2) 6大陸のうち，最も面積が大きいのは〔　　　〕である。

(2) ユーラシア大陸

□(3) 3大洋とは，太平洋，大西洋，〔　　　〕である。

(3) インド洋

□(4) 3大洋のうち，最も面積が大きいのは〔　　　〕である。

(4) 太平洋

□(5) ユーラシア大陸のウラル山脈から東を〔　　　〕州という。

(5) アジア

□(6) 〔　　　〕州は，オーストラリアと太平洋の島々からなる。

(6) オセアニア

□(7) 国と国との境界を〔　　　〕という。

(7) 国境

□(8) 十字架が描かれている国旗は〔　イスラム　キリスト　〕教徒が多い国の国旗である。

(8) キリスト

□(9) スペイン語で「赤道」を意味する国は〔　エクアドル　ペルー　〕である。

(9) エクアドル

□(10) 四方を海に囲まれ，陸地で他国に接していない国を〔　　　〕という。

(10) 島国（海洋国）

□(11) 世界で最も面積が大きい国は〔　　　〕である。

(11) ロシア（連邦）

□(12) 世界で最も面積が小さい国は〔　　　〕である。

(12) バチカン市国

4 緯度と経度 〜 5 地球儀と世界地図

□(13) 〔　緯度　経度　〕は，赤道を0度として，南北をそれぞれ90度ずつに分けたものである。

(13) 緯度

□(14) 〔　緯度　経度　〕は，本初子午線を0度として，東西をそれぞれ180度ずつに分けたものである。

(14) 経度

□(15) 〔　　　〕は，地球をそのままの形で縮小した模型で，面積や形，距離などのすべてを正確に表すことができる。

(15) 地球儀

□(16) 正距方位図法は，中心からの〔　　　〕と方位が正しい地図である。

(16) 距離

2章　日本の姿

日　本　海

竹島 島根県

隠岐諸島

石川県
金沢
富山県
富山

福井
福井県
岐阜県

松江
島根県
鳥取県 鳥取
岡山県
岡山
兵庫県
京都府
京都
滋賀県
大津
岐阜
長野県
名古屋

長崎県 対馬

壱岐

五島列島
長崎県

佐賀県
佐賀
福岡県
福岡

山口県
山口
広島
広島県 岡山

神戸
淡路島
大阪
大阪府
奈良
奈良県
愛知県
静岡
静岡県

大分県
大分

熊本県
熊本

愛媛県
松山
香川県 高松
高知
徳島
徳島県
和歌山
和歌山県
三重
三重県

東シナ海

甑島列島

宮崎県
宮崎

高知県

鹿児島県
鹿児島

大隅諸島
屋久島　種子島

0　　100km

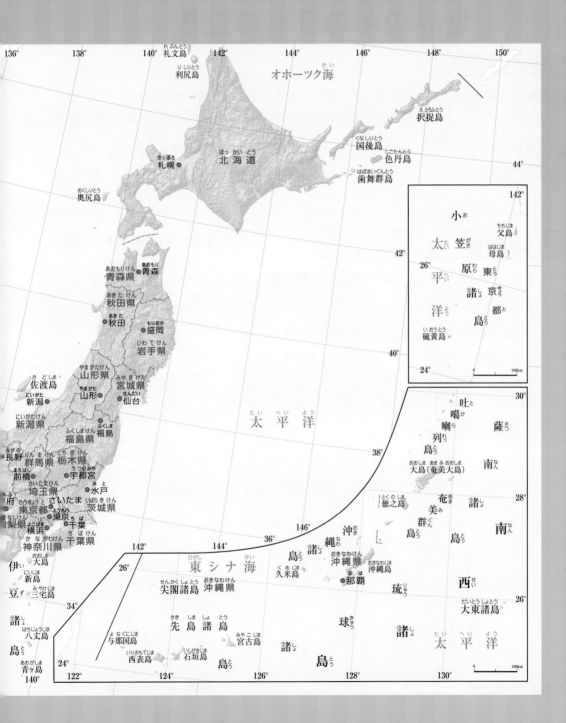

136° 138° 140° 礼文島 142° 144° 146° 148° 150°

利尻島

オホーツク海

択捉島

国後島
色丹島
歯舞群島

札幌

北海道

44°

奥尻島

42°

小笠原諸島
父島
母島
東京都
硫黄島
太平洋

142°

26°

24°

100km

青森県 青森

秋田県
秋田

盛岡

岩手県

40°

山形県
山形

宮城県
仙台

佐渡島

新潟

太平洋

38°

吐噶喇列島

薩

南

大島(奄美大島)

30°

新潟県

福島県 福島

長野 群馬県 栃木県
前橋 宇都宮

奄
美
群
島

諸

徳之島

南

28°

沖縄諸島

西

埼玉県 さいたま
府
東京都 水戸
東京 茨城県
横浜 千葉
神奈川県 千葉県

大島

伊

新島

豆

三宅島

諸

八丈島

島

青ヶ島

140°

142°

144°

36°

146°

東シナ海

尖閣諸島 沖縄県

26°

34°

24°

122°

先島諸島

与那国島

西表島 石垣島

124°

沖縄島
沖縄県
那覇

久米島

宮古島

琉球諸島

大東諸島

太平洋

126° 128° 130°

100km

1 世界の中の日本の位置

> **教科書の要点**

① **日本の位置**
◎位置…**ユーラシア大陸の東，太平洋**の北西にある
◎緯度と経度…**北緯約20〜46度，東経約122〜154度**に位置する

② **世界からみた日本の位置**
◎日本と近い国…**中国，韓国，北朝鮮，ロシア**など
◎日本から遠い国…南アメリカ大陸の**ブラジル**や**ウルグアイ**など

1 日本の位置

日本は北半球の中緯度地域にあり，**ユーラシア大陸の東，太平洋**の北西に位置している。

重要

(1) 日本の緯度**①**…**北緯約20〜46度**にある。**アメリカ合衆国**や**中国**，地中海周辺諸国のほか，西アジアのイランなどと同緯度。

(2) 日本の経度**①**…**東経約122〜154度**にある。**オーストラリア**は赤道をはさんで日本の真南にあり，経度が同じくらいで，時差（→p.46）はほとんどない。

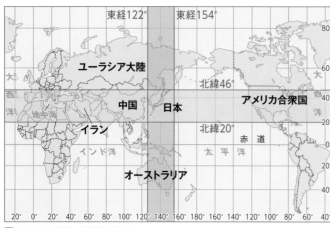

❶ 日本と同緯度・同経度の地域

参考 主な経線，緯線の通るところ

・北緯45度…北海道北部
・北緯30度…鹿児島県南部(屋久島の南)
・東経140度と北緯40度…秋田県西部で交わる
・東経135度（日本の標準時子午線）…兵庫県明石市
・東経130度…九州西部の佐賀県，長崎県など

くわしく ヨーロッパの緯度

ヨーロッパの国々の多くが日本より高緯度にあり，フランス南部が北海道とほぼ同緯度。アフリカ大陸の北端は関東地方とほぼ同緯度。

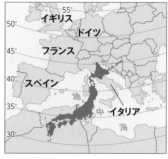

↑日本とヨーロッパの緯度

② 世界からみた日本の位置

東アジアの国々からみれば日本は近く，南アメリカからみれば日本は遠いなど，地域によって日本の位置は違(ちが)ってくる。

(1) 日本と近い国…**中国**(ちゅうごく)，**韓国**(かんこく)，**北朝鮮**(きたちょうせん)，**ロシア**にとって，日本は日本海や東シナ海をはさんだ隣国(りんごく)❷。とくに北海道はロシアと，九州は韓国と間近に向き合っている。

❷ ユーラシア大陸の隣国からみた日本

(2) 日本から遠い国…**南アメリカ大陸**のブラジルやウルグアイ，アルゼンチンにとって，日本は地球上の正反対にあり，最も遠い国である❷。

❷ 地球の正反対に置いた日本

↑北海道と緯度が同じくらいの南フランス

(Cynet Photo)

↑九州と緯度が同じくらいのエジプト

(ピクスタ)

くわしく 対蹠点(たいせきてん)

　地球上のある地点から，地球の中心を通って正反対に位置する地点を「対蹠点」という。北緯36度，東経140度の東京の対蹠点は南緯36度，西経40度の南アメリカ大陸の南東沖(おき)になる。

Column **ヨーロッパからみた日本の位置　―日本は極東(きょくとう)?―**

　ヨーロッパからみると，アジアは東に位置している。アジアの中でも，ロシアのシベリア東部や中国東部，朝鮮半島，日本などはヨーロッパからみて東の最も遠いところにあるため，極東（極めて東）と呼ばれることがある。また，ヨーロッパに近いトルコなどは近東(きんとう)，西アジアは中東(ちゅうとう)とも呼ばれる。テレビや新聞でも，西アジアの政治情勢のことを「中東情勢」などと表現することがある。

2 世界と日本の時差

教科書の要点

1 時差のしくみ
◎ **時差**…場所による時刻のずれ。**経度15度で1時間の時差**
◎ 日本の標準時…**兵庫県明石市**を通る**東経135度**の経線上の時刻

2 時差の求め方
◎ 計算法…経度差を求め，**経度差÷15**で計算する

1 時差のしくみ

地球は自転しているため，太陽が真上にくる正午の時刻は各地で異なる。このような場所による時刻のずれを**時差**という。

(1) **標準時**…各国が国の基準として定めている時刻。日本の標準時は，**兵庫県明石市**を通る**東経135度**の経線（**標準時子午線**）上の時刻。

(2) **時差のしくみ**…地球は1日（24時間）で1回転（360度）している。そのため，360÷24＝15で，経度15度で1時間の時差が生じる。

> **参考 複数の標準時**
>
> 国土が東西に広い国では複数の標準時を設けており，国内でも時差がある。国土が地球を約半周するロシアでは9つの標準時を設けており，首都モスクワが正午のとき，東部のウラジオストクは同日の午後7時である。

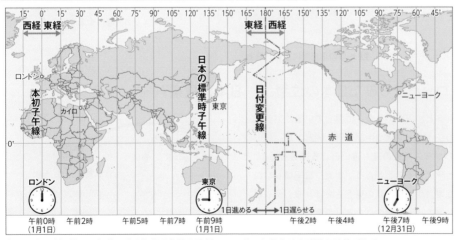

日付変更線のすぐ西にある場所から，1日が始まるよ。

↑ロンドンが1月1日午前0時のときの各地の時刻 ロンドンと日本は9時間の時差がある。

(3) **日付変更線**…ほぼ180度の経線に沿って引かれている。日付変更線を西から東に越えるときは日付を**1日遅らせ**，東から西へ越えるときは**1日進める**。

2 時差の求め方

2つの都市（国）の時差は，**経度差÷15**で計算する。経度差は本初子午線（0度の経線）を基準に計算し，東経どうし，西経どうしの場合は引き算で，東経と西経の場合は足し算で求める。

(1) 日本が1月1日正午（午後0時）のとき，東経30度の経線上の時刻を標準時とするエジプトのカイロの時刻は？

❶経度差を求める…カイロは東経30度，日本は東経135度なので，135 − 30 = 105（度）の経度差がある。

❷時差を求める…カイロと日本の経度差105（度）÷ 15 = 7で，時差は7時間となる。

❸時刻を求める…カイロは日本より西にあって時刻が遅いので，日本が1月1日正午のとき，カイロは同じ日の午前5時となる。

(2) 日本が1月1日正午のとき，西経75度の経線上の時刻を標準時とするアメリカ合衆国のニューヨークの時刻は？

❶経度差を求める…ニューヨークは西経75度，日本は東経135度なので，75 + 135 = 210（度）の経度差がある。

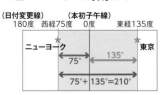

❷時差を求める…ニューヨークと日本の経度差210（度）÷ 15 = 14で，時差は14時間となる。

❸時刻を求める…ニューヨークは本初子午線をはさんで日本より西にあるので，時刻は日本よりも遅くなる。そのため，日本が1月1日正午のとき，ニューヨークは14時間遅い12月31日午後10時となる。

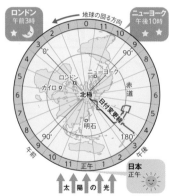

↑日本が正午のときの世界各地の時刻

思考 日付変更線が引かれている理由は？

経度15度で1時間の時差があると，地球を一周した場合，1日（24時間）のずれが生じてしまう。この日付のずれを調節するため，日付変更線が引かれている。太平洋上にはいくつかの島国があるが，これらの島国では同じ国で日付が違ってしまうことのないように，陸地をよけるように日付変更線が引かれている。

参考 サマータイム

昼が長くなる夏のころに，時刻を標準時から1時間進めること。アメリカ合衆国やヨーロッパ諸国では，春から夏にかけてサマータイムを導入している。仕事を早く始めて早く終えることで，節電や勤務後の余暇時間の増加などの効果があると考えられている。日本でも1948年から4年間導入されていたことがある。

> 日付変更線から西へ進むにつれて，時刻は遅くなるよ。

3 日本の領域と排他的経済水域

教科書の要点

1 日本の領域

◎ 国の**領域**…**領土**，**領海**，**領空**からなる

◎ 日本列島…**北海道**，**本州**，**四国**，**九州**とその周辺の島々からなる

◎ 日本の端…北端は**択捉島**，南端は**沖ノ鳥島**，東端は**南鳥島**，西端は**与那国島**

2 排他的経済水域

◎ 範囲…領海の外側で海岸線から**200海里以内**の水域

◎ 沿岸国の権利…水域内の水産資源，鉱産資源は沿岸国のものとなる

---

1 日本の領域

日本を構成する島々をまとめて**日本列島**という。日本列島は約3000kmにわたって弓なりに連なり，面積は約38万km²におよぶ。

(1) 国の**領域**…**❶** 領土，領海，領空からなる。
　　└→国の主権がおよぶ範囲

　❶領土…主権の及ぶ陸地。

　❷領海…主権の及ぶ海域。日本は海岸線から12海里。
　　　　　　　　　　　└→約22km

　❸領空…領土と領海の上空。

(2) **日本列島**…**北海道**，**本州**，**四国**，**九州**の4つの大きな島と，6800余りの小さな島々からなる。

(3) 日本の端

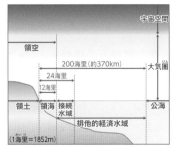

❶国の領域 宇宙空間はどの国の領域にも属さない。

重要

❶北端…**択捉島**（北海道）で，北緯45度33分。

❷南端…**沖ノ鳥島**（東京都）で，北緯20度25分。

❸東端…**南鳥島**（東京都）で，東経153度59分。

❹西端…**与那国島**（沖縄県）で，東経122度56分。

参考　国連海洋法条約

1982年に採択された海洋の利用に関する条約。国の主権がおよぶ領海を12海里とすることや，領海の外側で海岸線から200海里以内の水域を排他的経済水域とすることなどが認められた。

くわしく　公海と接続水域

公海は各国の主権がおよばない水域で，どの国も自由に航行することができる。**接続水域**は，領海の外側で，海岸線から24海里までの海域。公海と同様，どの国も自由に航行できるが，沿岸国は密入国や密輸などを取り締まることができる。

海上保安庁などがパトロールをしているよ。

② 排他的経済水域

排他的経済水域では，沿岸国にさまざまな権利がある。

(1) 範囲…領海の外側で，海岸線から**200海里以内**の水域。
   └→約370km

(2) 沿岸国の権利…沿岸国は，水域内の水産資源や海底にある鉱産資源を利用する権利をもつ。

(3) 日本の排他的経済水域…日本は島が点在しているため，国土面積のわりに排他的経済水域が広い。

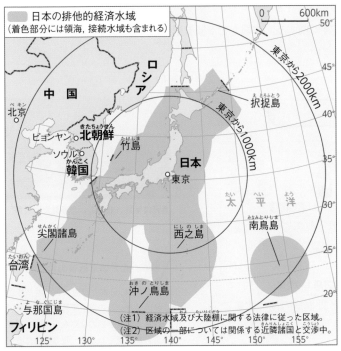

日本の排他的経済水域
（着色部分には領海，接続水域も含まれる）

（注1）経済水域及び大陸棚に関する法律に従った区域。
（注2）区域の一部については関係する近隣諸国と交渉中。

↑日本の領域と排他的経済水域

参考 日本の排他的経済水域

周りを海に囲まれ，島が点在している日本は，国土面積の10倍以上の排他的経済水域をもつ。

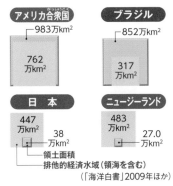

アメリカ合衆国	ブラジル
─983万km²	─852万km²
762万km²	317万km²

日　本	ニュージーランド
447万km²	483万km²
38万km²	27.0万km²

└ 領土面積
└ 排他的経済水域（領海を含む）
（「海洋白書」2009年ほか）

↑各国の領土と排他的経済水域の面積

思考 沖ノ鳥島の護岸工事は，なぜ行われたの？

沖ノ鳥島は，外周約11kmの環礁の中にある無人島である。この小さな島で，1987年から大規模な護岸工事が行われた。沖ノ鳥島は，満潮時には海面上に小さな岩が顔を出すだけで，水没の危険があった。水没してしまうと日本の排他的経済水域が大きく減り，大きな影響を受けるため，水没しないように消波ブロックやコンクリートによる工事が行われたのである。

Column 広がる領土

国土面積は埋め立てや自然現象によって拡大することがある。2013年，小笠原諸島の父島の西にある西之島の近くで海底火山の噴火が起こり，新しい島（西之島新島）が誕生した。西之島新島は溶岩を流出して拡大すると西之島と合体し，その後も拡大を続けている。この影響で日本全体の面積と排他的経済水域も少しずつ広がっている。

（朝日新聞社）

↑西之島（左下）とつながった西之島新島

日本の領土をめぐる動き

教科書の要点

1 北方領土

◎ 範囲…**択捉島**，**国後島**，**歯舞群島**，**色丹島**からなる日本固有の領土

◎ 歩み…第二次世界大戦後にソ連が占領。現在は**ロシア**が占拠

2 竹　島

◎ 島根県に属する。**韓国**が不法に占拠

3 尖閣諸島

◎ 沖縄県に属する。**中国**などが領有権を主張するが，領土問題は存在しない

1 北方領土

北方領土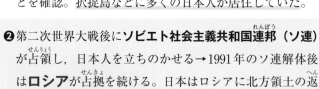は北海道の根室市などに属する島々で，日本固有の領土である。

(1) 範囲…**択捉島**，**国後島**，**歯舞群島**，**色丹島**からなる。

①北方領土の位置

(2) 歩み

❶ 1855年の日露通好条約で，日本とロシアが両国の国境を択捉島と得撫島の間にすることを確認。択捉島などに多くの日本人が居住していた。

❷ 第二次世界大戦後に**ソビエト社会主義共和国連邦（ソ連）**が占領し，日本人を立ちのかせる→1991年のソ連解体後は**ロシア**が占拠を続ける。日本はロシアに北方領土の返還を求め続けている。

(3) 動き…北方領土に住むロシア人と日本人が交流する「ビザなし交流」など，相互理解を深める動きがみられる。

(Cynet Photo)

↑野付半島（北海道）から見た国後島

発展　北方領土返還のゆくえ

1956年に日本とソ連は日ソ共同宣言を発表した。この際，平和条約締結後に色丹島と歯舞群島の2島を日本に返還することが合意されたが，現在のところ平和条約は締結されておらず，2島返還も実現していない。

北方領土周辺は水産資源が豊富で，漁場としても重要だよ。

2 竹島

　竹島②は島根県（隠岐の島町）**に属する日本固有の領土で，男島（西島）と女島（東島）を中心とする，いくつかの島々からなる。**

（1）歩み

❶ 17世紀ごろから日本人が漁を行い，1905年に国際法📖に基づき，島根県に編入。

❷ 1952年から**韓国**が一方的に領有権を主張し，海洋警察隊を常駐させ，さまざまな施設をつくるなど不法に占拠。

②竹島の位置

（2）動き…日本は韓国へ国際司法裁判所での話し合いを提案するが，韓国は応じていない。

3 尖閣諸島

　尖閣諸島③は沖縄県石垣市**に属する魚釣島，久場島などの島々からなる。日本が有効に支配する固有の領土であり，領有をめぐる問題はない。**

◇歩み

❶ 1895年に日本が自国の領土と宣言し，沖縄県に編入。

❷ 1951年のサンフランシスコ平和条約でも日本の領土であることが確認された。

❸ 1960年代に周辺海域に**石油**などの資源が埋蔵されている可能性が指摘され，1970年代に中国などが領有権を主張し始める。

❹ 2012年に日本が大半を国有地化。

③尖閣諸島の位置

📖用語解説 **国際法**

　国際社会で守らなければならない国家間のルール（きまり）。国際慣習法や条約がこれにあたる。各国は国際法を尊重し，国際協調を維持し，向上させることが求められている。

🚩発展 **水産資源が豊富な竹島周辺**

　竹島の周辺海域は，暖流の対馬海流と寒流のリマン海流がぶつかる潮境（潮目）に位置する。そのため，かに，いか，あじなどの水産資源が豊富である。

⬆竹島　　　　　　　　　　（Cynet Photo）

⬆尖閣諸島　　　　　　　（Cynet Photo）

2章／日本の姿

51

日本の都道府県

教科書の要点

1 都道府県
と県庁所在地

◎ 都道府県の数…**1都，1道，2府，43県**の47都道府県からなる

◎ 県庁所在地…城下町や港町，門前町などから発展した都市が多い

2 日本の地域区分

◎ **7地方区分**…北海道地方，東北地方，関東地方，中部地方，近畿
地方，中国・四国地方，九州地方

1 都道府県と県庁所在地

地方の政治の基本単位である都道府県は全部で47あり，**1
都（東京都），1道（北海道），2府（大阪府，京都府）
と43県からなる**❶。

● 都道府県庁所在地

■ は県名と県庁所在地名が異なる都市

❶ 都道府県と都道府県庁所在地

　東京都の「都」は首都という意味。大
阪府と京都府の「府」も中心地や都とい
う意味があり，かつて政治や経済の中心
地だったことから，この名称になった。
東京都も1943年までは東京府だった。

くわしく

**面積の大きい都道府県と
小さい都道府県**

	順位	都道府県	面積（km²）
大きい都道府県	1	北海道	83,424
	2	岩手県	15,275
	3	福島県	13,784
	4	長野県	13,562
	5	新潟県	12,584
小さい都道府県	43	神奈川県	2,416
	44	沖縄県	2,281
	45	東京都	2,194
	46	大阪府	1,905
	47	香川県	1,877

（2019年）　　　　※北海道は北方領土を含む
（2020/21年版「日本国勢図会」）

(1) 都道府県の成り立ち…1871（明治4）年，江戸時代の藩が廃止されて府・県が置かれた（**廃藩置県**）。その後，何度も変更され，1972年に現在の**47都道府県**になった。

(2) 都道府県の境界（都道府県境）…山や川，海峡などの地形を利用している県が多い。富士山山頂のように，境界が定まっていない場所もある。

(3) 県庁所在地（都道府県庁所在地）

❶役割…県の政治を行う中心的な役所である県庁が置かれている。県内で人口が最大の都市が多く，工業や商業が発達。

❷成り立ち…城下町や港町，門前町から発展した都市が多い。

2 日本の地域区分

日本をいくつかに分けるにはさまざまな方法がある。地理の学習では，7つの地方に分ける方法が使われることが多い。

重要

(1) **7地方区分❷**…**北海道地方，東北地方，関東地方，中部地方，近畿地方，中国・四国地方，九州地方。**

(2) 細かい地域区分…中部地方を**北陸，中央高地，東海**に，中国・四国地方を**山陰，瀬戸内，南四国**に分けることがある。

❶中国・四国地方の地域区分
中国地方の中国山地の南を山陽と呼ぶこともある。

❶中部地方の地域区分

くわしく **飛び地となっている和歌山県北山村**

和歌山県北山村は和歌山県のほかの市町村と接しておらず，周りを奈良県と三重県に囲まれた飛び地となっている。1871年の廃藩置県のさい，林業でつながりのあった新宮市とともに和歌山県に編入された。

↑北山村の位置

くわしく **三重県は何地方?**

三重県は7地方区分では近畿地方に含まれるが，経済や生活の面では中部地方の名古屋市との結びつきが強い。そのため，中部地方の一部として扱われることがある。（→p.250）

❷ 7地方区分　天気予報などでは，関東地方に山梨県・長野県・新潟県（甲信越）を加えて，「関東甲信越地方」とすることもある。

日本の略地図のかき方

世界の略地図のかき方（→p.40）と同じく，最初に日本のだいたいの形をイメージしておこう。ここでもトレーシングペーパーを使い，日本列島のおおまかな形をかいておくとよい。

①4つの大きな島の形を覚える

北海道・本州・四国・九州のだいたいの形を覚える。それぞれの形には特色があるので，しっかり覚えておこう。

四国はオーストラリアに，九州はアフリカに形が似ているよ

②少しずつ形を修正する

4つの大きな島の形を修正していく。半島や湾があるところを中心に修正するとよい。

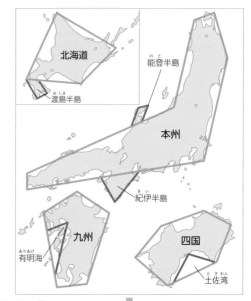

③完成

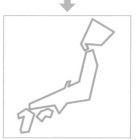

1 世界の中の日本の位置 〜 2 世界と日本の時差

□(1) 日本は北緯約a〔　20　30　〕〜b〔　46　56　〕度にある。

□(2) 日本は東経約a〔　122　133　〕〜b〔　154　164　〕度にある。

□(3) 日本と同緯度にある国は〔　アメリカ合衆国　イギリス　〕である。

□(4) 日本と同経度にある国は〔　インド　オーストラリア　〕である。

□(5) 日本からみて,地球の正反対側にある大陸は〔　　　〕大陸である。

□(6) 世界各地の標準時のずれを〔　　　〕という。

□(7) 経度〔　　　〕度で，1時間の時差が生じる。

□(8) 日本の標準時は兵庫県明石市を通る東経〔　　　〕度の経線上の時刻である。

□(9) 〔　　　〕は，ほぼ180度の経線に沿って引かれ，世界各地の日付を調節している。

(1) a20, b46

(2) a122, b154

(3) アメリカ合衆国

(4) オーストラリア

(5) 南アメリカ

(6) 時差

(7) 15

(8) 135

(9) 日付変更線

3 日本の領域と排他的経済水域 〜 5 日本の都道府県

□(10) 日本の北端は北海道にある〔　　　〕島である。

□(11) 日本の南端は東京都にある〔　南鳥島　沖ノ鳥島　〕である。

□(12) 日本の西端は沖縄県にある〔　　　〕島である。

□(13) 海岸線から200海里以内の領海を除く水域を〔　　　〕という。

□(14) 北海道東方にある択捉島，国後島，色丹島，歯舞群島をまとめて〔　　　〕という。

□(15) 北方領土は現在,〔　　　〕に不法占拠されている。

□(16) 島根県の〔　　　〕は日本固有の領土だが，現在は韓国が不法占拠している。

□(17) 沖縄県の〔　　　〕は中国や台湾が領有権を主張しているが，領土問題は存在しない。

□(18) 日本は，北海道地方，東北地方，関東地方，中部地方，近畿地方，中国・四国地方，〔　　　〕地方に分けることができる。

(10) 択捉

(11) 沖ノ鳥島

(12) 与那国

(13) 排他的経済水域

(14) 北方領土

(15) ロシア

(16) 竹島

(17) 尖閣諸島

(18) 九州

定期テスト予想問題 ①

時間 40分
解答 p.312

得点 ／100

1 右の地図をみて，次の各問いに答えなさい。 【5点×8】

(1) 地図1中のAの国について，次の各問いに答えなさい。

① この国が属する州の名を答えなさい。
〔　　　　　　　州〕

② この国は東経30度の経線を標準時子午線としています。この国と日本の時差は何時間ですか。
〔　　　　　　　時間〕

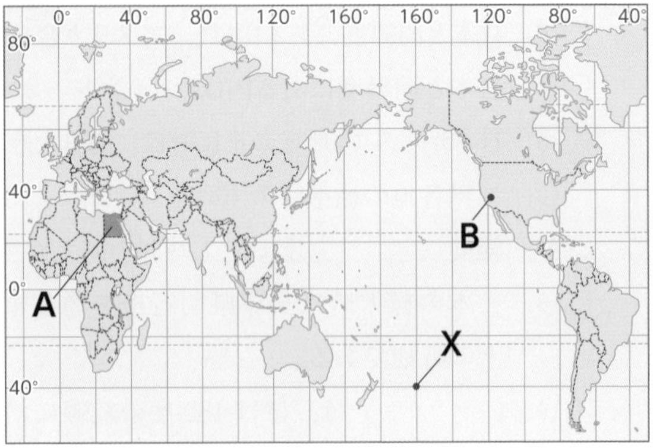

(2) 地図1中のBの都市は，西経120度の経線が標準時子午線です。日本が1月1日午後0時のとき，Bの都市は何月何日何時ですか。
〔　　　　　　　　　　　〕

(3) Xの地点の緯度と経度を，北緯または南緯と，東経または西経をつけて表しなさい。
〔　　　　　　　　　　　〕

地図1

(4) 地図1は緯線と経線が直角に交わるメルカトル図法で描かれています。メルカトル図法について述べた文として**誤っているもの**を，次の**ア〜エ**から1つ選び，記号で答えなさい。〔　　　〕

ア 高緯度に近づくほど実際の面積よりも大きく表される。

イ 2点間を結んだ直線上では，経線に対して常に同角度になる。

ウ 距離や方位は正しくない。

エ 2点間を結んだ直線は最短距離を示す。

(5) 地図2をみて，次の各問いに答えなさい。

① 東京からみて真東にある都市を**ア〜エ**から1つ選び，記号で答えなさい。〔　　　〕

② 日本からみて最も遠い国を**a〜d**から1つ選び，記号で答えなさい。〔　　　〕

③ Yの海洋は三大洋の一つです。この海洋の名を答えなさい。〔　　　　　　　　　〕

地図2

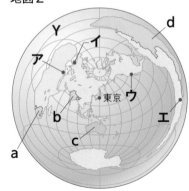

56

2 右の地図をみて，次の各問いに答えなさい。 【5点×9】

(1) 日本の標準時子午線となっている経線を地図中の⑥〜⑦から１つ選びなさい。　〔　　　〕

(2) 日本の標準時子午線を真南へ進んだときに最初に到達する大陸を，次のア〜エから１つ選び，記号で答えなさい。　〔　　　〕

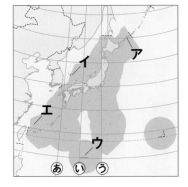

　ア　ユーラシア大陸　　　イ　アフリカ大陸
　ウ　オーストラリア大陸　　エ　南アメリカ大陸

(3) 次の①〜③の文にあてはまる島の位置を地図中のア〜エから１つずつ選び，記号で答えなさい。また，それぞれの島の名を下のA〜Dから選び，記号で答えなさい。

①位置〔　　　〕　島名〔　　　〕　②位置〔　　　〕　島名〔　　　〕
③位置〔　　　〕　島名〔　　　〕

① 日本の沖縄県に属する島である。中国や台湾が領有権を主張している。
② 日本の北海道に属する島だが，周辺の島々とともにロシアに不法に占拠されている。
③ 日本の島根県に属する島だが，現在は韓国に不法に占拠されている。

　A　竹島　　B　尖閣諸島　　C　沖ノ鳥島　　D　択捉島

(4) 地図中の▨▨▨の水域は，日本の海岸線から200海里以内の水域です。この水域のうち，領海の外側の水域を何といいますか。　〔　　　　　　　〕

3 右の地図をみて，次の各問いに答えなさい。 【5点×3】

(1) 地図中の▨▨▨で示した５県のうち，県名と県庁所在地名が異なる県が１つあります。その県名を答えなさい。　〔　　　　　　　〕

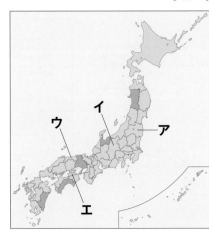

(2) 次の①・②の文にあてはまる都道府県を地図中のア〜エから１つずつ選び，記号で答えなさい。

①〔　　　〕　②〔　　　〕

① 中国・四国地方の瀬戸内と呼ばれる地域にあり，面積が都道府県の中で最も小さい。
② 中部地方にあり，最も多くの都道府県と接している。

中学生のための 勉強・学校生活アドバイス

地理のノートの取り方

「菊池さん，ノートがとてもキレイね」

「ほんとだ！ オレ，ノート取るの苦手なんだよな。なんかコツとかある？」

「うーん，コツかあ……。例えば，ノートの右側に線を引くとか？」

「ノートの右側？」

「うん。**右から4～5cmに区切り線を引いて，重要なことは左側に，補足や役立つ情報は右側に書くの**」

「あ，それならごちゃごちゃしないな！」

「あとは，なるべく行と行の間を空けたり，文章を短くしたりして，すっきりさせてるかなー」

「そうすれば，自分が読み返す時に読みやすいし，後から書き込みもできるね」

「なるほど……」

「**教科書の地図や図解は，そのままコピーして貼ってもいいわね**」

「え！ それでいいんですか？」

「自分でかくと時間がかかって大変だから。貼ったものに，自分が気づいたことなどを書き足してみるのもいいと思う」

「地図をかくのが苦手だから助かります！」

「もちろん，自分で略地図をかいてみるのも勉強になるよ」

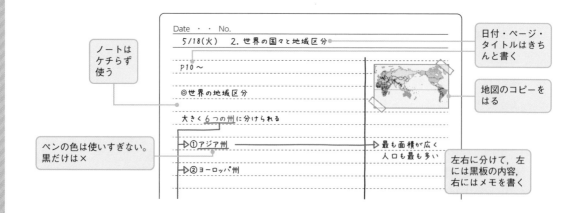

58

2編 世界のさまざまな地域

世界の
さまざまな地域

1章　世界各地の人々の生活と環境

④

⑤

① 地中海性気候にある壁の白い家（ギリシャ、サントリニ島）
② サバナ気候の草原に暮らす野生動物（ケニア、アンボセリ国立公園）
③ 砂漠気候に広がる砂漠（ナミビア、ナミブ砂漠）
④ ツンドラ気候の氷河（アルゼンチン、パタゴニア）
⑤ 冷帯（亜寒帯）に広がる針葉樹林（カナダ、ロッキー山脈）

（写真はすべてピクスタ）

1 世界のさまざまな気候

教科書の要点

1 気候の違い　◎緯度，標高，海からの距離などによって，気候に違いがある

2 5つの気候区分　◎世界の気候…**熱帯，乾燥帯，温帯，冷帯（亜寒帯），寒帯**の5つに分かれる

1 気候の違い

世界各地の気候は，緯度や標高，海からの距離，風など，さまざまな要素によって違いが生じる。

(1) 緯度…赤道周辺は気温が高く，高緯度ほど気温が下がる。

(2) 標高…標高が高くなるにつれて気温が下がる。

(3) 海からの距離…海岸付近は1年間や1日の気温差が小さく，大陸内陸部は気温差が大きい。

くわしく 高山気候

標高が高くなるほど気温は下がるので（→p.72），赤道に近い低緯度地域でも，標高2000〜3000mのところでは温帯のようなおだやかな気候になる。このような高地の気候を高山気候という。

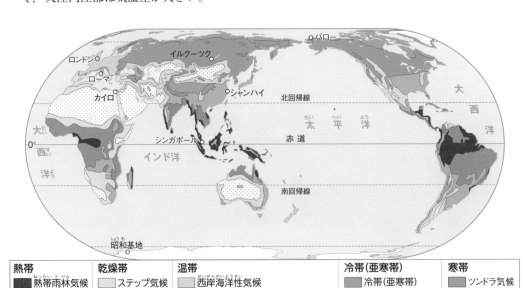

↑世界の気候帯

熱帯	乾燥帯	温帯	冷帯(亜寒帯)	寒帯
■熱帯雨林気候	ステップ気候	西岸海洋性気候	冷帯(亜寒帯)	ツンドラ気候
サバナ気候	砂漠気候	温暖湿潤気候　地中海性気候		氷雪気候

5つの気候区分

世界の気候は，熱帯，乾燥帯，温帯，冷帯(亜寒帯)，寒帯に大きく分かれる **1 2**。

(1) **熱帯**…赤道周辺に広がる。1年中気温が高く，降水量が多い。

  ❶熱帯雨林気候…1年を通して降水量が多い。熱帯雨林(熱帯林)が広がる。

  ❷サバナ気候…雨季と乾季がはっきり分かれる。草原（**サバナ**）が広がる。

(2) **乾燥帯**…中緯度地域や内陸部に広がる。降水量が少ない。
  └→緯度20〜30度くらい

  ❶砂漠気候…降水量がきわめて少なく，砂や岩の砂漠が広がる。

  ❷ステップ気候…やや降水量があり，草原（**ステップ**）が広がる。

(3) **温帯**…中緯度地域に広がる温暖な気候。
  └→主に緯度30度以上

> **重要**
>
> **❶温暖湿潤気候**…1年間の気温や降水量の変化が大きく，年間降水量が多い。大陸東岸に多くみられる。
>
> **❷西岸海洋性気候**…ヨーロッパの大西洋沿岸などに広がる。偏西風と暖流の影響で高緯度のわりに温暖で，1年を通して降水量が平均していて，気温差が小さい。
>
> **❸地中海性気候**…夏は降水量が少なく乾燥し，冬はやや雨が多くなる。

(4) **冷帯（亜寒帯）**…北半球の高緯度地域に広がる。冬の寒さが厳しく，夏と冬の気温差が大きい。**針葉樹林（タイガ）**が広がる。

(5) **寒帯**…北極，南極周辺に広がる。1年中気温が低い。

  ❶ツンドラ気候…短い夏だけ地表の氷がとけ，こけ類が生える。

  ❷氷雪気候…1年中雪と氷に覆われる。

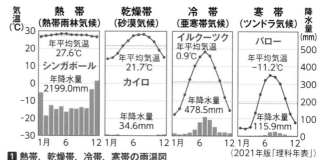

1 熱帯，乾燥帯，冷帯，寒帯の雨温図
(2021年版「理科年表」)

2 温帯の3つの気候区の雨温図
(2021年版「理科年表」など)

くわしく ▶ サバナとステップ

・**サバナ**…熱帯の草原。丈の高い草と樹木がまばらに生えている。

(Cynet Photo)

・**ステップ**…乾燥帯の草原。丈の短い草が生え，牧畜がさかんなところが多い。

(Cynet Photo)

暑い地域の暮らし

教科書の要点

1	常夏の島の暮らし（サモアの暮らし）	◎自然…**さんご礁**のある美しい海と**マングローブ**が広がる ◎暮らし…風通しのよい服を着用。熱帯雨林の葉や幹を住居に利用
2	赤道周辺地域の暮らし	◎自然…1年中暑く，**熱帯雨林（熱帯林）**が広がる ◎暮らし…湿気を防ぐための**高床の住居**。稲作や**焼畑農業**が行われる。

1 常夏の島の暮らし（サモアの暮らし）

太平洋にある島国の多くは熱帯に属する。
1年中気温が高く，降水量が多い。

(1) 自然…**さんご礁**■のある美しい海に囲まれ，海岸に**マングローブ**■が広がる。

(2) 産業…暑い気候に適したココやし，バナナの栽培。漁業が重要な産業で，日本へまぐろを輸出。美しい海をいかした観光業もさかん。

(3) 伝統的な生活

❶衣服…風通しのよい布の腰巻やTシャツなどを着用。

重要 ❷食事…熱帯性作物のタロいもが主食。バナナの葉を利用した蒸し料理がみられる■。

❸住居…熱帯雨林（熱帯林）の葉や幹を柱や屋根に利用。風通しをよくするために，壁がない住居もみられる。

(4) 生活の変化…外国の生活様式が流入→コンクリート製の住居が増え，輸入した缶詰や冷凍食品も増えた。ニュージーランドなどへ出稼ぎに行く人も多い。

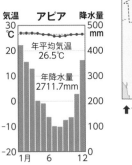

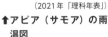
↑アピア（サモア）の雨温図

気温 **アピア** 降水量
年平均気温 26.5℃
年降水量 2711.7mm
(2021年「理科年表」)

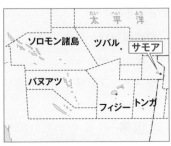
↑サモアの位置

用語解説 さんご礁

さんご虫の死がいや分泌物が固まることによってできた，石灰質の岩礁。水温が高く，すんだ浅い海に発達する。

■バナナの葉を利用した蒸し料理

2 赤道周辺地域の暮らし

マレーシアやインドネシアなどは熱帯に属し，1年中気温が高く，湿気が多い。

(1) 自然

❶ 気候…スコールがみられる。
　→ 短時間で激しく降る雨

❷ 動植物…貴重な動物がすむ**熱帯雨林（熱帯林）** が生い茂る。
　　　　　　　　　　　　　　　→ 茂る

気温　　　　降水量
30℃　　　　500mm

年平均気温
27.4℃

年降水量
1903mm

20　　　400
10　　　300
0　　　200
-10　　　100
-20　　　0
　1月　6　12

(2021年版「理科年表」)

↑ジャカルタ（インドネシア）の雨温図

(2) 農業…稲作や天然ゴムの栽培，伝統的な**焼畑農業**などが行われている。
　　　　→ 熱帯雨林を焼き，その灰を肥料にする

(3) 伝統的な生活

❶ 衣服…汗を吸いやすく，風通しのよい服を着用 **2**。

❷ 食事…東南アジアの熱帯地域では，熱帯性作物の米が主食。料理にさまざまな香辛料を使う。

重要 ❸ 住居…熱帯雨林を材料とした家づくり。床を高くして湿気を防ぐ**高床の住居** **3**がみられる。

2 伝統的な衣服を着た人々
(安部光雄／ＰＰＳ通信社)

3 高床の住居
(ピクスタ)

(4) 生活の変化…農山村にもＴシャツやジーンズなど，欧米諸国の文化が入り込む。ファストフード店などもみられる。

(5) 問題…観光地や農地の開発などにより，熱帯雨林を伐採→周辺地域に住む人々の伝統的な生活の破壊，熱帯雨林と野生動物の減少など。

用語 解説 **マングローブ**

熱帯や亜熱帯地域の海岸線に広がる森林のこと。多くの生物のすみかとなるほか，波の侵食から海岸を守るはたらきがある。

(ピクスタ)

用語 解説 **熱帯雨林（熱帯林）**

熱帯の雨が多い地域に生息する，背の高い常緑広葉樹林。東南アジアやアフリカのものはジャングル，アマゾン川流域のものはセルバという。高いものは数十mにも成長する。

(ピクスタ)

マレーシアやインドネシアのカリマンタン島（ボルネオ島）は，オランウータンなど貴重な動物の宝庫だよ。

3 　乾燥した地域の暮らし

1 　サヘルの暮らし

サヘル❶はアフリカ大陸北部に広がるサハラ砂漠の南に接する地域。乾燥帯に属し、降水量が少なく、世界でも砂漠化の被害が深刻な地域である。

(1) 農業…乾燥に強い**ひえ**、**もろこし**などを**焼畑農業**で栽培。乾燥に強い
→ 樹木などを焼き、その灰を肥料にする
羊、**やぎの遊牧**を行う。

(2) 伝統的な生活

❶衣服…強い日差しから身を守るために、丈が長く、風通しのよい服を着用。

❷食事…家畜のやぎや羊の乳を加工したヨーグルトやバターを料理に用いる。

【重要】❸住居…森林が育たないため、土をこねてつくった**日干しれんが**の家❷がみられる。

(3) 問題…土地を休ませない耕作や放牧のしすぎ、たきぎの切りすぎによって**砂漠化**が進行。

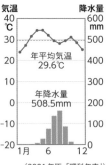

↑ニアメ(ニジェール)の雨温図

気温　　　　　　降水量
年平均気温 29.6℃
年降水量 508.5mm
(2021年版「理科年表」)

❶ サヘルの位置

用語解説　日干しれんが

土をこねて形をつくり、それを強い日差しで乾かしてつくったれんが。森林が育たない乾燥帯の地域で広くみられる。

❷ 日干しれんがの家　(ピクスタ)

2 砂漠が広がる地域の暮らし

砂漠が広がる地域では雨がほとんど降らず，草木が育たない。

(1) 農業…**オアシス**📖で乾燥に強い小麦，なつめやしなどを**かんがい**などによって栽培。乾燥に強い羊，らくだの**遊牧**📖も行われている。

(2) 伝統的な生活

❶衣服…強い日差しや砂ぼこりから身を守るため，長そでで，丈の長い衣服を着用。

❷食事…羊やらくだの肉や，小麦を使ったパンのような料理がみられる。

❸住居…森林がほとんどないため，木材ではなく，**日干しれんが**でつくった家がみられる。

気温　　　　　降水量

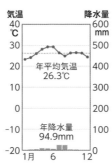

（2021年版「理科年表」など）
⬆サラーラ（オマーン）の雨温図

3 モンゴルの草原での暮らし

乾燥して雨が少ないモンゴルの草原は短い草しか生えず，農作物の栽培にむかないため，**羊，馬，やぎ，らくだ**などの**遊牧**が行われている。

⚠重要 (1) 住居…移動しやすい組み立て式の**ゲル**❸と呼ばれる住居に住む。

(2) 食事…家畜の乳をしぼってつくったバターやヨーグルト，家畜の肉を食料にしている。

(3) 生活の変化…輸送手段が馬，らくだからトラックへ。国の定住化政策によって遊牧をやめ，都市に住む人々が増加。

気温　　　　　降水量

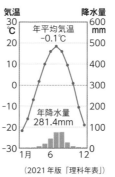

（2021年版「理科年表」）
⬆ウランバートル（モンゴル）の雨温図

用語解説 **オアシス**

砂漠の中で，つねに水が得られるところ。地下水がわき出るところや，地下水路や井戸を掘って水を得ているところがある。集落が発達し，農業が行われているところもある。

⬆砂漠にあるオアシス　　（ピクスタ）

用語解説 **遊牧**

同じ場所に定住せず，草や水を求めて移動しながら羊，らくだ，やぎ，馬などの家畜を飼う牧畜。遊牧をして暮らす人々を遊牧民と呼ぶ。西アジア，北アフリカ，中央アジアの乾燥地域のほか，北極海沿岸のツンドラ地域でもカリブー（トナカイ）の遊牧が行われている。

❸ **ゲル**　　　　　（ピクスタ）
壁や天井は，羊毛からつくったフェルトで覆われている。

4 温暖な地域の暮らし

教科書の要点

1 イタリアの暮らし
◎食事…**オリーブオイルやトマトソース**を使った料理
◎伝統的な住居…強い日差しに備え，**石造り**で窓が小さい

2 スペインの暮らし
◎食事…酢_すづけにしたオリーブやオリーブオイルなどを利用
◎伝統的な住居…強い日差しをさえぎるために，壁_{かべ}を厚_{あつ}くしている

---

1 イタリアの暮らし

　南部は温帯の**地中海性気候**_{ちちゅうかいせい}に属する。夏は乾燥_{かんそう}し，冬に雨が多くなる。

(1) 農業…夏は乾燥に強い**ぶどう**，**オリーブ**，**トマト**などを栽培_{さいばい}。雨が多くなる冬に**小麦**を栽培。

(2) 生活

❶衣服…夏の日差しが強いため，帽子_{ぼうし}やサングラスを身に着ける人が多い。

❷食事…小麦を原料にしたパスタやパンが主食で，**オリーブオイル**や**トマトソース**を使った料理が多い。

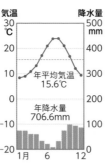
（2021年版「理科年表」など）
↑**ローマ（イタリア）の雨温図**

↑**イタリアのぶどう畑**　　（Cynet Photo）

 思考　石造りの家が多い理由は?

　石造りの家は熱が伝わりにくく，室内を涼_{すず}しく保つことができる。かつては冷房_{れいぼう}がない家が多かったが，現在は冷房をつける家も多い。

重要
❸**伝統的な住居…石造りの家❶**が多く，強い日差しを避_さけるために窓を小さくしている。

(3) 生活の変化

❶かつては昼食を家族や友達とゆっくり食べていたが，最近は簡単に短時間ですませる人も増えている。

❷都市化により農業人口が減少するいっぽうで，地元の伝統的な食材を使う動きがみられる。

❶ 石造りの家の内部　　（Cynet Photo）

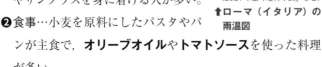

② スペインの暮らし

イタリアと同様に，南部は温帯の**地中海性気候**に属し，温暖な気候。夏は乾燥し，冬に雨が多くなる。

（1）農業…夏は乾燥に強い**オリーブ**，**ぶどう**，オレンジなどのかんきつ類を栽培。冬に**小麦**を栽培。

（2）生活

 ❶食事…酢づけにした**オリーブ**や**オリーブオイル**などがスペイン料理に欠かせない。

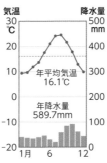

気温　　　　　降水量

（2021年版「理科年表」）

↑**バルセロナ（スペイン）の雨温図**

 ❷住居…強い日差しをさえぎるために窓が小さく，壁が厚いつくり。壁を石灰で白く塗った家❷もみられる。

 ❸習慣…**シエスタ**❸と呼ばれる2～3時間ほどの長めの昼休みをとる習慣がある。

（3）生活の変化

 ❶公務員のシエスタが廃止されるなど，シエスタをなくす動きがある。

 ❷強い日差しをいかして，太陽光発電を行う企業や家庭が増えている。

参考　パエリア

魚介類や鶏肉，野菜，米をオリーブオイルで炒めて炊いた，スペインを代表する料理。海に面したスペインでは漁業もさかんで，地中海などでとれた魚介類がふんだんに使われている。

（ピクスタ）

（Cynet Photo）

❷**壁を白く塗った家**　強い日差しをはね返し，家の中を涼しく保つ。

（Cynet Photo）

❸**シエスタの時間帯の商店街**　飲食店や商店は店を閉めて休憩する。

Column　ヨーロッパ北西部の暮らし

ヨーロッパ北西部のドイツなどは，温帯のうち**西岸海洋性気候**に属する。この地域は緯度が高いわりには冬でも比較的温暖だが，日光が不足しがちである。そのため，晴れた日には公園などで日光浴をする習慣がある。また，夏の長期休暇には，日光を求めて日照時間の長いイタリア，スペイン，フランスなどの地中海沿岸などへ長期旅行（バカンス）をする人が多い。

（Cynet Photo）

↑**日光浴を楽しむ人々（ドイツ）**

寒い地域の暮らし

1 北極圏の暮らし

◎自然…寒帯に属し，1年の大半は雪と氷に覆われる

◎暮らし…カナダの先住民のイヌイットは**あざらし**や**カリブー**の狩りをして，生活に利用

2 シベリアの暮らし

◎自然…夏は30度近くになる日もあるが，冬は寒さが厳しい

◎暮らし…建物の窓を二重，三重にするなど，寒さを防ぐ工夫

1 北極圏の暮らし

カナダ北部の北極圏**1**には先住民の**イヌイット**が住み，**あざらしやカリブー（トナカイ）**の狩り，漁業をする生活をしてきた。

(1) 自然

❶気候…寒帯に属し，気温が0度以下の寒さが厳しい期間が長い。夏も10度以下の日が続く。

❷地形…1年の大半は雪と氷に覆われる。**ツンドラ**の地域もある。

(2) イヌイットの伝統的な生活

❶衣服…あざらしやカリブーの毛皮を利用した，防寒性や防水性に優れた衣服やくつを着用。

❷食事…あざらしやカリブーの生肉や，海でとった魚を食べる。
→たんぱく質やビタミンをとる

❸住居…夏はあざらしの皮やくじらの骨などでつくったテント，冬の狩りのときは氷の上に雪をれんが状に積み上げたドーム型の住居（イグルー）を利用。

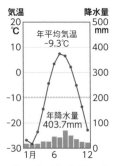

気温 20℃

年平均気温 -9.3℃

降水量 500mm

年降水量 403.7mm

1月 6 12

(Canadian Climate Normals 1981-2010 Station data)

↑**イカルイト（カナダ）**の雨温図

1 北極圏の位置

用語解説 イヌイット

古くからカナダ北部の北極圏に住む人々。アラスカなどに古くから住む人々は，エスキモーと呼ばれることが多い。

用語解説 ツンドラ

寒帯の中で，短い夏の間だけ地表の氷や雪がとけて，こけ類や草が生える湿地帯。

(3) イヌイットの生活の変化…1950～60年代から定住化
　が進む。

❶移動手段…犬ぞりからスノーモービルへと変わった。

❷通信網…テレビやインターネットが普及して、世界
　中の情報を得られるようになった。

❸食生活…スーパーマーケットができて、パンや野菜
　を食べることが増えた。

シベリア
ウラル山脈以東の
ロシアをシベリア
という。

ロ シ ア

イルクーツク

ウラル山脈　　　モンゴル　中国

2 シベリアの位置

2　シベリアの暮らし

ロシア東部のシベリア**2**は、大部分が冷帯（亜寒帯）に属する。

(1) 自然

❶気候…夏は30度近くまで気温が
　上がる日もあるが、冬は－30度
　以下になることもある。

❷地形…**永久凍土**🏠が広がる。

❸植物…寒さに強い、からまつなど
　の**針葉樹林（タイガ）3**が広がる。

(2) 生活…冬の寒さに備えた工夫がみ
　られる。

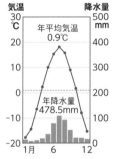

気温　　　　　　降水量
30　　　　　　　　500
℃　　年平均気温　mm
20　　　0.9℃　　400
10　　　　　　　　300
0　　　　　　　　 200
-10　年降水量　　100
　　478.5mm
-20　1月　6　12　0
　　（2021年版『理科年表』）
↑**イルクーツクの雨温図
（ロシア）**

❶衣服…**トナカイ**や**馬**などの毛皮でできた保温性の高いコー
　ト、ブーツ、頭全体を覆う帽子を着用。

重要

❷住居…建物から出る熱が永久凍土をとかし、建物が傾い
　てしまうことを防ぐため、コンクリートの高床の建物が
　みられる。外の寒い空気が入らないように、窓を二重、
　三重にし、壁を厚くしている。

❸食事…寒さに強いじゃがいもや、**ライ麦**からつくったパンが
　主食。短い夏に野菜をつくり、冬の保存食として漬け物にする。

(3) 変化…交通機関の発達によって、新鮮な野菜や果物を食べ
　られるようになり、外国の食文化も入ってきた。

発展　冷帯と寒帯の違い

寒帯の地域は1年中気温が低いため、
樹木がほとんど育たない。いっぽう、冷
帯の地域は寒帯の地域と違って夏の気温
が上がるため、樹木が育つことができ
る。

3 タイガ　　　　　（ピクスタ）

用語　解説　永久凍土

冷帯と寒帯の地域でみられる、年間を
通して凍結している土壌。

参考　ダーチャ

ロシアの人々が所有する菜園つきの別
荘。シベリアの人々はダーチャを所有す
ることが多く、夏の間に野菜や果物を栽
培して食べるほか、冬の保存食に加工し
ている。

高い土地の暮らし

1 アンデス山脈 の暮らし

◎ 気候…日差しが強く，昼と夜の気温差が大きい

◎ 農業…標高の高いところで**リャマ**や**アルパカ**を放牧

◎ 衣服…アルパカの毛でつくったポンチョや帽子を着用

◎ 住居…**石の家**や**日干しれんが**の家がみられる

1 アンデス山脈の暮らし

ペルーやボリビアなどのアンデス山脈**1**の高地は**高山気候**に
→ p.62
属する。日差しが強く，昼と夜の気温差が20～30度にもなる。

(1) 農業…山の斜面で，標高にあった
農業が行われている。

❶ 標高4000m以上の地域…農作物
が育たないので，寒さに強い**リ
ャマ**や**アルパカ**を放牧。

❷ 標高4000m以下の地域…標高
2000～3000mの地域で**とうもろ
こし**，それより高い地域で**じゃ
がいも**を栽培**2**。

❸ 標高の低い地域…熱帯性のバナナを栽培。

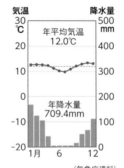

気温 / 降水量

年平均気温 12.0℃

年降水量 709.4mm

（気象庁資料）

↑クスコ（ペルー）の雨温図

1 アンデス山脈の位置

エクアドル
ペルー
クスコ
アンデス山脈
ボリビア
ブラジル
アルゼンチン
チリ

発展 標高と気温の関係

標高が100m高くなると気温は約0.6
度下がるといわれている。つまり，
1000m高くなると約6度下がることに
なる。

じゃがいもは寒さに強い農
作物。日本では北海道で栽
培がさかんだよ。

2 じゃがいもの収穫 （Cynet Photo）

（2）伝統的な生活…先住民が伝統的な暮らしをしている。
└→ p.137

重要

❶衣服…寒さと強い日差しを防ぐために，**アルパカの毛を使ったポンチョ❸と呼ばれるマント**や帽子を身に着ける。

❷食事…**じゃがいも，とうもろこし**が主食。蒸して食べたり，乾燥させて保存食にしたりする。

❸住居…樹木が少ないため，山から切り出した石を使った**石の家❹**や，土をこねてつくった**日干しれんが**の家がみられる。

❹家畜の利用…リャマを輸送に利用。リャマやアルパカのふんを乾燥させて，燃料として利用。

❸ ポンチョを着た先住民

（3）生活の変化

❶道路の整備…トラックやバスが通るようになり，人の行き来が活発になった。

❷通信網の発達…携帯電話やインターネットが普及し，国内外の情報を簡単に得られるようになった。

❸観光業の発展…観光地のホテルで働いたり，みやげ物を売ったりするなど，観光業で働く人が増えた。

（Cynet Photo）

❹ アンデス山脈の石造りの家

参考 高山都市

低緯度地域の標高の高い場所にある都市。アンデス山脈には，キト（エクアドル，標高約2850m），クスコ（ペルー，標高約3400m），ラパス（ボリビア，標高約3600m））などの高山都市がある。このうち，ラパスは世界一標高が高い場所にある首都である。

⬆ラパスの町並み　　　（ピクスタ）

Column リャマとアルパカ

リャマとアルパカはどちらもらくだ科の動物。見た目がそっくりで，区別しづらいが，大きさ，耳の形，毛の量で見分けることができる。まず，大きさはリャマのほうが大きい。耳の形はリャマが長いバナナのような形で立っていることが多いのに対して，アルパカは短くて三角形のような形をして，横になっていることが多い。毛はアルパカのほうがモコモコしている感じである。飼育される目的も違い，アルパカが主に毛をとる用なのに対し，リャマは運搬用として飼育される。そのため，リャマのほうががっちりしている。

リャマ

アルパカ

（ピクスタ）

7 世界各地の衣食住とその変化

教科書の要点

1 世界の衣服　　◎気候に合った衣服や宗教の教えに基づいた衣服がある

2 世界の食事　　◎**米，小麦，とうもろこし，**いも類を主食とするところが多い

3 世界の住居　　◎木でつくった住居，土でつくった住居，石でつくった住居など

1 世界の衣服

世界には，その土地の生活に合ったさまざまな衣服がある。

(1) 気候に合った衣服

❶暑い地域…風通しのよいゆったりとした衣服や，布の腰巻を着用（→ p.64-65）。

❷寒い地域…保温性の高い動物の毛皮でつくった衣服や帽子，手袋を着用（→ p.70-71）。

❸乾燥地域…強い日差しと砂ぼこりから身を守るため，長そでで，丈の長い衣服を着用（→ p.66-67）。

(2) 衣服の材料…気候に合った材料や，身近にある材料を使う。

❶暑い地域…汗を吸い取り，風通しがよい**綿**や**麻**を利用。

❷寒い地域…保温性の高い**動物の毛皮**を利用。

❸アンデス山脈の高地…家畜の**アルパカの毛**を利用。

(3) 伝統的な民族衣装…インドの女性の**サリー**❶，朝鮮半島の女性の**チマ・チョゴリ**，ベトナムの女性の**アオザイ**，日本の**着物**など。

(4) 衣服の変化…世界中にジーンズやTシャツが広まる→日本の着物をはじめ，伝統的な衣服は祭りや結婚式など特別なときにだけ着ることが多くなった。

発展 **宗教の教えに基づいた女性の衣服**

イスラム教では，女性は人前では肌を見せないように教えている。そのため，イスラム教徒の女性は，髪や手足を覆った布をまとっている。

↑イスラム教徒の女性の衣服

❶ インドの女性の民族衣装サリー

2 世界の食事

その地域でつくられている農作物を主食とすることが多い。

(1) **米**…東アジアから東南アジアにかけての地域の主食。炊いたり，炒めたり，麺にしたりする。

(2) **小麦**…ヨーロッパをはじめとする，世界の広い地域で主食とされる。**パン**，**パスタ**，ラーメン，ナンなどにする。

(3) **とうもろこし**…中央アメリカやアフリカ東部・南部の主食。とうもろこしの粉からトルティーヤ，ウガリなどをつくる。

(4) **いも類**…南アメリカや太平洋の島々の主食。じゃがいも，タロいも，ヤムいもなどがあり，蒸したり焼いたりする。

(5) **食の変化**…食の多様化が進み，世界各地でさまざまな国の料理が食べられるようになった。

3 世界の住居

その土地で手に入りやすい材料を使い，気候や習慣に合ったつくりをしている。

(1) 住居の材料

❶**木の住居**…熱帯雨林（熱帯林）が茂る熱帯地域や，針葉樹林が茂る冷帯（亜寒帯）の地域でみられる。

❷**土の家**…北アフリカから西アジアの乾燥地域で，土を固めて乾燥させた**日干しれんが**の家がみられる。

❸**石の家**…木の少ないチベットやアンデス山脈の高地のほか，地中海沿岸などにみられる。

❹**動物の毛皮を使った家**…モンゴルの遊牧民の住居ゲルは，家畜の羊の毛でつくったフェルトを素材にしている。

(2) **住居の変化**…伝統的な住居にかわり，都市部を中心にコンクリート製の住宅や高層の集合住宅が増えている。

参考 さまざまな肉

●**牛肉**…世界中で食べられているが，ヒンドゥー教徒は牛を神聖なものとしているため，食べない。

●**豚肉**…世界中で食べられているが，イスラム教徒は豚をけがれたものとして食べない。

●**羊，やぎ**…乾燥に強い動物なので，乾燥地域で飼育され，食べることが多い。

くわしく 世界の主食

●**ナン**…小麦粉からつくったパンのようなもの。インドなどでカレーにつけて食べられる。

●**トルティーヤ**…とうもろこしの粉を薄く焼いたもの。メキシコなどで，肉や野菜をはさんで食べられる。

●**ウガリ**…とうもろこしなどの穀物の粉を，お湯で練ってつくったもの。アフリカ東部・南部で主食とされる。

←**トルティーヤ**
（ピクスタ）

ウガリ➡
（Cynet Photo）

参考 世界各地の乳製品

牛からとる牛乳やチーズがよく知られているが，遊牧民は家畜として飼っている羊，やぎ，馬，らくだなどの乳やチーズを飲食する。

8

宗教と暮らしの関わり

1 世界の宗教 ◎**仏教**, **キリスト教**, **イスラム教**が三大宗教

2 宗教と暮らし ◎仏教徒の托鉢, イスラム教徒の教典「**コーラン**」に基づく生活など

3 宗教と社会 ◎宗教が政治に影響を与えている国もある

1 世界の宗教

　世界中に広まっている仏教, キリスト教, イスラム教を三大宗教という **■**。

(1) **仏教**…紀元前5世紀ごろに南アジアのインドでおこる。東南アジアから東アジアにかけて広まる。

(2) **キリスト教**…紀元前後に西アジアのパレスチナ地方でおこる。ヨーロッパ, 南北アメリカ, オセアニアに広まる。

(3) **イスラム教**…7世紀初めにアラビア半島でおこる。西アジア, 北アフリカ, 中央アジア, 東南アジアのインドネシア, マレーシアに広まる。

(4) 特定の民族や宗教と結びついた宗教

　❶ヒンドゥー教…インドの約8割の人が信仰。ネパールにも広まる。

　❷ユダヤ教…ユダヤ人が信仰。

　❸神道…日本の民族宗教。自然崇拝や先祖崇拝などがもとになっている。

発展 宗教の宗派

　同じ宗教の中にも, 考え方の違いからいろいろなグループ（宗派）がある。

●仏教…東南アジアやスリランカの上座部仏教, 中国から日本にかけての大乗仏教, チベット地方のチベット仏教（ラマ教）などに分かれる。

●イスラム教…スンニ派, シーア派などに分かれる。

●キリスト教…カトリック（旧教）, プロテスタント（新教）, 正教会（ギリシャ正教, ロシア正教）などに分かれる（→p.103）。

■ 世界の主な宗教の分布

キリスト教　仏教　イスラム教
ヒンドゥー教　その他
仏教・儒教・神道などが重なる地域

2　宗教と暮らし

宗教は人々の生活に密接に関わっている。

（1）仏教徒の暮らし

　❶「経」を教典とし，僧侶を敬う。托鉢**2**が行われている。

　　　　僧侶が信者の家をめぐり，ほどこしを受けること

　❷タイでは男性は一生に一度，仏門に入る（出家）習慣がある。

（2）キリスト教徒の暮らし

　❶「聖書」を教典とし，日曜日に教会へ礼拝に行く。

　❷食事の前に，神に感謝の祈りを捧げる。

重要

（3）イスラム教徒の暮らし

　❶教典「コーラン（クルアーン）」📖に基づく生活を送っている。

　❷1日5回の礼拝，豚肉を食べないこと，酒を飲まないことなど，日常におけるさまざまなきまりがある。

（4）ヒンドゥー教徒の暮らし

　❶聖なる川のガンジス川での沐浴**3**によって，体を清める。

　❷牛を神聖なものとして大切にし，牛肉を食べない。

（Cynet Photo）

2 仏教の托鉢の様子

（Cynet Photo）

3 ヒンドゥー教の沐浴の様子

3　宗教と社会

宗教が政治・社会に影響を与えることがある。

（1）宗教と政治…イスラム教徒の多い国の中には，イスラム教が政治に大きな影響を与えている国がある。

（2）宗教対立…異なる宗教間や同じ宗教間での対立。

用語解説 **コーラン（クルアーン）**

　イスラム教を開いたムハンマドの言葉を記録した書。唯一の神「アッラー（アラー）」を信仰することや，イスラム教徒が守るべきことが記されている。

①1日5回，聖地メッカの方向に向かって祈りを捧げる。

②豚肉を食べない。酒を飲まない。

③ラマダン（断食月）には，日が出ている時間帯は飲食をしない。

④金曜日はモスク（礼拝堂）で礼拝する。

⬆コーランの主なきまりごと

参考 **ヒンドゥー教のカースト**

　ヒンドゥー教は，**カースト**と呼ばれる身分制度と結びついているため，インドでは身分によって職業や結婚相手などが限定されていた。現在，インドではカーストによる差別は憲法で禁止されているが，社会的な差別は根強く残っている。

発展 **ハラル（ハラル認証）**

　ハラルとはアラビア語で「許された」の意味で，イスラム教の教えで食べるのを許された食品を指すことが多い。イスラム教では，酒の摂取や豚肉を食べることが禁止されているほか，教えに従って処理・加工されたもの以外は禁止されている。これらの規定をクリアしたものがハラル（ハラル認証）である。日本でもイスラム教徒の住民や観光客が増えるにつれて，ハラル認証を取得した飲食店がみられるようになった。

技能
Column

写真の読み取り

　世界各地を写した写真の中には，それぞれの場所がどこかを読み取るためのヒントが隠されている。建造物や乗り物，人々などに着目して，どの場所か判断するとよい。

●イスラム教の国

モスク（イスラム教の礼拝堂）がみられる。

（Cynet Photo）

モスクにはミナレットと呼ばれる細長い塔がある。

●東南アジアの仏教国

黄金の仏塔がみられる。

（アフロ）

祈りを捧げる人がいる。

●ヒンドゥー教徒の多いインド

オートリキシャが走る。

（Cynet Photo）

道路を牛が歩く。（ヒンドゥー教では，牛が神聖な動物とされている）

●ホンコン（香港）

漢字の看板が多い。

（ピクスタ）

２階建ての路面電車が走る。

78

見る
Column

世界の農作物

世界には，日本ではみられない食用作物や工芸作物がたくさんある。これらの農作物は，どのように利用されているか確認しておこう。

●天然ゴム
幹に傷をつけてとった樹液を固めて生ゴムとする。

●ヤムいも
やまいもの一種で，焼畑農業によってつくられる。

（ピクスタ）

●キャッサバ
根茎からタピオカというでんぷんがとれる。

●タロいも
さといもはタロいもの一種。球根と若い葉を食用とする。

●ジュート（黄麻）
低湿地で栽培。茎からせんいをとり，穀物用の袋などに利用する。

●綿花
種を包んでいる白い綿毛がせんいに加工される。

●オリーブ
実が食用になる。実からオリーブオイルをつくる。

●なつめやし
やしの一種。実を干して食べるほか，ゼリーに加工される。

●油やし
実からパーム油をとり，マーガリンや，石けんなどにする。

考える
Column

私たちは SDGs について，何ができるのだろう？

最近，SDGsという言葉を聞く機会が多くなった。SDGsとは何か，またSDGs達成のために私たちにできることは何か，考えてみよう。

1 SDGsって，何だろう？

SDGsとは，「Sustainable Development Goals（持続可能な開発目標）」の略称で，地球と私たちの暮らしを守るために，世界全体で2030年までに達成しようと決めた17の目標のこと。2015年の国連サミットで193の加盟国すべてが賛成し，採択された。SDGsは「誰一人取り残さない」をスローガンに，世界中の国々が一体となって地球上にある貧困や飢餓，ジェンダーによる差別，気候変動など，さまざまな課題に取り組むことを誓っている。

持続可能な開発とは，人々の暮らしと地球環境を守りながら，現在の世代と未来の世代が安心して豊かに暮らせるように開発を進めることだよ。

2 SDGs達成のために，世界で行われている取り組み

世界には全世界共通の課題から，地域によってとくに深刻な課題まで，さまざまな課題がある。例えば，世界人口の約6割を占めるアジア州では人口の増加とそれによって生じる食料不足の問題があり，早くから工業が発達したヨーロッパ州では，水質汚濁や酸性雨などの環境問題がある。また，南アメリカ州のアマゾン川流域では，熱帯雨林の伐採によって先住民の生活や地球環境にも大きな影響が出ている。これらの課題に対して，世界の国や企業，非政府組織（NGO），個人が協力してその解決に努力している。81ページでその一部を紹介する。

2 飢餓をゼロに

満足な食事をとれない子どもたちなどのために，企業や民間の団体が「子ども食堂」を運営している。

（読売新聞社／アフロ）

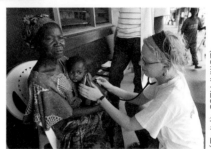 **3 すべての人に健康と福祉を**

国境なき医師団などの非政府組織（NGO）が，発展途上国での医療活動を行っている。

（ZUMAPRESS／アフロ）

 11 住み続けられるまちづくりを

津波などの自然災害に備えて都道府県や市（区）町村がハザードマップをつくったり，防災訓練を開催したりしている。

（朝日新聞社）

 **12 つくる責任つかう責任**

まだ食べられるのに廃棄される食料（食品ロス）をなくすために，廃棄される食料を引き取り，必要な人に届けている。

（ロイター／アフロ）

③ 私たちにもできることはあるの？

SDGs達成のために，私たちが身近なところからできることもある。身の回りの課題から地球規模の課題までをリストアップし，私たちが目標達成のために何ができるかを考え，ノートにまとめてみよう。

課題	とるべき行動
レストランで食事を残してしまう。	食べ切れる分だけ注文する。少しずつ注文する。
世界では学校に通えない子どもがいる。	ノートや鉛筆などを寄付する。
地球環境について，知らないことが多い。	地域や学校が開催する環境学習のイベントに参加する。

↑ノートの一例

1 世界のさまざまな気候 〜 4 温暖な地域の暮らし

□(1)　〔　　　　〕帯は赤道周辺に広がり，1年中気温が高い。

(1) 熱

□(2)　乾燥帯のうち，やや降水量があり草原が広がるのが〔　　　　〕気候である。

(2) ステップ

□(3)　日本やヨーロッパ西部など，中緯度地域に広がる温暖な気候帯を〔　　　　〕帯という。

(3) 温

□(4)　北半球の高緯度地域に広がる，冬の寒さが厳しく，夏と冬の気温差が大きい気候を〔　冷帯（亜寒帯）　寒帯　〕という。

(4) 冷帯（亜寒帯）

□(5)　暑い地域では，湿気を防ぐために床を〔　高くした　低くした　〕住居がみられる。

(5) 高くした

□(6)　乾燥した地域では，土でつくった〔　　　　〕の家がみられる。

(6) 日干しれんが

□(7)　サハラ砂漠の南に接するサヘルでは，〔　　　　〕が深刻である。

(7) 砂漠化

□(8)　イタリアやスペインの地中海沿岸の地域では，夏の乾燥に強いぶどうや〔　オリーブ　小麦　〕などの栽培がさかんである。

(8) オリーブ

5 寒い地域の暮らし 〜 8 宗教と暮らしの関わり

□(9)　カナダ北部の北極圏に住む先住民のイヌイットは，〔　あざらし　やぎ　〕の狩りや漁業の生活を送ってきた。

(9) あざらし

□(10)　アンデス山脈の高地に住む先住民は，標高4000m以上の地域では〔　リャマ　羊　〕やアルパカの放牧をしている。

(10) リャマ

□(11)　〔　ヒンドゥー教徒　イスラム教徒　〕の女性は，髪や手足を覆った布をまとっている。

(11) イスラム教徒

□(12)　ヨーロッパをはじめとする世界の広い地域では，パン，パスタ，ラーメンなどの原料となる〔　米　小麦　〕が主食である。

(12) 小麦

□(13)　世界の三大宗教とは，〔　　　　〕，キリスト教，イスラム教である。

(13) 仏教

□(14)　イスラム教徒は教典の「〔　　　　〕」に基づく生活を送っている。

(14) コーラン（クルアーン）

□(15)　イスラム教では，〔　豚肉　牛肉　〕を食べることを禁じている。

(15) 豚肉

1 次の①〜⑤の文は，世界各地の自然や暮らしについて述べたものです。これを読んで，下の各問いに答えなさい。

【(5)(6)は各11点，ほかは6点×8】

① 乾燥した土地が広がり，焼畑農業や遊牧が行われている。耕作や放牧のしすぎやたきぎの切りすぎなどによって，　X　が進行している。

② 1年を通じて気温が高く，スコールがみられる。熱帯雨林を材料とした，a床を高くした住居がみられる。

③ 山の斜面で，標高に合った農業が行われている。家畜のリャマで荷物を運搬し，アルパカの毛から衣服をつくっている。

④ イヌイットと呼ばれる先住民が住み，あざらしやカリブーの肉を食べたり，毛皮を利用した衣服を着用したりしてきた。近年は定住化が進み，生活様式が大きく変わっている。

⑤ 温暖な気候で，夏は乾燥し，冬はやや雨が多く降る。b窓を小さくした家や壁を白く塗った家がみられる。

(1) 上の①〜⑤は，どの地域の暮らしについて述べたものですか。図1中のあ〜おから1つずつ選び，記号で答えなさい。

①〔　　　〕 ②〔　　　〕 ③〔　　　〕
④〔　　　〕 ⑤〔　　　〕

(2) 図2は，図1中のA〜Dのいずれかの都市の雨温図です。あてはまる都市を1つ選び，記号で答えなさい。　〔　　　〕

(3) 右の写真は，ある地域でみられる住居です。この住居がみられる地域を図1中のあ〜えから1つ選び，記号で答えなさい。

〔　　　〕

(4) 上の①の文中の　X　にあてはまる地球環境問題を漢字3字で答えなさい。

〔　　　〕

図1

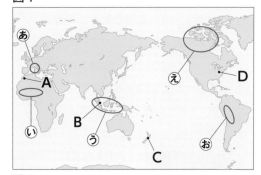

図2

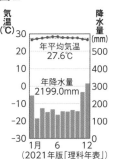

気温
(℃)
降水量
(mm)
年平均気温
27.6℃
年降水量
2199.0mm
30
20
10
0
-10
-20
-30
500
400
300
200
100
0
1月　6　12
(2021年版「理科年表」)

(ピクスタ)

(5) 83ページの②の文の下線部 **a** について，床を高くしている理由を簡潔に書きなさい。

〔　　〕

思考 (6) 83ページの⑤の文の下線部 **b** について，窓を小さくしたり，壁を白く塗ったりしている理由を
簡潔に書きなさい。

〔　　〕

2　**右の地図と写真をみて，次の各問いに答えなさい。**　　　　　　　　　　　　　　　【6点×5】

(1)　右の地図中の **A ～ C** は，世界の
三大宗教の分布を表したものです。
このうち **A** は，どの宗教を表して
いますか。次の**ア ～ エ**から1つ選
び，記号で答えなさい。

〔　　　　〕

ア 仏教　　　　**イ** キリスト教
ウ イスラム教　**エ** ヒンドゥー教

□ A　■ B　■ C　▨ 仏教・儒教・神道などが重なる地域

写真1

(Cynet Photo)

写真2

(Cynet Photo)

(2)　右の**写真1**と**写真2**は，それぞ
れある宗教の習慣です。この習慣
がみられる宗教を次の**ア ～ エ**から
1つずつ選び，記号で答えなさい。

写真1〔　　　〕　写真2〔　　　〕

ア イスラム教　**イ** キリスト教
ウ 仏教　　　　**エ** ヒンドゥー教

(3)　右の**写真3**は，羊毛を材料にした住居です。この住居がみられる
場所を地図中の**ア ～ エ**から1つ選び，記号で答えなさい。〔　　　　〕

写真3

(ピクスタ)

(4)　イスラム教徒は，教典「コーラン」に基づいた生活を送っていま
す。次の**ア ～ エ**のうち，イスラム教徒の習慣として<u>あてはまらな
いもの</u>を1つ選び，記号で答えなさい。　　　　　　〔　　　　〕

ア　女性は人前で肌をみせない。

イ　ラマダン(断食月)には，日が出ている時間帯は飲食をしない。

ウ　1日5回，聖地メッカに向かって祈りをささげる。

エ　牛を神の使いとして食べない。

2章

世界の諸地域

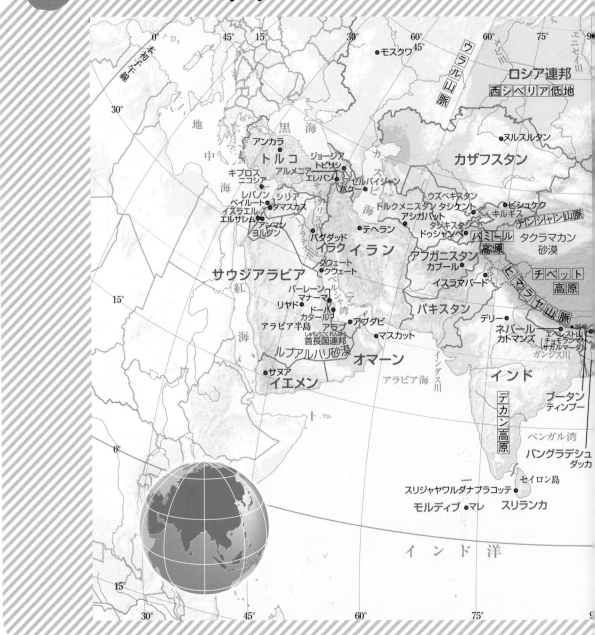

第1節から第6節では，世界を大きく6つの節に分け，それぞれの州の特色を学習していく。

105° 北極圏 120° 60° 135°

レナ川

150° カムチャツカ半島 165° 45° 180°

日付変更線

30°

オホーツク海

中央シベリア高原

アムール川

バイカル湖

大シンアンリン山脈

朝鮮民主主義人民共和国（ちょうせんみんしゅしゅぎ）
ピョンヤン

日本海

日本

北回帰線

モンゴル
ウランバートル

モンゴル高原

ゴビ砂漠

ペキン

ソウル
大韓民国（だいかんみんこく）

竹島 富士山 東京
3776

南鳥島

アルタイ山脈

黄河

黄海

15°

中華人民共和国（ちゅうか じん みん きょう わ こく）

東シナ海

小笠原諸島

長江（揚子江）

与那国島

台湾

沖ノ鳥島

太平洋

ミャンマー
ネービードー
ラオス
ビエンチャン
ハノイ

南シナ海

マニラ

タイ
インドシナ半島

バンコク
ベトナム
カンボジア
プノンペン

フィリピン

赤道 0°

エーヤワディー川

チャオプラヤ川

メコン川

マレー半島

ブルネイ
バンダルスリブガワン

マレーシア

カリマンタン島（ボルネオ）

クアラルンプール

シンガポール
シンガポール

インドネシア
東ティモール
ディリ

15°

ジャカルタ

ジャワ島

105° 120° 135° 150°

1 アジア州の自然環境と文化

教科書の要点

1 アジア州の地形
- ◎ 山脈…「世界の屋根」といわれる**ヒマラヤ山脈**が連なる
- ◎ 川…長江、メコン川、ガンジス川などの大河が流れる

2 アジア州の気候
- ◎ 東南アジアや南アジアは**季節風（モンスーン）**の影響を受ける
- ◎ 西アジアのほとんどの地域は乾燥帯に属する

3 アジア州の文化
- ◎ 宗教…仏教、イスラム教、ヒンドゥー教など、さまざまな宗教が混在

1 アジア州の地形

東アジアと東南アジアには多くの島々があり、中央アジアと西アジアには砂漠が広がる。

> **重要**
>
> (1) 山脈…ネパール、中国、インドなどの国境に、**ヒマラヤ山脈**❶が東西に連なる。ヒマラヤ山脈にある**エベレスト山（チョモランマ）**は世界一高い山。
> └→「世界の屋根」といわれる

(2) 砂漠…中国の北部にゴビ砂漠、西部にタクラマカン砂漠、アラビア半島にルブアルハリ砂漠が広がる。

(3) 島…東部や南東部に日本列島、フィリピン諸島、カリマンタン島（ボルネオ島）、スマトラ島など、多くの島々がある。

(4) 半島…インドシナ半島、インド半島、アラビア半島など、大きな半島がある。

(5) 川…長江（中国）、メコン川❷（タイ、ベトナムなど）、ガンジス川（インド）など。

❷メコン川 （ピクスタ）

くわしく ヒマラヤ山脈

ヒマラヤ山脈には万年雪が積もっており、インダス川、ガンジス川、長江などの水源となっている。世界には8000mを超える山が14あるが、そのうちの10がヒマラヤ山脈にある。

❶ヒマラヤ山脈 （Cynet Photo）

参考 さまざまな砂漠

砂漠には、砂砂漠と岩石砂漠がある。一般に思い浮かべる細かい砂に覆われた砂漠は砂砂漠と呼ばれ、砂漠全体のほんの一部でしかない。砂漠のほとんどが岩石砂漠と呼ばれる、地表が露出し、岩や石が点在する砂漠である。

2 アジア州の気候

熱帯に属する赤道直下の東南アジアから寒帯に属するシベリアの北部まで，さまざまな気候がある。

重要

(1) **湿潤な地域**…東アジアの沿海部，東南アジア，南アジアなど。**季節風（モンスーン）❸**の影響を強く受ける地域は，雨が多く降る**雨季**と雨が少ない**乾季**に分かれる。

(2) **乾燥した地域**…西アジア，中央アジアのほとんどの地域と，東アジアの内陸部。乾燥帯に属し，砂漠とステップが広がる（→p.67）。

(3) **シベリア**…大部分が冷帯（亜寒帯）と寒帯に属し，世界で最も寒い地域の一つ（→p.71）。

3 アジア州の文化

かつてメソポタミア文明，インダス文明，中国文明といった古代文明が繁栄した。人の移動とともに各地の文化が他地域に広がった。

(1) **中国の文化の広まり**…日本や朝鮮半島は漢字をはじめ，中国の文化の影響を受けている。

(2) **宗教の広まり**（→p.76〜77）

❶**仏教**…インドで生まれ，スリランカを通じて東南アジアへ，シルクロードを通じて中国，朝鮮半島，日本へ広がる。

❷**イスラム教**…アラビア半島で生まれ，西アジアや中央アジアへ，インド洋の海上貿易によって南アジアや東南アジアへ広がる。

❸**キリスト教**…ヨーロッパ人の布教活動や植民地支配によって，フィリピンなどに広がる。

❹**ヒンドゥー教**…インドで多くの人々が信仰。

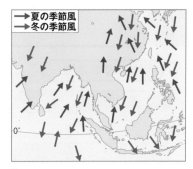

→夏の季節風
→冬の季節風

❸ 季節風の向き

発展 韓国の文字

韓国も古くは漢字を使っていた。しかし，15世紀に独自の**ハングル**と呼ばれる文字がつくられた。1980年代からは漢字の使用が減り，現在は名前などで使われるのみとなっている。

（J.Sフォト）

↑**ハングル** 上がハングルの表記

くわしく 人口の集中と経済発展

アジア州には，世界の人口の約6割にあたる約46億人が暮らしている。人口は東アジア，東南アジア，南アジアの平野部に集中し，とくに古代文明が栄えた中国とインドは世界1位，2位の人口を抱えている。これらの地域では豊富な労働力をいかして工業化が進められ，急速な経済発展により多くの大都市が形成されている。

発展する中国

1 人口と民族

中国には14億人を超える人々が住み，漢族と多くの少数民族が暮らす多民族国家となっている。

(1) 人口…14億人を超え，インドと並んで人口が多い（2019年）。

重要 ●**一人っ子政策**…急速な人口増加を抑制するために，夫婦1組に子どもを1人までとした政策。少子高齢化や労働力不足が生じたため，2015年に廃止された。

(2) 民族…人口の約9割を占める**漢族（漢民族）**❶と55の少数民族が住む。漢族は主に東部の平野に，少数民族は主に西部に多い。

❶ 漢族の人々　(Cynet Photo)

↑ウイグル族の人々　(Cynet Photo)

> 一人っ子政策の廃止によって，すべての夫婦が子どもを2人までもつことが認められたよ。

発展 少数民族の自治区

中国には，少数民族にある程度の自治が許された自治区が設けられている。ウイグル族，モンゴル族，チベット族などは自治区をもっているが，中国政府の影響力が強まっていることに対して反発する声もある。

2 工業化による経済発展

中国は工業化を進めた結果，経済が急速に成長した。

(1) 経済のしくみの変化…かつては国が計画して経済を運営→1980年代からは自由経済を導入し，工業化を進める。

>
> (2) 外国企業の誘致…沿海部に**経済特区**を設置し，税金などの面で外国企業を優遇し，外国企業を誘致→1990年代から急速な経済成長をとげる。安価で豊富な労働力をいかして工業製品を生産し，世界中に輸出→「**世界の工場**」と呼ばれる。

↑中国の鉱産資源の分布と工業都市

薄型テレビ
計 2億2722万台
中国 46.3%
その他 53.7

携帯電話
計 17億7487万台
中国 78.6%
その他 21.4

パソコン
計 2億7544万台
中国 98.2%
その他 1.8

↑主な電子機器の生産量に占める中国の割合

(2015年)
(電子情報技術産業協会など)

中国の国内総生産（GDP）は，アメリカ合衆国に次ぐ世界第2位だよ。

発展 中国の農業

中国は工業だけでなく農業もさかんで，米，小麦，綿花など，生産量が世界一の農作物が多い。主に，冷涼な東北部や華北で畑作，温暖な華中や華南で稲作，乾燥した内陸部で牧畜が行われている。

3 経済成長と課題

中国では，急速な経済成長に伴って，国内の経済格差や大気汚染などの問題が発生している。

(1) **経済格差**…工業化によって経済的に豊かになった都市部と，農村部との収入格差が問題に→仕事を求めて，農村から都市部へ出稼ぎに行く人々が多い。

(2) **大気汚染**…工業化によって，石油や石炭などの化石燃料の消費が増加し，大気汚染が発生→風力発電や太陽光発電などの**再生可能エネルギー**の導入を進める。

↑中国の農業地域

韓国の発展

1 **韓国の経済発展と首都ソウル**

◎工業化の進展…1960年代から工業化を進め，**アジアNIES**の一つに

◎産業の変化…造船，鉄鋼などの重工業から情報通信技術（ICT）関連産業へ

◎首都ソウル…人口が集中し，地価の高騰，交通渋滞などが発生

2 **韓国の文化**

◎独自の文化…**ハングル**の使用，キムチなどの食文化

◎中国，日本と共通する文化…儒教や食事のときの箸の使用など

3 **日本と韓国の関係**

◎歩み…かつて日本は韓国を植民地支配。現在は交流が進む

◎交流…漫画，アニメ，音楽，映画などの文化が互いの国で人気

---

1 **韓国の経済発展と首都ソウル**

韓国は1950年代の朝鮮戦争で国土が荒れたが，1960年代から工業化を進め，「漢江の奇跡」と呼ばれる経済発展をとげた。
→首都ソウルを流れる川

（1）産業の変化

❶かつては稲作を中心とする農業と衣類などの軽工業が中心。

❷1960年代から日本など外国の資金・技術援助によって，工業化を進める→鉄鋼業や造船業など重工業が発達。それらを輸出して経済を発展させ，**アジアNIES**の一つに。
→新興工業経済地域の略

（2）情報通信技術関連産業の発展…1990年代からは高い技術力をいかして，半導体や携帯電話の生産などの**先端技術（ハイテク）産業**や**情報通信技術（ICT）関連産業**に転換。

（3）首都ソウル…政治や経済の中心地で，韓国の人口の約20％が暮らし，**一極集中**が進む→地価の高騰，交通渋滞などの都市問題が発生。地方との経済格差も問題に。

1980年 181億ドル

| 衣類 16.3% | 機械類 13.3 | 繊維品 12.2 | 鉄鋼 9.1 | 船舶 6.8 | その他 |

2018年 6048億ドル

| 機械類 43.3% | 自動車 10.0 | 石油製品 7.8 | プラスチック5.1 | 鉄鋼 4.6 | その他 |

（2020/21年版「世界国勢図会」ほか）

↑韓国の輸出品の変化

くわしく **アジアNIES**

1960年代から1970年代に工業化を進め，経済が急速に発展した韓国，ホンコン（香港），台湾，シンガポールを指す言葉。NIESとは，新興工業経済地域のこと。

2 韓国の文化

　韓国では，文字，食事，伝統芸能などに独自の文化がみられる。また，歴史上関係が深かったことから，中国，日本と共通する文化もみられる。

(1) 文字…15世紀に朝鮮国でつくられた**ハングル**を使用。

(2) 食事…はくさいなどを発酵させて，唐辛子で味つけをしたキムチが食事に欠かせない。

(3) 生活習慣…儒教の影響で年上の人を敬う，食事のときに箸を使うなど，中国，日本と共通の文化もみられる。

(4) 宗教…仏教，儒教は朝鮮半島を経て日本へ伝わる。

3 日本と韓国の関係

　日本と韓国は距離が近く，古代からさかんな交流が行われてきた。

(1) 20世紀以降の歩み

　❶1910年～1945年まで，韓国は日本の植民地支配を受けた。

　❷1965年に国交を回復したあとはあまり交流がなかったが，2002年のサッカーワールドカップ共同開催のころから交流が深まった。

(2) 文化と人の交流

　❶文化の交流…日本の漫画やアニメは韓国で人気。韓国の文化は韓流と呼ばれ，映画やドラマ，音楽（K－POP）が日本で人気。

　❷人の交流…多くの人が観光や留学，ワーキングホリデーで互いの国を訪れる。

(Cynet Photo)

↑新大久保（東京都）のコリアンタウン　韓国の芸能グッズや食品を扱う店，レストランなどが集中している。

2章／世界の諸地域

1節／アジア州

参考　オンドル

　冬の寒さが厳しい韓国では，オンドルと呼ばれる伝統的な床暖房が普及している。代表的なものとして，床下に通したパイプに温水を流し，その熱で部屋を暖めるものがある。

昔はかまどを炊いたときに出る煙をいかしたオンドルが一般的だったよ。

発展　南北に分かれた朝鮮半島

　第二次世界大戦が終わると，朝鮮半島は日本の植民地支配から解放された。しかし，今度は冷戦の影響を受け，**北緯38度線**を境に南の韓国と北の**朝鮮民主主義人民共和国（北朝鮮）**に分断された。1950年には韓国と北朝鮮の間で**朝鮮戦争**が起こり，多くの犠牲者が出た。1953年に休戦協定が結ばれたが，その後も分断が続いている。1990年代末から両国間で平和や統一への話し合いが行われるようになったが，関係改善には至っていない。

(J.Sフォト)

↑北緯38度付近の軍事境界線

東南アジアの経済発展

1 農業と漁業の様子

◎稲作…季節風（モンスーン）の影響を受ける地域でさかん

◎プランテーション（大農園）…天然ゴムやバナナ，油やしなどの栽培がさかん

2 経済発展と課題

◎経済発展…多くの国が外国企業を誘致し，工業化を進める

◎東南アジア諸国連合(ASEAN)の結成…貿易や人の交流を活性化

◎課題…都市部に人口が集中→大気汚染や交通渋滞などが発生

---

1 農業と漁業の様子

多くの地域が熱帯に属する東南アジアでは，熱帯性の作物が栽培されている。

重要

(1) 稲作…季節風（モンスーン）の影響を受ける東南アジアは，気温が高く雨が多いため稲作がさかん。**二期作が**行われている地域もある。
<small>1年に2回同じ作物を栽培→</small>

❶**インドシナ半島**…メコン川，チャオプラヤ川など大河流域で稲作がさかん。タイは世界有数の米の輸出国。

❷**ジャワ島，ルソン島**…山の斜面に切り開いた棚田❶などで稲作がさかん。

パキスタン 6.1
ベトナム 13.1
アメリカ合衆国 7.3
タイ 26.1
インド 27.1%
その他
計 4452万t

（2017年）（2020/21年版「世界国勢図会」）
↑米の輸出量の割合

❶ ルソン島（フィリピン）の棚田 （ピクスタ）

発展 多様な民族

多くの民族で構成される国を**多民族国家**という。マレーシアやシンガポール，インドネシアなど，東南アジアには多民族国家が多くみられる。マレー系はマレーシアやシンガポールに多く，中国系は**華人**と呼ばれ，東南アジア各地に中華街（チャイナタウン）を形成している。華人は金融業や流通業で活躍し，経済的に影響力をもつ。

参考 浮稲

東南アジアやインドなどの低湿地では，浮稲がつくられている。浮稲とは，水田の増水につれて茎がのびる稲で，雨季の始まる前に直接種をまき（直まき），増水につれて生長した稲の穂を舟などを利用して刈り取る。

(2) **プランテーション（大農園）での農業**

❶形態…欧米諸国の植民地時代に開かれたプランテーション（大農園）で，輸出用作物を大規模に栽培する。現在は現地の人々が経営することも多い。

❷栽培される作物…**天然ゴム❷，バナナ，油やし，コーヒー**など。
　　　　　　　果実を搾ってパーム油をとる←

(3) 漁業…タイ，インドネシアなどで<u>マングローブ</u>を切り開
　　　　　　　　　　　　　　　└→ p.65
き，**えびを養殖**し輸出→マングローブの減少が問題に。

天然ゴム		計1364万t	
タイ 35.9%	インドネシア 22.7	ベトナム 9.0	その他

コートジボワール 5.7 ┘　　（2019年）

パーム油		計7145万t	タイ3.9
インドネシア 56.8%	マレーシア 27.3	その他	

（2018年）

（2020/21年版「世界国勢図会」）

↑**主な農作物の生産量の割合**　パーム油は石けんやマーガリンの原料になる。

❷ **天然ゴムの栽培（タイ）**（Cynet Photo）

2 経済発展と課題

　東南アジアの国々は欧米の植民地支配❸を受けたため工業化が遅れたが，1970年代から工業化が進み，経済が著しく発展した。

(1) 外国企業の誘致

❶シンガポールでは1970年代から工業団地をつくり，外国企業を誘致→電気機械工業や自動車工業などで工業化に成功し，経済が発展。その後，マレーシア，タイ，インドネシアなどで工業化が進む。

> 日本も多くの企業が東南アジアに進出しているよ。

❷近年は，人件費の安いベトナムやミャンマーなどへ外国企業が進出。

(2) **東南アジア諸国連合（ASEAN）**…東南アジアの10か国が東南アジアの安定を目指して結成→**関税の廃止**などで貿
　　　　　　　　　　　　　　　　　　└→輸入品にかかる税金
易を活性化し，人の交流も活発に。

(3) 課題…経済発展に伴って，さまざまな問題が生じている。

❶人口の集中…経済的に貧しい農村から豊かな都市部への移住が進む→都市部で大気汚染や交通渋滞が発生。仕事にあぶれた人などが環境の悪い地域に住み，スラムを形成。

欧米諸国による植民地支配

　19世紀以降，欧米諸国が資源の供給と市場を求めて，東南アジアに進出した。この結果，19世紀末にはタイを除く国々が欧米諸国の植民地支配を受けた。第二次世界大戦後，独立戦争などを経て，すべての国が独立を達成した。

旧支配国
独立国
フランス
イギリス
オランダ
アメリカ合衆国
ポルトガル

※20世紀前半ごろ

❸ **植民地支配を受けた東南アジア**

5

南アジアの産業発展

1 南アジアの農業
◎ ガンジス川中・下流域で**米**の栽培，スリランカなどで**茶**の栽培
◎ 食料不足に備えるため，品種改良や化学肥料の普及を進める

2 南アジアの工業
◎ インドのベンガルールなどで**情報通信技術（ICT）関連産業**が発達
◎ 豊富な労働力と安い賃金を求めて外国企業の工場が南アジアへ進出

3 人口の増加
◎ 食料不足や経済格差，スラムの形成など，さまざまな問題が発生

1 南アジアの農業

各地域の気候に合わせた農業が行われている。

(1) 農業がさかんな地域
❶ ガンジス川中・下流域の高温多湿の地域で，**米**や**ジュート（黄麻）** の栽培がさかん。
❷ 雨が少なく乾燥したインド北西部やパキスタン北東部，デカン高原で，**小麦**や**綿花**の栽培がさかん。
❸ 降水量の多いインド北東部のアッサム地方やスリランカで**茶**の栽培がさかん❶。

(2) 農業の改良…人口増加による食料不足に備えるため，品種改良や化学肥料の普及を進める→インドやパキスタンで米や小麦の生産量が大きく増加。

❶ 斜面での茶の栽培（スリランカ）
(Cynet Photo)

計 634万t

| 中国 41.2% | インド 21.2 | | その他 |

ケニア 7.8
スリランカ 4.8　　　　　　(2018年)

↑茶の生産量の割合

計 2419万t

| 中国 25.2% | インド 19.4 | 16.6 | その他 |

アメリカ
パキスタン 6.9　　　　　　(2018年)

(2020/21年版「世界国勢図会」)

↑綿花の生産量の割合

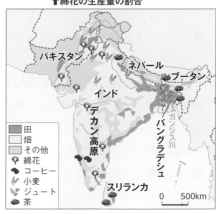

凡例：
■ 田
□ 畑
□ その他
🌼 綿花
☕ コーヒー
🌾 小麦
🌿 ジュート
🍃 茶

0　　500km

↑南アジアの農業地域

2 南アジアの工業

近年のインドは工業が発達し，経済発展が著しい。

（1）インドの工業

❶ 20世紀前半に，国内で生産される綿花を原料とした綿工業
や，国内で産出する石炭や鉄鉱石を原料とした鉄鋼業が発達。

❷ 1990年代から外国企業の進出が進み，自動車や電気機械
の生産が増加。

重要

❸ 近年は**情報通信技術（ICT）関連産業**が発達→南部
の**ベンガルール**❷は「インドのシリコンバレー」と呼ば
└→ バンガロール，ベルガルールともいう
れ，アメリカ合衆国やヨーロッパのICT関連の企業が進出。

（2）工場の移転

…最近は労働
力が豊富で人件費がさらに
安いパキスタンやバングラ
デシュに工場を移す外国企
業が増加→これらの国で衣
類や電気製品などの輸出が
増加。

(Cynet Photo)

❷ **ベンガルールで働く人々** アメリ
カ合衆国などで働いたのちに帰国し
て活躍する人が多い。

3 人口の増加

インドは人口が13億人を超え（2020年），2020年代には中国
を抜いて世界第1位になると予測されている。

（1）人口増加による問題

❶ エネルギー資源の確保が心配される→**再生可能エネルギー**
と**省エネルギー**の普及に取り組む。

❷ 工業が発達した都市部と農村部での経済格差や教育格差が
問題。

❸ 仕事を求め，都市部の人口が増加→**スラム**の形成，交通渋
滞，大気汚染などの問題が発生。

用語解説 **情報通信技術（ICT）関連
産業**

コンピューターや携帯電話をはじめと
する，情報・通信技術に関わる産業。パ
ソコン・携帯電話の生産，ソフトウェア
の開発，ネットワークを構築する通信サ
ービスなど，幅広い分野が含まれる。

思考 **インドでICT産業が
発達したのはなぜ？**

・数学教育の水準が高い。

・イギリスの植民地だったため，英語を
話せる技術者が多い。

・国や州が援助して技術者を育成した
り，教育機関や研究所をつくったりし
た。

・新しい産業なので古くからの身分制度
であるカースト（→p.77）に影響を
受けないので，これらの仕事に就く人
が増えた。

くわしく **時差をいかした
ICT産業**

インドとアメリカ合衆国は時差が半日
ほどあり，アメリカ西部のシリコンバレ
ーが夜のとき，インドは昼である。この
ため，アメリカの企業は夜の間にインド
の企業に業務を任せることで，ソフトウ
ェア開発やコールセンター業務（電話対
応）などを行うことができる。これによ
ってインドはICT産業を発展させてき
た。

6

西アジア・中央アジアの資源

1 西アジアの様子
◎宗教…**イスラム教徒**が多く，コーランに従った生活を送っている
◎資源…ペルシャ湾岸は世界最大の**石油（原油）**の産出地

2 中央アジアの様子
◎歩み…古くはシルクロード（絹の道）が通り，交易がさかんだった
◎資源…**石油，天然ガス，レアメタル**などが豊富

---

1 西アジアの様子

西アジアは全体的に降水量が少なく，乾燥帯が広がる。

（1）西アジアの人々

❶アラビア半島には，アラビア語を使うアラブ人が多く住む。

❷西アジアの住民の大部分が**イスラム教徒**で，教典の「コーラン（→p.77）」に従った生活を送っている。

（2）ペルシャ湾岸の国々

重要

❶**ペルシャ湾岸**は世界最大の**石油（原油）**の産出地→沿岸国は石油や石油製品（ガソリンや灯油など）を輸出**■**。

埋蔵量　　　　輸出量

その他
ベネズエラ 18.0%
計 2676億kl
サウジアラビア 15.9
イラク 8.6　イラン 9.2　カナダ 10.0
（2020年）

その他
サウジアラビア 15.5%
ロシア 11.3
イラク 8.3
計 22.4億t
アラブ首長国連邦 5.3　カナダ 7.7
（2017年）

（2020/21年版「世界国勢図会」）

■ 石油の埋蔵量と輸出量の割合

❷ペルシャ湾岸の産油国は**石油輸出国機構（OPEC）**に加盟し，石油の生産量や価格を調整。世界経済に大きな影響力をもつ。

西アジアの産油国では，石油産業や建設業での人手不足を補うため，パキスタンやバングラデシュなど南アジアの国々からの出稼ぎ労働者を受け入れている。中には，人口の半分以上を，出稼ぎ労働者を含む外国籍の人々が占める国もある。

産油国が自らの利益を守るために結成した国際組織。サウジアラビア，アラブ首長国連邦など西アジアの産油国のほか，アフリカ州のリビア，ナイジェリア，南アメリカ州のベネズエラなどが加盟している。

石油は，パイプラインやタンカーによって，世界各地へ輸出されるよ。

（3）産油国の動き

❶石油を輸出し，その利益を石油産業の発展や交通網・通信
網の整備，社会保障・教育の充実に使う。

❷石油の枯渇に備え，**再生可能エネルギー**の開発や，ICT関
連産業，金融，観光業などへの転換を進める動きがみられ
る。

(Cynet Photo)

↑高層ビルが建ち並ぶドバイ ドバイは
金融業，流通業，観光業で発展をとげた。

2 中央アジアの様子

西アジアと同様に乾燥帯が広がり，**イスラム教徒**が多い。

（1）歩み

❶古くはシルクロード（絹の道）が通り，東西交易で発展→
当時の遺跡が残り，観光地としても人気。

❷かつて**ソビエト社会主義共和国連邦（ソ連）**を構成した。
1991年のソ連解体後に多くの国が独立した。

（2）豊富な鉱産資源…**カスピ海沿岸**はペルシャ湾岸と並ぶ世
界有数の**石油**の産出地。そのほかにも，**天然ガス，レア
メタル（希少金属）**が産出→中国や欧米諸国，日本が資
└→p.119
源を求めて進出する動きをみせている。

サウジアラビア　計2076億ドル　（2016年）

原油 65.6%	石油製品 11.4	その他

プラスチック 6.8
有機化合物 3.7

カザフスタン　計611億ドル　（2018年）

原油 61.9%		その他

鉄鋼 6.8　　天然ガス
銅 4.1　　　3.6

（2020/21年版「世界国勢国会」）

**↑西アジア，中央アジアの主な国々の輸
出品**

Column **西アジア，中央アジアの紛争と内戦**

　西アジアと中央アジアには政治的に不安定な国が多く，異なる宗
教・宗派間の争いや資源をめぐる紛争や内戦が多い。パレスチナ地
方（イスラエル周辺地域）では，1948年にユダヤ人がイスラエル
を建国したことによって，イスラム教徒が多い周辺のアラブ諸国と
イスラエルとの間に4度にわたる中東戦争が起こり，現在のイスラ
エルとパレスチナ自治政府との対立（パレスチナ問題）が発生した。

　2010年代には西アジアや北アフリカで「アラブの春」と呼ばれ
る民主化運動が起こったが，シリアではこの民主化運動が政府軍と
反政府軍との内戦に発展し，600万人を超える難民が発生している。

(ロイター／アフロ)

↑シリア内戦で破壊された市街地

1 アジア州の自然環境と文化 〜 3 韓国の発展

☐ (1) 東アジアの沿海部，東南アジア，南アジアは，〔　　　〕の影響を強く受け，雨季と乾季がある。

(1) 季節風（モンスーン）

☐ (2) 中国では，急激な人口増加を抑制するために〔　　　〕がとられてきたが，現在は廃止された。

(2) 一人っ子政策

☐ (3) 中国の総人口の約9割を占める民族は〔　　　〕である。

(3) 漢族（漢民族）

☐ (4) 中国は，外国企業を誘致するために沿海部に〔　　　〕を設置し，工業化を進めた。

(4) 経済特区

☐ (5) 韓国では，首都〔　　　〕への一極集中が進み，地方との経済格差などが問題になっている。

(5) ソウル

☐ (6) 韓国では，15世紀につくられた独自の文字の〔　　　〕が使用されている。

(6) ハングル

4 東南アジアの経済発展 〜 6 西アジア・中央アジアの資源

☐ (7) (1)の影響を受ける東南アジアは，気温が高く雨が多いため，〔　畑作　稲作　〕がさかんである。

(7) 稲作

☐ (8) 東南アジアでは，欧米諸国の植民地時代に開かれた〔　　　〕で輸出用作物を大規模に栽培している。

(8) プランテーション（大農園）

☐ (9) 東南アジアの10か国は経済的な結びつきなどを強化するために〔　　　〕を結成している。

(9) 東南アジア諸国連合（ASEAN）

☐ (10) ベンガルールは，〔　情報通信技術（ICT）関連産業　自動車工業　〕が発達し，「インドのシリコンバレー」と呼ばれている。

(10) 情報通信技術（ICT）関連産業

☐ (11) 西アジアの住民の多くは〔　キリスト教　イスラム教　〕を信仰している。

(11) イスラム教

☐ (12) ペルシャ湾岸は，世界最大の〔　　　〕の産出地である。

(12) 石油（原油）

☐ (13) ペルシャ湾岸の産油国は〔　　　〕に加盟し，石油の生産量や価格を調整している。

(13) 石油輸出国機構（OPEC）

2 節 ヨーロッパ州

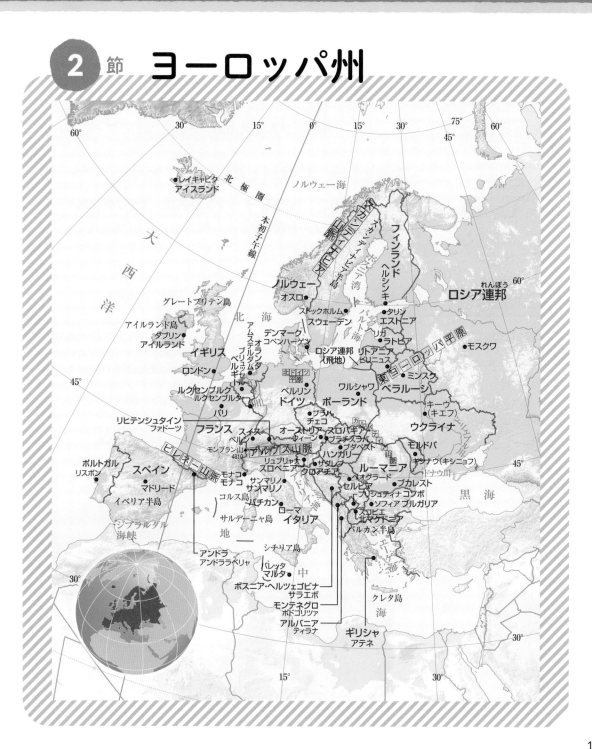

60° 30° 15° 0° 15° 30° 75° 45° 60°

大西洋

北極圏
ノルウェー海
本初子午線

レイキャビク
アイスランド

北海

グレートブリテン島

アイルランド島
ダブリン
アイルランド

イギリス

ロンドン

ノルウェー
オスロ

ストックホルム
スウェーデン

デンマーク
コペンハーゲン

アムステルダム
オランダ
ブリュッセル
ベルギー

ルクセンブルク
ルクセンブルク

パリ

フランス

スカンディナビア半島

ボスニア湾

フィンランド
ヘルシンキ

バルト海

タリン
エストニア
リガ
ラトビア

リトアニア
ビリニュス

ロシア連邦
（飛地）

ベルリン
ドイツ

北ドイツ
平原

プラハ
チェコ

ワルシャワ

ポーランド

ミンスク

ベラルーシ

東ヨーロッパ平原

ロシア連邦

60°

モスクワ

キーウ
（キエフ）

ウクライナ

リヒテンシュタイン
ファドーツ

スイス
ベルン

モンブラン山
4810

アルプス山脈

オーストリア スロバキア
ウィーン ブラチスラバ
ブダペスト
ハンガリー

カル
パ
チ
ア
山
脈

モルドバ

キシナウ（キシニョフ）

45°

ピレネー山脈

ポルトガル
リスボン

スペイン

マドリード

イベリア半島

ジブラルタル
海峡

モナコ
モナコ

サンマリノ
サンマリノ

コルス島
バチカン
サルデーニャ島

地

ローマ
イタリア

シチリア島

リュブリャナ
スロベニア
クロアチア

サラエボ

ベオグラード
セルビア

プリシュティナ コソボ
スコピエ
北マケドニア

バルカン半島

ソフィア ブルガリア

ルーマニア

ブカレスト

ドナウ川

黒海

45°

アンドラ
アンドラ・ラ・ベリャ

バレッタ
マルタ

ボスニア・ヘルツェゴビナ
サラエボ

モンテネグロ
ポドゴリツァ

アルバニア
ティラナ

ギリシャ
アテネ

クレタ島

海

30°

30°

15° 30°

2 章／世界の諸地域

2 節／ヨーロッパ州

101

1 ヨーロッパ州の自然環境と文化

教科書の要点

1 自然の様子

◎ 地形…中央部に**アルプス山脈**が連なり，北部に**フィヨルド**がみられる

◎ 気候…**北大西洋海流**と**偏西風**の影響で，高緯度の割に温暖

2 言語と宗教

◎ 言語…**ラテン系言語**，**ゲルマン系言語**，**スラブ系言語**が分布

◎ 宗教…**キリスト教徒**が多く，その教えに基づいた生活をおくる

1 自然の様子

中央部に**アルプス山脈**が連なり，その北側と南側で地形や気候に大きな違いがある。

(1) 地形の様子

❶アルプス山脈の北側…東ヨーロッパ平原や北ドイツ平原などの平原やなだらかな丘陵が広がり，流れの緩やかな**ライン川**などが流れる。

❷アルプス山脈の南側…山がちな地形。火山が多く，地震も多い。

❸**スカンディナビア半島**…氷河に削られてできた湖沼が多い。ノルウェー沿岸部では，**フィヨルド**❶がみられる。

(2) 気候の様子

❶北ヨーロッパ（北欧）と東ヨーロッパ（東欧）…冷帯（亜寒帯）に属する。北極圏に近い地域は寒帯に属し，**白夜**（→p.35）がみられる。

（ピクスタ）

↑**アルプス山脈の最高峰モンブラン山(4810m)**

発展 国際河川

複数の国を流れる川のうち，沿岸国どうしが条約を結んで，どの国の船でも自由に航行できると取り決めた河川。ものや人の運搬に重要な役割をもっている。ドナウ川やライン川，メコン川，アマゾン川などが国際河川。

くわしく フィヨルド

氷河に削られてできたU字型の谷に海水が入り込んでできた湾。幅が狭く，奥行きが長く，深い。

❶ フィヨルド （Cynet Photo）

❷西部…大西洋を暖流の**北大西洋海流**が流れ，その上を**偏西風**██が吹く→暖かい空気が大陸に運ばれるため，高緯度のわりに温暖な気候。

❸地中海沿岸…**地中海性気候**に属し，夏は乾燥し，冬にやや雨が多く降る。

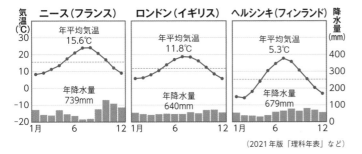

（2021年版「理科年表」など）

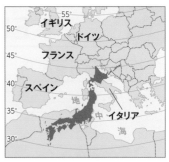

↑**日本とヨーロッパの緯度**…ヨーロッパの南部が日本の東北地方や北海道と同じ緯度で，全体的に日本より高緯度にある。

|用語|解説| **偏西風**

緯度30〜60度付近で，1年を通じて西から東へ吹く風。主に大陸西岸に吹く。海の湿気を含んだ風となるので，1年を通じて降水量の変化が少ない。

2 言語と宗教

大まかに3つの言語系統に分けられ，多くの国でキリスト教が信仰されている。

(1) 言語の分布…ラテン系言語，ゲルマン系言語，スラブ系言語に分かれる❷。言語系統は民族の分布とほぼ一致する。

❶**ラテン系言語**…南部のイタリア，スペイン，フランスなどに分布。

❷**ゲルマン系言語**…北西部のドイツ，イギリス，北ヨーロッパ諸国などに分布。

❸**スラブ系言語**…東部のポーランド，ブルガリアなどに分布。

(2) 宗教の様子

❶日曜日の礼拝や食事の前の祈りなど，**キリスト教**の教えに基づいた生活がおくられている。
カトリック（旧教），プロテスタント（新教），正教会（ギリシャ正教など）に分かれる←

❷北アフリカやトルコからの移民や難民の増加によって，イスラム教徒が増加している。

❷ **ヨーロッパ州の言語の分布** ※地図中の言語は主な公用語を示している。

2 EUの成り立ちと影響

1 EUの設立
◎目的…二度と戦争が起こらないようにするため。大国に対抗するため
◎政策…共通通貨**ユーロ**の導入，**関税の撤廃**など

2 EUの課題
◎加盟国間の経済格差，各国の発言権の低下，移民の増加など

1 EUの設立

　ヨーロッパ連合（EU）はヨーロッパを政治的・経済的に1つの国のように統合する組織である。

（1）設立の目的と背景

　❶かつて，資源や領土をめぐる争いから二度の世界
　　　→ 石炭と鉄鉱石
　　大戦が起こり，ヨーロッパ全土が荒廃した。この
　　反省から，二度と戦争が起こらないようにヨーロ
　　ッパの統合が進められた。

　❷アメリカ合衆国やソ連などの大国に対抗するため
　　に，ヨーロッパの国々が協力する必要があった。

（2）歩み

　❶第二次世界大戦後，石炭や鉄鉱石の共同利用などの経済協
　　力が始まる。

　❷1967年に経済的な結びつきを強化するために，EUの母体
　　となる**ヨーロッパ共同体（EC）**が発足。

　❸1993年に経済的な結びつきに加えて，政治的な結びつき
　　も強化するために**ヨーロッパ連合（EU）**が発足。

　❹2004年に旧社会主義国であった東ヨーロッパなどの10か
　　国が加盟。2013年に加盟国が最大の28か国に拡大。

　❺2020年にイギリスがEUを離脱。

	EC発足当時（1967年）の加盟国
	EU発足当時（1993年）の加盟国
	1995年の加盟国
	2004年以降の加盟国

※イギリスは2016年にEUからの離脱を決定。翌年EUに正式通告。

0　　600km

フィンランド
スウェーデン
エストニア
ラトビア
リトアニア
アイルランド
デンマーク
オランダ
イギリス
（東ドイツ）ポーランド
オーストリア
スロバキア
ハンガリー
ベルギー
ルクセンブルク
ドイツ
（西ドイツ）チェコ
フランス
ルーマニア
ブルガリア
ポルトガル
イタリア
スロベニア
クロアチア
スペイン
ギリシャ
キプロス
マルタ

↑EU加盟国数の推移　　　　　　　（2020年12月現在）

イギリスはEU発足以来，初めての離脱国だよ。

(3) 政策…人（労働力，観光客），もの（商品，サービス），お金（資本）の移動を自由にするために，さまざまな政策を実施。

> **重要**
> ❶**共通通貨ユーロの導入**…両替の手間がなくなり，国境を越えた買い物や旅行が活発になった。
> ❷**関税の撤廃**…貿易を自由化するために，加盟国間で関税を撤廃→EU域内の貿易がさかんになった。
> └→輸入品にかかる税金

❸国境を越える際に，多くの国でパスポートの提示が不要に→自由に国境を行き来できるようになり，国境を越えた通勤や買い物をする人が多くなった（→p.31）。

❹医師や弁護士などの仕事の資格が共通に→ほかの国でも働けるようになった（一部の国を除く）。

(4) 交通網の発達…**ユーロスター❶**などの高速鉄道や航空網，高速道路でヨーロッパ各地がつながり，人の行き来や貿易が活発になった。

❶ ユーロスター ユーロトンネルを通って，イギリスのロンドンとフランスのパリを約2時間15分で結ぶ。
（ピクスタ）

2 EUの課題

加盟国が増えるにつれて，さまざまな課題が発生している。

(1) **経済格差**…ドイツやフランスなど経済力の強い国と，東ヨーロッパ諸国など経済力の弱い国との間の経済格差が課題❷。

(2) **発言権の低下**…EUの権限拡大によって，自国の意見が反映されづらくなった。

(3) **拠出金の負担**…加盟国は経済格差を埋めるためにEUに拠出金を負担→経済的に豊かな国の負担額が多く，不満が生じる。

(4) **移民の増加**…賃金の安い東ヨーロッパの国から，豊かな西ヨーロッパの国に仕事を求めて移住する人々が増加→西ヨーロッパにもともと住む人の失業率が上昇。

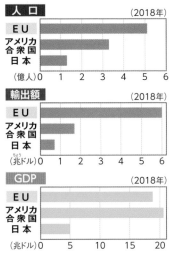

	人口	(2018年)
EU		
アメリカ合衆国		
日本		

（億人）0　1　2　3　4　5　6

	輸出額	(2018年)
EU		
アメリカ合衆国		
日本		

（兆ドル）0　1　2　3　4　5　6

	GDP	(2018年)
EU		
アメリカ合衆国		
日本		

（兆ドル）0　5　10　15　20

（イギリスを含む）(2020/21年版「世界国勢図会」)
↑EUとアメリカ合衆国，日本との比較

	1人あたりGDP（国内総生産）
ドイツ	47,514
イギリス（2020年に離脱）	42,526
フランス	41,358
イタリア	34,389
スロベニア	26,005
スロバキア	19,431
ルーマニア	12,281
ブルガリア	9,388

（2018年）　　　　　単位：ドル
(2020/21年版「世界国勢図会」)

❷ EU内の経済格差

> **くわしく イギリスがEUを離脱した背景**
> イギリスは2016年に行った国民投票でEUからの離脱を決定した。この背景として，自国のことを自由に決められなくなったことや，拠出金の負担の大きさ，移民の増加によりイギリス人の失業率が上昇したことなどがあげられる。

ヨーロッパ州の農業

1 地域ごとに
異なる農業

◎ アルプス山脈の北側…**混合農業**や**酪農**がさかん
◎ アルプス山脈の南側…**地中海式農業**によるぶどう,オリーブなどの栽培

2 フランスの農業

◎ 特徴…パリ盆地を中心に**小麦**の栽培がさかん。食料自給率が高い

3 EUの農業政策

◎ 域外からの農作物への高関税,農家や地域への補助金など

1 地域ごとに異なる農業

　地形や気候と同様に,アルプス山脈の北側と南側では,行われている農業が異なる。

(1) アルプス山脈の北側…夏はあまり気温が上がらず,年間を通して降水量が一定している。

重要

❶ **混合農業**…**小麦**,**大麦**,**ライ麦**,じゃがいも,てんさいなどの食料作物の栽培と,豚や牛などの家畜の飼育,家畜のえさの栽培を組み合わせて行う。

❷ **酪農**…冷涼で土地の栄養分が少ない地域が多いデンマークやオランダで,乳牛を飼育して**チーズ**や**バター**などの乳製品を生産。

❸ その他…オランダなどで,野菜や花などの**園芸農業**が行われている。
└→都市への出荷を目的に野菜や果樹を栽培する農業

凡例:
混合農業　森林,その他
酪農,放牧　↓ 小麦
地中海式農業　⚘ とうもろこし
園芸,果樹

北海
地中海

↑ヨーロッパの農業地域

↑ドイツの食卓…じゃがいもとソーセージが欠かせない。
(Cynet Photo)

参考 オランダの土地

　オランダは,国土の約4分の1が海面より低い土地で,古くから干拓が行われてきた。このため,**ポルダー**と呼ばれる干拓地が広がり,酪農や園芸農業が行われている。

(2) アルプス山脈の南側…温暖で夏は乾燥し，冬にやや降水量が多くなる。

> ◇**地中海式農業**…地中海沿岸で，夏の高温と乾燥に強い**オリーブ**や**ぶどう**，オレンジなどの果樹を栽培し，冬に**小麦**を栽培する（→p.68-69）。

2 フランスの農業

フランスは広い平地で大型機械を使った農業が行われており，「EUの穀倉」と呼ばれる農業大国となっている。

(1) 広大なパリ盆地を中心に**小麦**や大麦，なたね，てんさい，とうもろこしなどの栽培がさかん。とくに小麦の生産量と輸出量は世界有数で，自給率は100%を超える**2**。

(2) 地中海沿岸で，地中海式農業によるオリーブ，ぶどう，小麦の栽培がさかん。

	小麦	野菜類	肉類	牛乳乳製品
イギリス	82	38	69	81
ドイツ	152	40	114	123
フランス	190	73	98	123
イタリア	66	141	79	68
アメリカ合衆国	170	90	116	104
日本	12	77	51	59

※日本のみ2018年, 他は2013年の自給率。
（2020/21年版「日本国勢図会」）
2 各国の食料自給率

3 EUの農業政策

EUでは，加盟国の農業を保護し，食料自給率を上げるために，国境を越えた農業政策をとっている（共通農業政策）。

(1) 農業政策…EU域外からの輸入農作物に高い関税をかけ，EU域内の農家を保護。農家や地域に補助金を拠出。

(2) 課題…補助金の支払いによって，EUの財政難や生産過剰などの弊害が発生した。

(3) 取り組み…農薬を減らすなどの環境にやさしい農業に対する補助金の支給。品質のよい農作物に認証マークを与えブランド化→品質の向上や売り上げの増加につながる。

ぶどう （2018年）
中国 16.9% | イタリア | 10.8 | スペイン 8.7 | アメリカ 8.4 | フランス 7.8 | その他

オリーブ （2018年）
スペイン 46.6% | イタリア 8.9 | モロッコ 7.4 | トルコ 7.1 | ギリシャ 5.1 | その他

（2020/21年版「世界国勢図会」）
↑主な農作物の生産量の割合

参考 アルプス地方での移牧

アルプス地方では，乳牛の飼育がさかん。この地域では，乳牛を夏は高地の牧場で飼育し，寒くなる冬にはふもとの畜舎に移動し飼育する移牧が行われている。

イタリア 16.5% | スペイン 15.8 | フランス 14.7 | アメリカ 11.3 | 中国 5.8 | その他

（2014年） （2020/21年版「世界国勢図会」）
↑ワインの生産量の割合

> フランスをはじめ，地中海に面した国では，ぶどうを原料にしたワインの生産がさかんだよ。

参考 東ヨーロッパの農業

東ヨーロッパは冷涼で土地もやせているため，農作物の栽培にはあまり適していない。しかし，ウクライナの黒海沿岸からロシアの西シベリアにかけては肥えた国土の土地が広がり，世界的な小麦の産地となっている。

ヨーロッパ州の工業

1 **工業の様子**

◎ 歩み…18世紀後半にイギリスで産業革命が起こり，工業が発達

◎ 工業がさかんな地域…**ルール工業地域**や臨海部，大都市近郊

2 **国境を越えた工業**

◎ **航空機産業**…EU各国が共同で企業をつくり，航空機を生産

◎ 動き…人件費などが安い東ヨーロッパの国々に進出する企業が増加

---

1 工業の様子

　ヨーロッパ州は産業革命によって，世界で最初に工業が発達した。

（1）歩み

❶18世紀後半にイギリスで産業革命が起こり，工業が発達。

❷その後，フランスやドイツでも産業革命が起こり，ヨーロッパでいち早く近代工業が発達。

（2）工業がさかんな地域

❶**ルール工業地域**…ドイツのライン川流域に形成。ライン川の水運を利用して，周辺で産出する**石炭**と**鉄鉱石**を原料に鉄鋼業が発達→現在は先端技術産業へ転換。

❷臨海部…石油の輸入に便利な臨海部のロッテルダムやマルセイユで，石油化学工業が発達。

❸**大都市近郊**…ロンドン，パリ，ミュンヘンなどで，自動車工業や先端技術産業が発達。

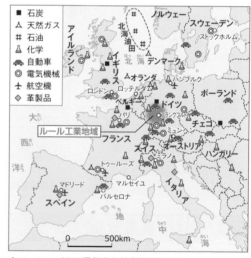

↑ヨーロッパの工業都市と鉱産資源の分布

ドイツはヨーロッパ最大の工業国で，自動車や医薬品などの輸出がさかんだよ。

くわしく **工業がさかんな地域の変化**

　ヨーロッパではルール工業地域が工業の中心地であった。しかし，1960年代の**エネルギー革命**によってエネルギーの中心が石炭から石油へかわるとともに，工業の中心地は石油の輸入や製品の輸出に便利な臨海部へ移った。その後，大都市近郊で先端技術産業がさかんになった。

2 国境を越えた工業

EU発足による経済的な統合とともに，工業でも各国が協力して開発・生産する動きが進んでいる。

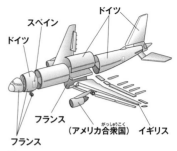

スペイン
ドイツ
ドイツ
フランス
フランス
（アメリカ合衆国）
イギリス

1 航空機製造のしくみ（一例）

重要

(1) **航空機の国際分業**…フランス，イギリス，ドイツなど各国が共同で企業を設立→各国が別々の部品をつくり，フランスやドイツの工場で組み立てをしている**1**。

(2) 工業の動き…西ヨーロッパの国々の中には，人件費や地価が安く，生産費を安く抑えられるチェコやハンガリーなどの東ヨーロッパの国々に自動車や電気機械などの工場を移転する動きがみられ

(Cynet Photo)

↑航空機の組み立て工場…フランスのトゥールーズなどに組み立て工場がある。

EUでは，アメリカ合衆国と並んで，航空機産業がさかんだよ。

る。日本企業も東ヨーロッパへ工場を移設。

Column 世界の大国・ロシア

　ロシアはウラル山脈をはさんでヨーロッパ州とアジア州にまたがる国で，面積は日本の約45倍にもおよび，世界最大である。人口の約8割を占めるロシア人と100を超える少数民族が暮らす多民族国家で，国内には多くの共和国と自治区が存在する。かつては，**ソビエト社会主義共和国連邦（ソ連）**の構成国だったが，1991年にソ連が解体するとロシア連邦として独立した。独立後はソ連時代から続く経済の停滞に苦しんだが，自由経済を導入し，**石油**をはじめとする国内の豊富な鉱産資源の輸出によって経済を立て直した。

　日本とは**北方領土**問題が未解決だが，貿易など経済的な協力関係が進められている（→p.50）。

ウクライナ
サンクトペテルブルク
モスクワ
ロシア連邦
シベリア
バイカル湖
オホーツク海
ハバロフスク
カザフスタン
イルクーツク
ウラジオストク

■ 石炭　▲ 天然ガス　◎ 銅
＃ 石油　▲ 鉄鉱石　▽ 金　◆ ダイヤモンド

↑ロシアと周辺諸国の鉱産資源

5

ヨーロッパ州の環境問題への取り組み

1 **ヨーロッパの環境問題**

◎ **酸性雨**…自動車や工場からの排出ガスにより森林が枯れる被害

◎ **地球温暖化**…二酸化炭素などの増加によって発生

2 **持続可能な社会への取り組み**

◎ **パークアンドライド**…環境にやさしい都市交通のシステム

◎ **再生可能エネルギー**の推進…風力発電や太陽光発電などの利用を進める

---

1 ## ヨーロッパの環境問題

　ヨーロッパでは工業が発展したのに伴い，19世紀から水質汚濁や大気汚染，酸性雨などが問題となった。

(1) 水質汚濁

　❶原因…工場などからの廃水。

　❷影響…川や海が汚され，生物に悪影響を与える。土地を汚し，農作物に被害を与える。

(2) 大気汚染

　❶原因…工場や自動車からの排出ガス。

　❷影響…人間をはじめとする生物に被害を与える。

重要

(3) 酸性雨

　❶原因…自動車や工場からの排出ガスに含まれる硫黄酸化物や窒素酸化物。

　❷被害…森林を枯らす，湖や川の生物に悪影響を与える❶。

(4) 地球温暖化

　❶原因…二酸化炭素を中心とする温室効果ガスの増加。

　❷被害…海面の上昇による土地の水没や気候変動，異常気象など。

用語解説 酸性雨

　酸性度の強い雨。自動車や工場からの排出ガスに含まれる**硫黄酸化物**や**窒素酸化物**が大気中で化学反応を起こし，酸性度の強い雨となる。偏西風にのって，国境を越えた広い範囲に被害を与えている。

❶ 酸性雨によって溶けた銅像(Cynet Photo)

参考 地球温暖化への対策

　温室効果ガスの中心となっている二酸化炭素は，自動車や工場からの排出ガスなどに多く含まれる。そのため，自動車の利用を控えるなどして二酸化炭素の排出量を減らすことが有効な対策である。

2 持続可能な社会への取り組み

EU は早くから各国が協力して環境問題に取り組んでいる。現在は環境保全と開発を両立させる**持続可能な社会**を目指した取り組みを進めている。

(1) **水質汚濁への取り組み**…汚水処理施設の設置や工場排水の規制→ライン川などの水質汚濁が改善された。

商店街まで市電で行き，帰りも駐車場まで市電で帰る。

中心部の入り口で市電に乗りかえる。駅には改札口も階段もなく，乗りかえがらくにできる。

乗用車が入れない町の中心部

家を乗用車で出発

2 パークアンドライドのしくみ

(2) **自動車の利用を減らす取り組み**…自動車は地球温暖化の原因となる二酸化炭素を多く排出するほか，酸性雨や大気汚染の原因となる物質を排出する。

> **❶パークアンドライド 2**…都市中心部への自動車の乗り入れを規制して，中心部の入り口で電車やバス，LRT（路面電車）へ乗り換える。

（重要）

❷自転車利用の推進…二酸化炭素を出さない環境にやさしい乗り物として自転車の利用が進んでいる。

(Cynet Photo)

↑**自転車専用レーンが整備されたオランダの道路**

(3) **再生可能エネルギー**の推進…二酸化炭素の排出量が多い火力発電の割合を減らし，二酸化炭素を排出しない**太陽光**，**風力**，**バイオマス**などの再生可能エネルギーの利用が進められている。
→ドイツではとくにさかん

(4) **ごみを減らす取り組み**…ごみの削減や資源の節約のためにリサイクルを徹底している。

(5) **持続可能な社会への取り組み**…農村の風景を楽しんだり，地元の食材を楽しんだりするルーラル・ツーリズムや，自然環境について学習しながら観光を楽しむ**エコツーリズム**など，環境に配慮した観光業を推進。
→ p.289

用語 解説 再生可能エネルギー

自然のはたらきをいかして半永久的・継続的に得られるエネルギーのこと。化石燃料などと違ってなくなることがなく，二酸化炭素を排出しない。水力，太陽光，地熱，風力，バイオマスなどがある（→p.189）。

用語 解説 バイオマスエネルギー

植物などの生物体（バイオマス）を加工してつくったエネルギー。木炭，木くずなどから固体燃料をつくったり，さとうきびや家畜のふんから気体燃料をつくったりして，動力や発電に利用する（→p.189，221）。

発展 ヨーロッパの原子力発電事情

ヨーロッパでは，効率よく電力をつくり出すことができる原子力発電が推進されてきた。しかし，1986年の**チェルノブイリ原子力発電所事故**や2011年の**福島第一原子力発電所事故**をきっかけに，原子力発電を削減する動きが進んでいる。ドイツでは，2022年に原子力発電を廃止することを決定している。

そのいっぽうで，フランスは総発電量の約7割を原子力発電に頼っている。

紙幣から世界を知る

世界各国の紙幣には，さまざまな図柄がある。図柄からは，その国を代表する人物，歴史，文化，自然など，さまざまなことを知ることができる。

❶ どのような人物が描かれているのか？

多くの国の紙幣には，その国で大きな業績を残した政治家や，思想家・科学者などの文化人が描かれていることが多い。

アメリカ合衆国の紙幣には，歴代大統領をはじめとする政治家が描かれている。1ドル札にはアメリカ独立の父で，初代大統領のワシントン，5ドル札には南北戦争時の大統領で，奴隷解放宣言を出したリンカンが描かれている。

↑アメリカ合衆国の1ドル札

中国の紙幣の表面には，中華人民共和国（中国）建国の指導者・毛沢東（マオツォトン）が描かれている。かつては旧紙幣と呼ばれる紙幣があり，表面には，毛沢東をはじめとする国家指導者のほか，中国の少数民族の一般人が描かれており，中国が多民族国家であることがわかった（2018年に流通を停止）。

↑中国の1元札

❷ 文化や自然を描いた紙幣もある！

人物の肖像画と並んで多いのが，その国の歴史的な建造物や自然が描かれた紙幣である。

カンボジアの紙幣には，12世紀に建築され，世界遺産（文化遺産）にも登録されている仏教寺院（建築当時はヒンドゥー教寺院）のアンコールワットが描かれている。また，エジプトの紙幣には，古代エジプト文明の建造物が描かれている。

2024年発行予定の日本の1万円札の裏面には，東京駅の駅舎が描かれているよ！

↑カンボジアの500リエル札

↑エジプトの1ポンド札

自然を描いた紙幣も多くみられる。中国の紙幣には，桂林，<ruby>桂林<rt>コイリン</rt></ruby>，長江<ruby>長江<rt>チャンチャン</rt></ruby>など，自国を代表する景勝地が描かれている。また，南アフリカ共和国，タンザニア，ネパールの紙幣には，ゾウ，ライオン，サイなど，自国に生息する動物が描かれている。

↑タンザニアの2000シリング札

③ 紙幣から歴史がわかる？

オーストラリア，ニュージーランド，フィジー共和国の紙幣には，イギリスのエリザベス女王が描かれている。これは，かつてこれらの国々がイギリスの植民地で，現在もイギリス連邦に属していることに関係している。

また，インドの紙幣の裏面には，ヒンディー語をはじめとする17の公用語が書かれている。この公用語には英語も含まれており，かつてインドがイギリスの植民地だったことをうかがい知ることができる。

↑ニュージーランドの20ドル札

↑インドの10ルピー札

④ ヨーロッパの通貨はどの国も同じ？

ヨーロッパの国々は，ヨーロッパ連合(EU)<ruby>EU<rt>イーユー</rt></ruby>(→p.104)を結成し，政治的・経済的な結びつきを強めている。EU加盟国の多くは，ユーロという共通通貨を導入している。しかし，すべての加盟国がユーロを導入しているわけではなく，スウェーデン，デンマークなど独自の通貨を使っている国もある。ユーロを使っている国では，各国独自の紙幣と硬貨は廃止されている。

ユーロ紙幣には，ヨーロッパの地図とともに，各国の建造物などが描かれている。

↑10ユーロ紙幣の表面(左)と裏面(右)

(ロイター/アフロ)

⑤ 独自の通貨がない国もある！

エクアドルとエルサルバドルは，かつては独自の紙幣・硬貨をもっていた。しかし，アメリカ経済への依存が強まった結果，独自の通貨の流通を停止し，アメリカのドルを使用するようになった。両国では，アメリカのドルがそのまま使われている。　※掲載している紙幣の画像には古いものもあります。

1 ヨーロッパ州の自然環境と文化 ～ 3 ヨーロッパ州の農業

□(1) ノルウェー沿岸部では，氷河に削られたU字型の谷に海水が入り込んだ〔　　　〕がみられる。

(1) フィヨルド

□(2) ヨーロッパ西部は，大西洋を流れる暖流の北大西洋海流とその上を吹く〔　　　〕の影響で，高緯度のわりに温暖な気候である。

(2) 偏西風

□(3) ヨーロッパ南部のイタリア，スペイン，フランスには，〔　ラテン系　ゲルマン系〕言語が分布している。

(3) ラテン系

□(4) 1993年，ヨーロッパを政治的・経済的に一つの国のように統合するために，〔　　　〕が発足した。

(4) ヨーロッパ連合（EU）

□(5) EUでは，多くの国が共通通貨の〔　　　〕を導入している。

(5) ユーロ

□(6) EUでは，貿易を自由化するために加盟国間の輸入品にかかる〔　　　〕を廃止している。

(6) 関税

□(7) ヨーロッパでは，〔　アンデス　アルプス　〕山脈を境に，北側と南側で地形や気候，さかんな農業が大きく異なる。

(7) アルプス

□(8) フランスでは，パリ盆地を中心に〔　小麦　米　〕の栽培がさかんで，輸出量は世界有数である。

(8) 小麦

4 ヨーロッパ州の工業 ～ 5 ヨーロッパ州の環境問題への取り組み

□(9) ドイツの〔　ドナウ川　ライン川　〕流域のルール地方では古くから鉄鋼業が発達している。

(9) ライン川

□(10) ヨーロッパでは，フランス，イギリス，ドイツなど各国が共同で企業を設立し，〔　自動車　航空機　〕の生産をしている。

(10) 航空機

□(11) ヨーロッパでは，自動車や工場からの排出ガスに含まれる硫黄酸化物や窒素酸化物が原因で〔　　　〕が発生し，国境を越えた問題となっている。

(11) 酸性雨

□(12) ヨーロッパでは，二酸化炭素を排出しない太陽光，風力，バイオマスなどの〔　　　〕エネルギーの利用が進んでいる。

(12) 再生可能

3 節 アフリカ州

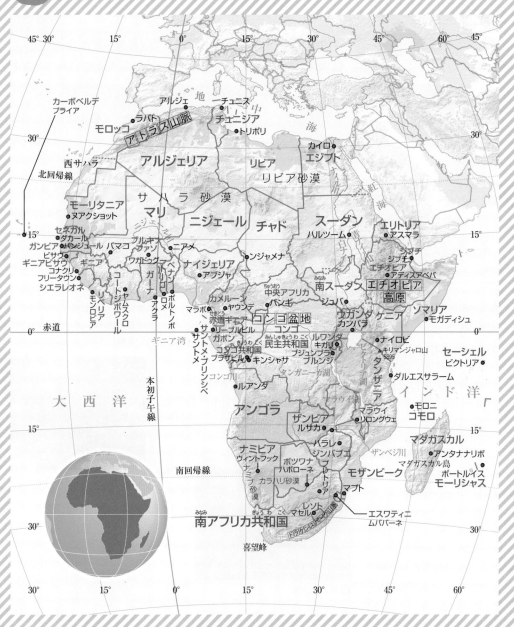

カーボベルデ
プライア

アルジェ チュニス
ラバト チュニジア
モロッコ アトラス山脈 トリポリ

地中海

西サハラ
北回帰線

アルジェリア リビア
リビア砂漠

カイロ
エジプト

紅海

サハラ砂漠

モーリタニア
ヌアクショット

マリ
ニジェール チャド スーダン
ハルツーム

エリトリア
アスマラ

セネガル
ダカール バマコ ニアメ
ガンビア バンジュール ブルキナ
ビサウ ギニア ワガドゥグ
ギニアビサウ
コナクリ ギニア
フリータウン コートジボワール ガーナ ベナン
シエラレオネ ヤムスクロ アクラ ポルトノボ
リベリア ロメ
モンロビア

ジブチ
ジブチ
エチオピア
アディスアベバ

エチオピア高原

ナイジェリア
アブジャ

ンジャメナ

中央アフリカ
バンギ

南スーダン
ジュバ

ウガンダ
カンパラ

ケニア

ソマリア
モガディシュ

カメルーン
ヤウンデ

赤道ギニア
マラボ
サントメ・プリンシペ
サントメ

コンゴ盆地
コンゴ
リーブルビル
ガボン
コンゴ共和国
ブラザビル キンシャサ
コンゴ川

ルワンダ
キガリ
ブジュンブラ
ブルンジ

ナイロビ

キリマンジャロ山
5895

セーシェル
ビクトリア

赤道

ギニア湾

本初子午線

大西洋

ルアンダ

タンガニーカ湖

ビクトリア湖

タンザニア
ダルエスサラーム

インド洋

アンゴラ

ザンビア
ルサカ

マラウイ湖

マラウイ
リロングウェ

モロニ
コモロ

ナミビア
ウィントフック

ボツワナ
ハボローネ

ハラレ
ジンバブエ

ザンベジ川

マダガスカル

南回帰線

ナミブ砂漠

カラハリ砂漠

プレトリア

モザンビーク
マプト

アンタナナリボ
マダガスカル島

ポートルイス
モーリシャス

レソト
マセル

エスワティニ
ムババーネ

南アフリカ共和国

ドラケンスバーグ山脈

喜望峰

1 アフリカ州の自然環境と文化

> **教科書の要点**
>
> **1 自然の様子**
> ◎ 地形…世界最大の**サハラ砂漠**と世界最長の**ナイル川**
> ◎ 気候…赤道から南北にいくにつれて，熱帯，乾燥帯，温帯へと変化
>
> **2 歩みと文化**
> ◎ 歩み…ほとんどの国がヨーロッパ諸国の植民地支配を受けた
> ◎ 言語…旧イギリス植民地で英語，旧フランス植民地でフランス語

1 自然の様子

アフリカ州はアフリカ大陸とマダガスカル島などの島々からなり，地中海をはさんでヨーロッパ州と向かい合う。

(1) 地形…全体的に高原や台地が広がり，なだらかな地形。

> **重要**
> ❶北部…面積が世界最大の**サハラ砂漠❶**が広がる。
> ❷東部…エチオピア高原などの高原が広がる。世界最長の**川のナイル川**が流れ，地中海に注ぐ。

(2) 気候…赤道を境に南北で対照的に気候帯が分布→赤道付近は熱帯に属し，南北にいくにつれて乾燥帯，温帯へと変化。

❶赤道付近…コンゴ盆地やギニア湾岸は熱帯雨林気候に属
→ p.63

し，**熱帯雨林（熱帯林）**が生い茂る。東部のケニアやエチオピアは高原が広がるため，緯度が低いわりに涼しい気候。

❷赤道より高緯度地域…赤道から離れると乾燥帯となり，ステップや砂漠が広がる。さらに離れると，温帯の

❶ サハラ砂漠 （ピクスタ）

西岸海洋性気候や地中海性気候となる。

くわしく アフリカ大陸の野生動物

アフリカ大陸は野生動物の宝庫で，さまざまな動物が生息している。赤道周辺の中部に広がる熱帯雨林（熱帯林）にはゴリラやチンパンジーが生息し，サバナが広がる東部のケニアやタンザニアにはライオン，ゾウ，キリン，サイなどが生息している。これらの野生動物を見に観光客が訪れるため，観光業に力を入れている国もある。

（Cynet Photo）

↑熱帯雨林に生息するゴリラ

2　歩みと文化

かつてアフリカのほとんどの地域はヨーロッパ諸国の植民地支配を受けたため，その影響が今もみられる。

(1) 歩み…紀元前3000年ごろにナイル川流域にエジプト文明が発祥して以降，多くの国々が興亡した。

❶10世紀ごろ以降…金や象牙などが豊富だったため，イスラム教徒の商人がやってきて交易を行った。

❷16世紀以降…ヨーロッパ人によって，多くの人々が**奴隷**として南北アメリカ大陸に送られた。

重要❸19世紀後半〜20世紀前半…ほとんどの地域がヨーロッパ諸国の植民地となる❷。

❹第二次世界大戦後…多くの国が独立。とくに17か国が独立した1960年は「**アフリカの年**」と呼ばれる。

(2) 言語…多くの民族が住み，独自の言語が話される。同じ国で言葉が通じないこともあるため，かつて植民地支配をしていた国の言語を公用語としている国が多い❸。

> イギリスの植民地支配を受けた東部は英語，フランスの支配を受けた西部はフランス語を公用語とする国が多いよ。

（Cynet Photo）

❸ アラビア語とフランス語が併記された看板

(3) 宗教

❶サハラ砂漠以北の地域は古くからイスラム教の文化圏であったため，イスラム教を信仰し，アラビア語を話す人が多い。

❷サハラ砂漠以南の地域では，伝統宗教のほか，植民地支配を受けた影響でキリスト教を信仰する人々も多い。
　　　　　　　　　→特定の土地に古くから伝わる宗教

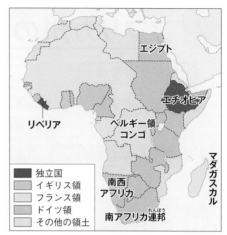

❷ **植民地化のアフリカ（1904年）**　リベリアとエチオピアを除くほとんどの地域がヨーロッパ諸国の植民地となった。

独立国
イギリス領
フランス領
ドイツ領
その他の領土

くわしく── 奴隷の歴史

16〜19世紀にかけて，ヨーロッパ人はアフリカ大陸の人々を奴隷として売買した。多くの人々は南北アメリカ大陸に売られ，綿花やコーヒー農場，鉱山での労働力として酷使された。アフリカ西部のギニア湾沿岸には奴隷貿易の基地が置かれ，多くの奴隷がここから連れ去られたため，「奴隷海岸」と呼ばれた。

くわしく── 植民地支配の影響

植民地時代，ヨーロッパ諸国は境界がわかりやすいように，民族のまとまりを無視して経線や緯線に沿った直線的な境界線を引いた。このため民族が分断された（→p.30）。独立後もこの境界線がそのまま国境となったところが多く，現在も民族間の紛争が多発している。

2 アフリカ州の産業とモノカルチャー経済

教科書の要点

1 農業の様子
◎ 西部…ギニア湾岸は**カカオ**の世界的な産地
◎ 東部…ケニアで**コーヒー**，**茶**の栽培がさかん

2 豊富な鉱産資源
◎ 金…南アフリカ共和国は世界有数の産出地
◎ **レアメタル**…スマートフォンなど，最新の電子機器に使われる

3 モノカルチャー経済と問題点
◎ 意味…特定の農作物や鉱産資源の輸出に頼った経済
◎ 問題…天候や国際価格の下落などの影響を受けやすく，不安定

1 農業の様子

ヨーロッパの植民地時代に開かれた**プランテーション（大農園）**で，カカオ，コーヒー，茶などが輸出用として栽培されてきた。

重要

(1) **ギニア湾岸**…一年中降水量が多く，気温が高い→熱帯性作物の**カカオ**の栽培がさかん**1**。主に輸出用として栽培され，日本へも多く輸出される。
└→チョコレートやココアの原料

(2) 東部…輸出用作物として，ケニアで**コーヒー**や茶の栽培，エチオピアなどでコーヒーの栽培がさかん。

(3) 北端と南端…**地中海式農業**による，オリーブやぶどうの栽培がさかん。ぶどうを原料とするワインの生産が行われている。

(4) 乾燥地域…砂漠周辺で遊牧，ナイル川流域の**オアシス**で小麦やなつめやしの栽培。

↑**カカオの収穫** (Cynet Photo)

参考 中南米原産の農作物

カカオやサイザル麻は中南米（中央アメリカと南アメリカ）が原産地である。これらの農作物はヨーロッパ人が行った，アフリカ，南アメリカ，ヨーロッパを結ぶ三角貿易によって，アメリカ大陸からアフリカに持ち込まれた。

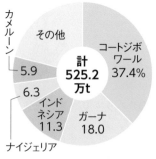

カメルーン
その他
計 525.2 万t
コートジボワール 37.4%
5.9
6.3
ガーナ 18.0
インドネシア 11.3
ナイジェリア

(2018年) (2020/21年版「世界国勢図会」)
1 カカオの生産量の割合

2　豊富な鉱産資源

アフリカは鉱産資源が豊富で，農作物と合わせて主要な輸出品となっている。

(1) 鉱産資源の開発…ヨーロッパの国々やアメリカ合衆国が開発を進めてきた。現在は外国との共同開発などを進めて輸出を増やし，経済成長した国もある。

(2) 主な鉱産資源 2

❶ 金…南アフリカ共和国が世界有数の産出国。

❷ ダイヤモンド…ボツワナ，コンゴ民主共和国，南アフリカ共和国などで産出→装飾用のほか，工業製品の加工用として輸出。

❸ 石油…ナイジェリアやアルジェリア，アンゴラなどで産出。

❹ レアメタル（希少金属）📖…コンゴ民主共和国やザンビア，南アフリカ共和国などで産出。

2 アフリカの鉱産資源

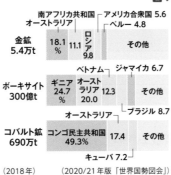

	南アフリカ共和国	オーストラリア	ロシア	アメリカ合衆国 5.6	ペルー 4.8		
金鉱 5.4万t	18.1%	11.1	9.8			その他	

	ギニア	オーストラリア	ベトナム	ジャマイカ 6.7		
ボーキサイト 300億t	24.7%	20.0	12.3		その他	

	コンゴ民主共和国		オーストラリア	ブラジル 8.7		
コバルト鉱 690万t	49.3%	17.4		キューバ 7.2	その他	

(2018年)　　（2020/21年版「世界国勢図会」）

↑主な鉱産資源の埋蔵量の割合

📖 用語解説　レアメタル

埋蔵量が少なかったり，精錬（不純物が多い金属から，純度の高い金属を取り出すこと）が難しかったりすることから，流通量が少ない貴重な金属。ニッケル，コバルト，マンガンなどがある。スマートフォンやパソコンなど，最新の電子機器に多く使われるため，近年，各国による争奪戦が激しくなっている。とくに中国のアフリカ進出が著しい。

3　モノカルチャー経済と問題点

アフリカはモノカルチャー経済の国が多く，経済的に不安定な国が多い。

(1) モノカルチャー経済 3 …特定の農作物や鉱産資源の輸出に頼る経済。多くは，ヨーロッパやアメリカ合衆国，中国，日本へ輸出される。

(2) 問題点…天候不順や災害による不作，国際価格の下落などの影響を受けるので不安定。

(3) 動き…近年，外国の援助で工業化を進める国や，観光業など新たな産業に力を入れる国がみられる。

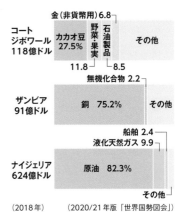

				金(非貨幣用)6.8	
コートジボワール 118億ドル	カカオ豆 27.5%	野菜果実 11.8	石油製品 8.5		その他

		無機化合物 2.2	
ザンビア 91億ドル	銅 75.2%		その他

		液化天然ガス 9.9	船舶 2.4	
ナイジェリア 624億ドル	原油 82.3%			その他

(2018年)　　（2020/21年版「世界国勢図会」）

3 アフリカ州の国々の輸出品の割合

3 アフリカ州の課題と取り組み

教科書の要点

1 アフリカの課題
◎ 都市化…都市部に人口が集中→**スラム**も形成される
◎ 食料問題…人口増加や干ばつなどによって食料不足になる国が多い
◎ 環境問題…熱帯雨林（熱帯林）の減少，**サヘル**での砂漠化が進む

2 発展への取り組み
◎ アフリカの動き…**アフリカ連合（AU）** を結成し，結びつきを強化
◎ 日本の取り組み…政府や非政府組織（NGO）などが資金・技術援助を行う

1 アフリカの課題

　アフリカには，食料問題や貧困など，さまざまな問題がある。その背景には，政治や社会が不安定なことがある。

(1) **都市化**…貧しい農村部から仕事を求め，多くの人が都市に移り住む→都市部に人口が集中し，**スラム**📖**1** には職につけない人や低賃金の人が多く住む。

(2) **食料不足**…人口の増加，干ばつや砂漠化，紛争や内戦による土地の荒廃などによって食料生産が低下し，食料が不足→栄養不足によって抵抗力が弱まり，マラリアやエイズなどの病気で死ぬ人が多く，乳児死亡率も高い。

重要

(3) **貧困**…貧しい生活を送る人が多く，教育や医療を受けられない人がいる。

(4) **内戦と紛争**…民族や宗教の違いなどから，内戦や紛争がたびたび起こり，多くの難民が発生。

(Cynet Photo)

1 ナイロビ（ケニア）のスラム

用語解説 スラム

　都市部に形成された貧困層が住む地区。粗末な材料でつくった家が建ち並び，電気が通っていない所も多い。また，上下水道の整備も遅れているため，衛生状態が悪く，感染症の拡大も問題となっている。

参考 生活の変化

　アフリカでは固定電話はあまり普及しなかったが，携帯電話やスマートフォンが急速に普及している。この携帯電話やスマートフォンを使って，銀行口座がなくても送金や現金の受け取りができるモバイル送金サービスが整えられ，出稼ぎに出ている人が家族にお金を気軽に送れるようになった。

（5）環境問題

→ p.66

❶**砂漠化**…干ばつやまきのとりすぎ，放牧のしすぎなどによって，人が住めず，農業ができない土地が広がる。とくにサハラ砂漠の南部に接する**サヘル**で被害が深刻。

❷**熱帯雨林（熱帯林）の減少**…開発のための伐採などによって，熱帯雨林が減少→野生動物のすみかの減少など，さまざまな被害が出る。

2 発展への取り組み

日本をはじめとする先進国がアフリカへ技術援助や開発援助を行っている。

（1）アフリカの動き…アフリカの55の国と地域が**アフリカ連合（AU）** を結成し，アフリカの政治的・経済的な結びつきを強化。

（2）日本の取り組み

❶病気や乾燥に強く，収穫量の多いネリカ米の普及，栽培指導など，農業面での支援を行っている ❷。

❷政府や非政府組織（NGO）が医療活動や道路・水道・電気の整備，人材の育成などを行っている。

発展 フェアトレード

現在，多くの先進国の企業がアフリカなどの発展途上国に進出している。これらの企業の中には現地の商品を不当な低価格で買い取り，自国で格安で販売することがある。このしくみによって，現地の労働者は低賃金で雇われ，労働条件の悪い状態で働かされていることが問題となっている。この問題を改善するために，商品を適正で公平な価格で取り引きする動きが進んでいる。この適正・公平な取り引きをフェアトレードという。

（朝日新聞社）

❷ 日本の専門家から農業の指導を受けるケニアの人たち

Column アパルトヘイトと今

南アフリカ共和国はアフリカで数少ない経済が発展した国であるが，かつてはアパルトヘイトと呼ばれる人種隔離政策のもと，とくに黒人は住む場所や職業を制限され，白人との結婚も禁止されていた。1994年に黒人初の大統領であるマンデラ大統領が誕生すると，この制度は廃止された。しかし，白人と黒人の経済的な格差などが残っているため，政府は企業に対して社員の半数近くを黒人にすることを義務づけるなど，格差解消のための取り組みを進めている。

（AP／アフロ）

↑黒人初の大統領ネルソン＝マンデラ　アパルトヘイトを撤廃に導いた功績で，ノーベル平和賞を受賞した。

✓ チェック 　**基礎用語**　次の〔　　　〕にあてはまるものを選ぶか，あてはまる言葉を答えましょう。

1 アフリカ州の自然環境と文化

解答

□(1) アフリカ大陸の北部には，面積が世界最大の〔　　　　〕砂漠が広がる。

(1) サハラ

□(2) アフリカ大陸の北東部には，世界最長の〔　　　　〕川が流れる。

(2) ナイル

□(3) 16世紀以降，ヨーロッパ人によって，アフリカから多くの人々が〔　　　　〕として南北アメリカ大陸へ送られた。

(3) 奴隷

□(4) サハラ砂漠以南の植民地支配を受けた地域では，〔　キリスト教　イスラム教　〕を信仰する人々が多くみられる。

(4) キリスト教

2 アフリカ州の産業とモノカルチャー経済

□(5) ギニア湾岸では，プランテーション（大農園）での〔　茶　カカオ　〕の栽培がさかんである。

(5) カカオ

□(6) ケニアやエチオピアでは，輸出用作物として〔　ぶどう　コーヒー　〕の栽培がさかんである。

(6) コーヒー

□(7) 南アフリカ共和国は，世界有数の〔　金　石油　〕の産出地である。

(7) 金

□(8) コンゴ民主共和国やザンビア，南アフリカ共和国などでは，スマートフォンやパソコンなどに利用される〔　　　　〕が産出する。

(8) レアメタル
(希少金属，コバルト)

□(9) アフリカには，特定の農作物や鉱産資源の輸出に頼る〔　　　　〕経済の国が多く，経済的に不安定な国が多い。

(9) モノカルチャー

3 アフリカ州の課題と取り組み

□(10) アフリカの都市部では，人口が増加した影響で〔　　　　〕が形成されていることが問題となっている。

(10) スラム

□(11) アフリカでは，人口増加，干ばつ，〔　砂漠化　オゾン層の破壊　〕，紛争などによる土地の荒廃などが原因で，食料不足が問題となっている。

(11) 砂漠化

□(12) アフリカの国々は，政治的・経済的な結びつきを強化するために，〔　　　　〕を結成している。

(12) アフリカ連合
(AU)

4節 北アメリカ州

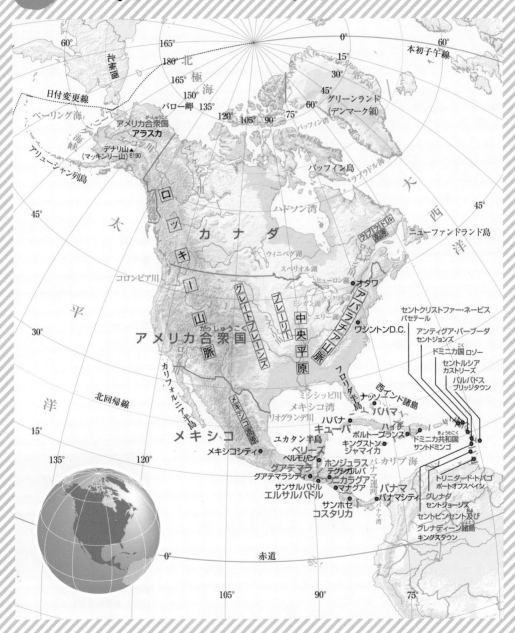

1 北アメリカ州の自然環境と文化

教科書の要点

1 北アメリカ州の自然
◎ 地形…**ロッキー山脈**，ミシシッピ川，五大湖など
◎ 気候…北緯40度以南は西経100度付近を境に東は温帯，西は乾燥帯

2 北アメリカ州の歩み
◎ もともとは先住民の住む土地→ヨーロッパからの**移民**
◎ 近年は**ヒスパニック**と呼ばれる人々が増加

3 アメリカ合衆国の文化
◎ 宗教…ヨーロッパからの移民によって**キリスト教**が広まる
◎ 文化…**ジャズ**，ミュージカルなどの新しい文化

1 北アメリカ州の自然

　北アメリカ州は北アメリカ大陸と西インド諸島などからなる。南部の熱帯から北極圏の寒帯まで，さまざまな気候が分布する。

（1）地形の様子

❶山脈…西部に標高4000mを超える高くて険しい**ロッキー山脈**，東部に低くてなだらかなアパラチア山脈が連なる。

[重要] ❷平原…ロッキー山脈とアパラチア山脈の間に，西から**グレートプレーンズ**📖，**プレーリー**📖，中央平原が広がる。

❸川と湖…アメリカ合衆国の中央平原に**ミシシッピ川**が流れる。アメリカ合衆国とカナダの国境に**五大湖**が広がる。

（2）気候の様子

❶北緯40度以北の地域は冷帯（亜寒帯），北極圏は寒帯に属する（→p.70）。

❷アメリカ合衆国の北緯40度以南の地域は西経100度付近を境に，東は温帯，西は乾燥帯が分布する。

❸中央アメリカやカリブ海の島々は熱帯に属し，8〜9月にかけてハリケーンが発生し，大きな被害を与える。
└→ カリブ海やメキシコ湾で発生する熱帯低気圧

[用語解説] グレートプレーンズとプレーリー

● **グレートプレーンズ**…プレーリーの西からロッキー山脈にかけて広がる高原状の大平原。乾燥帯に属し，草原が広がる。

● **プレーリー**…ミシシッピ川の西から西経100度付近にかけて広がる大草原。肥えた土壌が分布し，世界的な農業地帯となっている。

（ピクスタ）

↑**グランドキャニオン**　コロラド川がコロラド高原を侵食してできた大峡谷。

② 北アメリカ州の歩み

もともと**ネイティブアメリカン**と呼ばれる先住民が住んでい
→アメリカインディアンやエスキモー（カナダではイヌイットと呼ばれる）
た。ヨーロッパ人の来航以降，世界各地から移民がやってき
て，さまざまな国出身の人々が住むようになった。

（1）歩み

❶ヨーロッパ人の来航以前…先住民が狩猟と採集の生活。

❷ヨーロッパ人の来航以降…15世紀末にコロンブスが到達し
て以降，**スペイン**，**イギリス**，**フランス**などからの**移民**
が植民地をつくる→移民が増加し，先住民を迫害。

❸16世紀ごろから…アフリカ大陸から**黒人**が奴隷として連
れてこられ，農場や鉱山などで過酷な労働に従事。

> **重要**
> ❹20世紀にアメリカ合衆国が経済的に発展すると，新天地
> を求めて世界各地からの移民が増加。近年はメキシコや
> 中央アメリカ，カリブ海諸国などからの移民である**ヒス
> パニック**と呼ばれる人々が増加。

③ アメリカ合衆国の文化

移民が本国の文化を持ち込んだことで，多様な文化がみられ
る。それぞれの文化が融合した新しい文化もみられる。

（1）言語…スペインの植民地だったメキシコや中央アメリカの
国は**スペイン語**，イギリスの植民地だったアメリカ合衆国や
カナダでは**英語**が広く話されている。

（2）宗教…ヨーロッパからの移民によって**キリスト教**が広まる。

（3）音楽…アフリカ音楽とヨーロッパ音楽が融合して**ジャズ**
が生まれた。ミュージカルはアメリカ合衆国で始まる。

（4）映画…ハリウッドで製作されたものが世界中で公開。

（5）スポーツ…野球❶，バスケットボール，アメリカンフット
ボールはアメリカ合衆国で生まれた。

用語解説 ヒスパニック

スペイン語を日常語とする，メキシコ
や中央アメリカ，カリブ海諸国などから
の移民やその子孫。

総人口 3億2312万人

ヨーロッパ系 72.6%		アジア系 5.4 アフリカ系 12.7	その他

ネイティブアメリカン 0.8
※総人口のうち，17.8%がヒスパニック。

（2016年）　　　　（U.S. Census Bureau など）

↑アメリカ合衆国の人口構成

くわしく カナダのケベック州

カナダは17世紀にフランス人が移住
したが，のちにイギリス人が進出してイギ
リスの植民地となった。その影響で，
東部のケベック州には英語とともにフラン
ス語を話す人が多い。

（Alamy/PPS通信社）

**❶アメリカ合衆国のメジャーリーガー
（野球選手）**

メジャーリーグでは，多く
の国や地域出身の人が活躍
しているよ。

2　北アメリカ州の農業

教科書の要点

1 大規模な農業とアグリビジネス
◎ **企業的な農業**…大農場主が労働者を雇って大規模に行う農業
◎ **アグリビジネス**…農業関連の産業。**穀物メジャー**が活動

2 適地適作
◎ 気候や土壌，都市からの距離などに合わせて農作物を生産

1　大規模な農業とアグリビジネス

　広大な土地が広がるアメリカ合衆国では，大型機械を利用した大規模な農業が行われ，アグリビジネスが発達している。

（1）大規模なアメリカ合衆国の農業

> **重要**
>
> ❶農業形態の変化…かつては家族単位の農業が行われていた→現在は大農場を経営する農場主が労働者を雇い，利益を上げることを目的として行う**企業的な農業**が多い。

❷さかんな輸出…少ない人手で大量に農作物を生産→世界中に農作物を輸出し，「**世界の食料庫**」と呼ばれる。

アメリカの生産状況や価格の変動は世界の農業に大きな影響を与えているよ。

くわしく　アメリカ合衆国と日本の農業の比較

　アメリカ合衆国は広い耕地で大型機械を使い，大量の農薬を使って，多くの収穫量を得ている。いっぽう，日本は狭い耕地で人手や肥料を使い，多くの収穫量をあげる集約的な農業を行っている。

	アメリカ合衆国	日本
1人あたり*の耕地面積(ha)	60.5ha	1.7ha
1人あたり*の穀物収穫量(t)	185.9t	4.8t

（2016年）　*農林水産業従事者
（「FAOSTAT」ほか）

（Cynet Photo）

⬆大型機械を使ったアメリカ合衆国の農業

とうもろこし

計 1億6125万t
アメリカ合衆国 32.9%
ブラジル 18.1
アルゼンチン 14.7
ウクライナ 12.0
その他

大豆

計 1億5184万t
ブラジル 44.9%
アメリカ合衆国 36.5
アルゼンチン
その他 4.9

⬆主な農作物の輸出量の割合

（2017年）（2020/21年版「世界国勢図会」）

126

(2) 企業の活動…農作物の生産・加工・流通・販売，バイオテクノロジーを利用した新しい品種の開発，気象情報の提供など，農業関連の仕事を総合的に行う**アグリビジネス**が発達。中でも**穀物メジャー**と呼ばれる巨大企業は世界の穀物の価格に大きな影響を与えている。

2　適地適作

アメリカ合衆国では，地域ごとに気候や土壌などの自然環境や，都市からの距離などの社会的な条件に合った農作物を生産している。これを**適地適作**という。

(1) **ロッキー山脈周辺**…降水量が少ないため牧草地として利用され，**肉牛**の放牧がさかん。

【重要】(2) **グレートプレーンズとプレーリー**…肥沃な土地が広がり，**小麦**や**とうもろこし**の栽培がさかん。

(3) **太平洋岸**…温暖なカリフォルニア州で，**果樹**や**野菜**を栽培。

(4) **五大湖周辺**…酪農がさかんで，大都市へ牛乳やチーズなどの乳製品を供給。その南で，とうもろこしなどを栽培。

(5) **南東部**…かつては奴隷を使った**綿花**の栽培がさかんだった。現在は綿花のほか大豆やとうもろこしの栽培も多い。

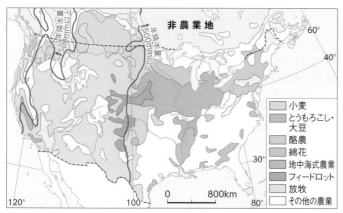

↑**アメリカ合衆国・カナダの農業地域**　　（2010年版「グーズ世界地図」ほか）

凡例：
- 小麦
- とうもろこし・大豆
- 酪農
- 綿花
- 地中海式農業
- フィードロット
- 放牧
- その他の農業

非農業地

くわしく　センターピボット

地下水をくみ上げ，大型のスプリンクラーを使って円形に水をまいてかんがいする方法。グレートプレーンズなどの乾燥した土地で行われているが，地下水を大量に使用すると水資源が枯れてしまうことが問題となっている。

（Cynet Photo）

くわしく　フィードロット（大規模肥育場）

放牧地で育てられた肉牛を出荷前に集めて，飼育する施設。とうもろこしなど栄養価が高いえさを与えられ，肉質を高めてから出荷される。

（Cynet Photo）

参考　カナダとメキシコの農業

国土の大半が冷帯に属するカナダは，農業に向いた土地はそれほど多くはないが，アメリカ合衆国からのびるプレーリーなどで**小麦**の栽培が行われている。熱帯の気候で高原が広がるメキシコでは，**コーヒー**，**とうもろこし**，**さとうきび**などの栽培がさかんである。

3　北アメリカ州の工業

教科書の要点

1 アメリカ合衆国の<ruby>工業の発展<rt>がっしゅうこく</rt></ruby>
◎ <ruby>五大湖<rt>ごだいこ</rt></ruby>周辺…石炭と鉄鉱石をいかし**鉄鋼業**が発達
◎ 流れ作業による**大量生産方式**によって，**自動車工業**が発達

2 アメリカ合衆国の工業の変化
◎ 工業の変化…鉄鋼業，自動車工業から<ruby>先端<rt>せんたん</rt></ruby>技術産業中心へ
◎ 工業の中心地…五大湖周辺から<ruby>北緯<rt>ほくい</rt></ruby>37度以南の**サンベルト**へ

3 アメリカ合衆国と他国との結びつき
◎ カナダ，メキシコと貿易を活発にするための協定を結ぶ
◎ 多くのアメリカ<ruby>企業<rt>きぎょう</rt></ruby>が人件費の安いメキシコに進出

1　アメリカ合衆国の工業の発展

アメリカ合衆国は石炭や鉄鉱石など豊富な鉱産資源を利用して，工業を発展させてきた。

重要

(1) 19世紀後半…**五大湖周辺**で産出する石炭や鉄鉱石を水上交通や鉄道輸送を利用して結びつける→**ピッツバーグ**で**鉄鋼業**が発達。

(2) 20世紀初め…**デトロイト**で，鉄鋼を材料にした**自動車工業**が発達→流れ作業による**大量生産方式**によって生産。

2　アメリカ合衆国の工業の変化

工業の中心は鉄鋼業や自動車工業から<ruby>先端<rt>せんたん</rt></ruby>技術産業へかわり，工業地域の中心地も五大湖周辺からサンベルトへ移った。

(1) 工業の変化

❶工業の<ruby>衰<rt>おとろ</rt></ruby>え…20世紀後半から日本やドイツ，アジアの国々で鉄鋼業や自動車工業が発達し，アメリカ合衆国への輸出が増加→アメリカ国内の鉄鋼業や自動車工業が衰える。

くわしく　自動車工業の発達

かつて，自動車の組み立ては，職人が一つ一つの作業を行っていた。それが20世紀初めにアメリカ合衆国でベルトコンベヤーによる自動車の組み立てラインを導入したことによって，大量生産が可能になり，これ以降，自動車工業はアメリカ合衆国の主要産業となった。

参考　ラストベルトの<ruby>衰退<rt>すいたい</rt></ruby>

かつてアメリカ合衆国の工業の中心地であった五大湖周辺は，現在**ラストベルト**(赤さび地帯)と呼ばれている。ピッツバーグとデトロイトは，ともにかつてはアメリカ合衆国を代表する工業都市だったが，鉄鋼業や自動車工業の衰えにより衰退した。その後，ピッツバーグは情報通信技術(ICT)関連産業や金融業への<ruby>転換<rt>てんかん</rt></ruby>に成功して経済を立て直したが，デトロイトは大手自動車会社の倒産などによって経済が悪化し，<ruby>財政破綻<rt>ざいせいはたん</rt></ruby>した。

❷先端技術産業の発達…優れた科学技術をいかした**航空宇宙産業や情報通信技術（ICT）関連産業**，エレクトロニクス産業，バイオテクノロジーなどの**先端技術産業（ハイテク産業）**への転換が進んだ。

(2) 工業地域の変化…工業の中心地は五大湖周辺からサンベルトへ移った。シリコンバレーはICT産業の中心地。

↑航空機の生産の様子　　(Cynet Photo)

重要

❶**サンベルト**…北緯37度より南の地域。1970年代以降，工業の中心地となり，先端技術産業が発達。

❷**シリコンバレー**…サンフランシスコ近郊にある，先端技術産業が発達した地域。ICT関連の企業が集中。

3　アメリカ合衆国と他国との結びつき

アメリカ合衆国の多くの企業が海外へ進出し，現地で生産をしている。このため，アメリカ国内の工業の衰退がみられる。

(1) **カナダ，メキシコとの結びつき**…貿易を活発にするための協定を結ぶ。人件費が安いメキシコに自動車や機械の工場が進出し，現地で生産。

(2) **アジアとの結びつき**…中国系やインド系の技術者も，シリコンバレーで働いている。

用語解説　先端技術産業

高度な技術を利用した産業。航空機や人工衛星などをつくる航空宇宙産業，集積回路（IC）などをつくるエレクトロニクス産業，パソコンやスマートフォンのソフトウェア開発などを行う情報通信技術（ICT）関連産業，生物のはたらきを利用したバイオテクノロジーなどがある。

思考　サンベルトが発達したのはなぜ？

サンベルトは広い土地にめぐまれ，鉱産資源が豊富だった。それに加え，労働力も豊富で，賃金が比較的安かった。これらの条件が合わさって，工業が発達した。

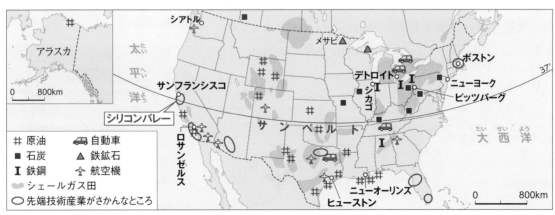

↑アメリカ合衆国の鉱産資源の分布とさかんな工業

(2010年版「グーズ世界地図」ほか)

4 アメリカ合衆国の生活と課題

教科書の要点

1 アメリカ合衆国の
生活様式
◎自動車が日常生活に欠かせない**車社会**

◎**大量生産・大量消費**…アメリカ文化の根底にある生活様式

2 アメリカ合衆国の
課題
◎自動車の使用によって大気汚染や地球温暖化が深刻化

◎大量生産・大量消費によってごみ処分場の不足などの問題が発生

1 アメリカ合衆国の生活様式

アメリカ合衆国は車社会であり，大量生産・大量消費が産業や経済を発展させる原動力となってきた。

(1) **車社会**…20世紀初めに自動車の大量生産が始まって以来，自動車が生活に欠かせない自動車社会となった。

❶郊外のショッピングセンターに巨大な駐車場がつくられ，人々は自動車で食料品や日用品を大量にまとめ買いする。

❷スポーツのスタジアムに巨大な駐車場がつくられ，観客は自動車でスポーツ観戦に訪れる■。

❸通勤や通学にも自動車やバスを使うことが多い。

（2）**大量生産・大量消費の生活様式**…新しい製品を大量に生産し，大量に消費するという考え方が根底にある。

❶大量生産・大量消費の考え方のもと，**コンビニエンスストア，ファストフード店**，チェーン方式の店舗，テーマパーク，通信販売，オンラインショッピングなどがアメリカ合衆国で誕生。

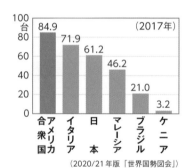

```
100
台 84.9          (2017年)
80          71.9
            61.2
60                46.2
40
            21.0
20                     3.2
0
合 ア イ 日 マ ブ ケ
衆 メ タ 本 レ ラ ニ
国 リ リ   ー ジ ア
   カ ア   シ ル
            ア
```
（2020/21年版「世界国勢図会」）

↑人口100人あたりの自動車保有台数

【用語解説】 **多国籍企業**

巨額の資金を背景に，世界各地に支店や工場をつくって活動する大企業のこと。

コンビニエンスストアやファストフード店などは，多国籍企業によって世界中に広まったよ。

（Alamy/PPS通信社）

■巨大な駐車場を備えたメジャーリーグのスタジアム

2 アメリカ合衆国の課題

　大量生産・大量消費の生活様式はさまざまな問題を引き起こした。また，多くの移民を受け入れた多民族社会において，さまざまな問題が生じている。

(1) 自動車社会の問題

重要 ⚠️

❶問題…自動車の使用が多いため，ガソリンの消費が多い
→排出ガス（はいしゅつ）によって，大気汚染（おせん）や地球温暖化が深刻化。

❷対策…再生可能エネルギーの推進や二酸化炭素の排出量が少ない天然ガスの使用が進められている。

(2) 大量生産・大量消費の問題

❶問題…大量のごみが発生し，分別されずにそのまま埋め立て処分（う）されている→ごみ処分場の不足や有害物質の排出などの問題が発生。

❷対策…ごみの分別やリサイクルの徹底（てってい），食品ロスを減らすなど，ごみを減らす取り組みを進める。
<small>└→まだ食べられるのに廃棄される食品</small>

(3) 多様な民族の共存

❶問題…**経済的な格差**や**不法移民**の流入など。

❷対策…不法な移民の取り締（し）まりなど。

発展　シェールガスの開発

　シェールガスとは，地中深くにある岩石の層に含まれる天然ガスの一種。普通の天然ガスと違（ちが）い岩石のすき間にあるため，これまで技術的に掘り出すのが難しかったが，近年，採掘（さいくつ）技術が確立されたため，アメリカ合衆国などで開発が進んでいる（→p.129）。

天然ガスは，石油に比べて二酸化炭素の排出量が少ないよ。

(Cynet Photo)

↑不法移民の流入を防ぐために，アメリカ合衆国とメキシコの国境に築（きず）かれた壁（かべ）

Column　アメリカ合衆国とヒスパニック

　現在，アメリカ合衆国ではヒスパニックの人口割合が増加している。ヒスパニックは本国で貧しい生活を送り，豊かな生活を求めてアメリカ合衆国に移住してきた人が多い。アメリカ国内のヒスパニックは低賃金で重労働の仕事をすることが多く，経済的にめぐまれていないが，それでも多くの移民がアメリカへ押し寄せている。その中には不法に入国する人もいるため，アメリカ国内では不法移民の取り締まりを厳しくしようとする動きもみられる。

(Cynet Photo)

↑ヒスパニックが多い地区　看板にスペイン語の表記がみられる。

深掘り Column

世界の国旗を調べよう

　宗教に関係がある国旗，自然に関係がある国旗，歴史に関係がある国旗など，世界にはさまざまな国旗がある。それぞれの国旗には，その国の様子を学ぶヒントが隠されている。

1 なぜ，ヨーロッパの国々の国旗は似ている？

　ヨーロッパの国々は，歴史や宗教などのつながりが深いため，似ている国旗が多い。三色の旗や十字を描いた旗が多い。

①三色旗…それぞれの色に意味が込められている。例えばフランスの国旗は，18世紀に市民が中心になって起こしたフランス革命の理想「自由・平等・博愛」をそれぞれ青，白，赤という色で表している。

フランス

自由　　平等　　博愛

ドイツ

勤勉
情熱
名誉
19世紀の軍服の色に由来し，勤勉，情熱，名誉を表すといわれる。

オランダ

勇気
信仰心
忠誠心
フランスの国旗と色が同じ。赤は勇気，白は信仰心，青は忠誠心を表す。

イタリア
美しい国土　雪　愛国の熱血
19世紀のイタリア王国の旗に由来する。

②十字旗…十字は，キリスト教の象徴である十字架を表している。北ヨーロッパには，十字を取り入れた国旗が多い。中でも，デンマークの国旗は世界最古といわれ，ほかの国々の国旗のもとになっている。

デンマーク

スウェーデン

青い空に金色の十字架が浮かぶ国旗。

フィンランド

十字の青は湖や空，白は雪を表す。

ノルウェー
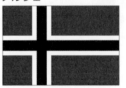
かつて支配されたデンマークの国旗に青十字を重ねた。

※国旗の縦・横の比率は，国際連合で使われている縦2：横3としています。

② 国旗から，どんなことがわかる？

国旗からは，国の成り立ちや歴史がわかる。また，国旗に描かれたマークからは，その国の宗教や位置などがわかる。

①アメリカ合衆国の星条旗

…13本の赤と白の線（条）は，独立した当時の**13の州を**，左上の星は，**その時々の州の数**を表している。現在の州の数は50だから，現在の国旗の星の数は50個ある。

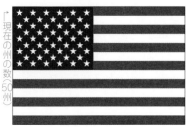

↑現在の州の数（50州）

↙ 独立当時の州の数（13州）

←独立当時のアメリカ合衆国の国旗

独立当時の13州

ニューハンプシャー
マサチューセッツ
ロードアイランド
コネチカット
ニューヨーク
ニュージャージー
ペンシルベニア
デラウェア
メリーランド
バージニア
ノースカロライナ
サウスカロライナ
ジョージア

②イギリスのユニオンジャック

…イギリスは，イングランド，スコットランド，アイルランドが中心となってできた国。したがって国旗も，それらの国の旗を組み合わせてつくられた。

 ＝ 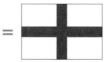 ＋  ＋

イングランド　　スコットランド　　アイルランド（1801年当時）

オーストラリア

フィジー

←ユニオンジャックを含む国旗…イギリスを中心に結びついたイギリス連邦の国々は，国旗の一部にイギリスの国旗が表されている（→p.31）。

③イスラム教徒が多い国

…イスラム教の象徴である三日月や星が描かれている国旗が多い。

マレーシア

パキスタン

アルジェリア

ヨルダン

④南十字星の見える国

…南半球の国々には，夜空に美しく輝く**南十字星**を描いた国旗が多い。

サモア

オーストラリア

パプアニューギニア

ニュージーランド

1 北アメリカ州の自然環境と文化 ～ 2 北アメリカ州の農業

□(1) 北アメリカ大陸の西部には，高くて険しい〔　アパラチア山脈　ロッキー山脈　〕が南北に連なる。

(1) ロッキー山脈

□(2) 北アメリカ大陸では，16世紀ごろから〔　　　〕大陸から連れてこられた人々が奴隷として過酷な労働に従事した。

(2) アフリカ

□(3) アメリカ合衆国に住んでいるメキシコや中央アメリカ，カリブ海諸国などからの移民を〔　　　〕という。

(3) ヒスパニック

□(4) メキシコや中央アメリカの国々では，主に〔　英語　スペイン語　〕が話されている。

(4) スペイン語

□(5) アフリカ音楽とヨーロッパ音楽が融合して，〔　　　〕が生まれた。

(5) ジャズ

□(6) 農場主が労働者を雇い，利益を上げることを目的として行う農業を〔　　　〕な農業という。

(6) 企業的

□(7) アメリカ合衆国で行われている，地域ごとに気候や土壌などの条件に合った農作物を生産する農業を〔　　　〕という。

(7) 適地適作

□(8) 肥沃な土地が広がるグレートプレーンズやプレーリーでは，〔　米　小麦　〕の栽培がさかんである。

(8) 小麦

3 北アメリカ州の工業 ～ 4 アメリカ合衆国の生活と課題

□(9) 19世紀後半，五大湖周辺で産出する石炭や鉄鉱石をいかして，ピッツバーグで〔　鉄鋼業　自動車工業　〕が発達した。

(9) 鉄鋼業

□(10) 現在のアメリカ合衆国の工業の中心地である北緯37度以南の地域を〔　　　〕という。

(10) サンベルト

□(11) サンフランシスコ近郊にある〔　　　〕には，ICT産業関連の企業が集中している。

(11) シリコンバレー

□(12) アメリカ合衆国は〔　　　〕が生活に欠かせず，郊外のショッピングセンターやスタジアムには巨大な駐車場がつくられている。

(12) 自動車

1 南アメリカ州の自然環境と文化

教科書の要点

1 自然の様子
◎ 地形…西部に**アンデス山脈**が連なり，赤道付近を**アマゾン川**が
流れる
◎ 気候…北部は熱帯，南部は温帯と乾燥帯が分布

2 歩みと文化
◎ 歩み…**スペイン**や**ポルトガル**の植民地の歴史
◎ 文化…ヨーロッパやアフリカの文化が融合

1 自然の様子

↑**地球の正反対側に置いた日本**…南アメ
リカは日本からみて地球の反対側にある
（→p.45）。

　北部は赤道が通り，周辺に熱帯が広がる。そのほかにも地域
によってさまざまな気候帯が分布する。

（1）地形の様子

> **❶アンデス山脈**…太平洋側に標高6000mを超える山々が
> 南北にそびえる。
> **❷アマゾン川**…流域面積が世界一。赤道付近を流れ，大
> 西洋へ注ぐ。航路としても利用される。

（重要）

　❸その他…北部にテーブル状の山々がそびえるギアナ高
　地■，東部になだらかなブラジル高原が広がる。

（2）気候の様子

　❶熱帯…アマゾン川流域に世界最大の**熱帯雨林（熱帯
　林）**が広がり，その外側にサバナが広がる。
　❷乾燥帯…チリ北部にアタカマ砂漠が広がり，アルゼン
　チン西部にステップが広がる。
　❸温帯…アルゼンチン中部やチリ南部に広がる。ラプラ
　タ川河口に**パンパ**と呼ばれる大草原が広がる。
　❹寒帯…チリの南端に広がり，氷河がみられる地域がある。

■ **ギアナ高地** （ピクスタ）

2 歩みと文化

　古くから**先住民**が住むが，ヨーロッパ人の進出以降，多様な人々が共存して暮らしている。

(1) ヨーロッパ人の来航以前…インカ帝国をはじめ，先住民が
　　高度な文明を築く。
　　　└→ マチュピチュ遺跡

(2) ヨーロッパ人の来航以降

　❶ 16世紀以降，**スペイン**や**ポルトガル**が進出。先住民を
　　支配し，ほとんどの地域を植民地に→**キリスト教**を広める。

重要

　❷ スペイン，ポルトガルが農場や鉱山の労働力として，ア
　　フリカの人々を奴隷として連れてくる（→p.117）→白
　　人，先住民，黒人などの混血が進む。白人と先住民の混
　　血は**メスチソ（メスチーソ）**と呼ばれる。

　❸ 19世紀末にはイタリア
　　やドイツなど，20世紀
　　初めから**日本**からの移
　　民もやってくる→移民
　　がもち込んだ文化が融
　　合し，独特の文化が生
　　まれた。

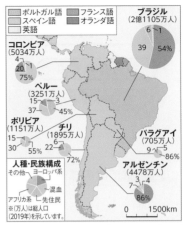

（2020年版「データブック・オブ・ザ・ワールド」ほか）

↑南アメリカの言語分布と人口構成　スペインが植民地支配した国は**スペイン語**，ポルトガルが支配した国は**ポルトガル語**が話されている。

くわしく━融合する文化

　ブラジルのダンス音楽である**サンバ**は，アフリカから連れてこられた黒人奴隷がもち込んだリズムとヨーロッパの音楽が混ざってできたものである。また，アルゼンチンのダンス音楽である**タンゴ**は，移民の集まる港町で，ヨーロッパやアフリカなどの音楽が融合して生まれたものである。

（Cynet Photo）

↑リオのカーニバル　サンバのリズムに合わせて踊る祭り。

Column　南アメリカへ移り住んだ日本人

　現在，南アメリカには，ブラジルを中心に約190万人の日系人（日本からの移民とその子孫）が暮らしている。ブラジルに初めて日本の移民が渡ったのが1908（明治41）年。移住した人々はコーヒー農園などで過酷な労働に従事し，やがて蓄えた資金をもとに農場主になったり，都市へ出て商売を始めたりする人が現れた。日系人はブラジル社会にとけこみ，政治家や医師，弁護士など，さまざまな分野で活躍するようになった。商業都市サンパウロには多くの日系人が住む「リベルダージ」と呼ばれる日本人街があり，神社の鳥居やちょうちん型の街灯など日本を思わせる町並みが広がっている。また，近年では日本で働く日系人もみられる（→p.269）。

（Cynet Photo）

↑サンパウロにある日本人街

2 南アメリカ州の農業と鉱工業

1 農業の様子
◎ ブラジルの農業…**コーヒー**，さとうきび，牛肉などの生産がさかん
◎ アルゼンチンの農業…**パンパ**での小麦の栽培，肉牛の放牧がさかん

2 鉱工業の様子
◎ 鉱業…ベネズエラやエクアドルで石油，ブラジルで**鉄鉱石**が産出
◎ 工業…ブラジルとアルゼンチンは外国企業を誘致し，工業化

---

1 農業の様子

南アメリカでは，スペインやポルトガルの植民地時代にひらかれた大農園での農業が行われてきた。

(1) ブラジルの農業

> **❶特色**…大農園で**コーヒー**を栽培し **1**，輸出してきた→コーヒー豆の輸出に頼る<u>モノカルチャー経済</u>だったため，経済的に不安定だった。
> →p.119

> **❷変化**…近年，<u>さとうきび</u>，**大豆**，**鶏肉**，**牛肉**など，さまざまな農畜産物を生産する多角化を進めている。
> →p.141

(2) アルゼンチンの農業…**パンパ**で，**小麦**，**大豆**の栽培や**肉牛**の放牧がさかん。

(3) エクアドルとコロンビアの農業…<u>多国籍企業</u>が経営する大農園（プランテーション）で，輸出用の**バナナ**を栽培。
→p.130

(Cynet Photo)
1 ブラジルでのコーヒーの実の収穫

コーヒー豆　計1030万t

ブラジル 34.5%	ベトナム 15.7		その他

インドネシア 7.0┘　└コロンビア 7.0

さとうきび　計19.1億t

ブラジル 39.2%	インド 19.8		その他

中国 5.7┘　└タイ 5.5

(2018年)　(2020/21年版「世界国勢図会」)
↑**主な農作物の生産量の割合**

> ブラジルはコーヒー豆の輸出量も世界有数だよ。

（4）先住民の農業

❶アマゾン川流域の先住民の農業…熱帯林で**焼畑農業**が
行われている。アマゾン川では漁業も行われている。

❷アンデス山脈の先住民の農業…標高に合わせて，**リャマ**
や**アルパカ**の放牧，じゃがいも，とうもろこしの栽培な
どを行っている（→p.72）。

↑南アメリカの農業地域

2 鉱工業の様子

南アメリカは石油，鉄鉱石，銅，すずなど鉱産資源が豊富
で，それらの輸出が国の経済を支えている。

（1）主な鉱産資源

❶石油…石油輸出国機構（OPEC）加盟国である**ベネズエラ**
_{→p.98}
や，**エクアドル**で産出が多い。
_{→2020年にOPECを脱退}

> **重要**
> **❷鉄鉱石❷…ブラジル**は北東部のカラジャスを中心に世界
> 有数の生産量，輸出量→日本への輸出も多い。

❸銅…チリとペルーは世界有数の産出国で，日本へも輸出。

❹レアメタル（希少金属）…ボリビア，チリ，アルゼンチン
_{→p.119}
などで産出。ボリビアの**ウユニ塩湖**にはリチウムが埋蔵。

（2）工業の様子

❶ブラジル，アルゼンチンは1960年代後半から外国企業を
誘致し，工業化を進める→鉄鋼業や自動車工業が発達。と
くにブラジルは経済発展が著しいが，それに伴い格差も
拡大。

❷その他の国々は工業化
が進まず，特定の農産
物や鉱産資源の輸出に
頼るモノカルチャー経
済の国が多い。

(Cynet Photo)

❷鉄鉱石の露天掘り 露天掘りとは地
表を直接削って採掘する方法。

2章／世界の諸地域

5節／南アメリカ州

> **くわしく** **アマゾンでの焼畑農業**

アマゾン川流域の熱帯林では，森林を
焼き，その灰を肥料にして，いも，とう
もろこし，豆，バナナなどを栽培する焼
畑農業が行われている。同じ場所で栽培
を繰り返すと土地の栄養分が失われるた
め，その前にほかの場所に移り，再び森
林を焼く。もとの場所には時間をかけて
森林が回復していく。

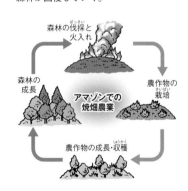

3 南アメリカ州の開発と環境保全

教科書の要点

1 開発とその影響

◎開発…牧場や道路をつくるために，**アマゾン川流域**の熱帯林を伐採

◎影響…**熱帯林の減少**により，先住民の生活がおびやかされる

2 環境保全の動きと課題

◎動き…開発の規制，植林の推進，**バイオ燃料**の使用など

◎課題…さとうきび畑の拡大が熱帯雨林の伐採につながるおそれ

---

1 開発とその影響

アマゾン川流域では，牧場や道路，鉄道などをつくるために大量の熱帯林が伐採されている。

(1) **アマゾン川流域の開発**…19世紀に天然ゴムの大農園がつくられ，第二次世界大戦後はブラジルの国家事業として開発が進められた。

重要

❶道路の建設…アマゾン盆地を横断する**アマゾン横断道路**を建設。

❷牧場・農場の開発❶…熱帯林を伐採した跡地に**牧場や農場**をつくり，肉牛の飼育や，大豆，さとうきび，とうもろこしの栽培などを行った。

❸鉄道の建設…ブラジル北部のカラジャスで採掘した鉄鉱石を運ぶために鉄道を建設。

❹ダムの建設…水力発電 →p.189 のためのダムを建設。

（Alamy/PPS通信社）
❶ 熱帯林を切り開いてつくられた牧場

参考 貴重なアマゾン川流域の熱帯林

森林の植物は光合成によって二酸化炭素を吸収し，酸素をつくり出している。アマゾン川流域には，世界最大の熱帯林が広がり，地球全体にとって貴重な酸素の供給源となっている。

（2018年）　（2020/21年版「世界国勢図会」）
↑主な国の木材伐採高

アマゾン川流域の開発には，日本をはじめ外国の企業も携わっているよ。

140

(2) 熱帯林の減少による影響

❶ 二酸化炭素を吸収する森林が減少することで大気中の二酸化炭素が増え，地球温暖化が進行する。また，酸素の量も減少する。

❷ 森林に住む先住民の伝統的な生活がおびやかされる。

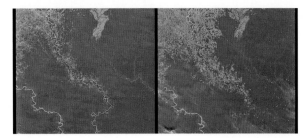

（Science Source/PPS通信社）

↑ 2000年（左）と2017年（右）のアマゾン川流域の熱帯林

❸ 熱帯林に生息する多くの動植物の絶滅が心配される。

2 環境保全の動きと課題

持続可能な開発に向けて取り組みが進んでいる。

（1）熱帯林の保護

❶ 森林の一部を国立公園や世界遺産などの保護地域に指定し，開発を規制している。

❷ 違法な伐採を防ぐために，人工衛星で監視している。

❸ 森林と先住民の伝統的な生活を守るため，非政府組織（NGO）や国際的な団体による植林活動が行われている。

重要

（2）**バイオエタノールの使用**…**さとうきび**などを原料とする**バイオ燃料（バイオエタノール）**の使用が進められている。

❶ 目的…二酸化炭素の排出量の削減や鉱産資源に頼らないエネルギーへの転換などが目的→ブラジルではバイオ燃料を使用した自動車が普及。

❷ 問題…バイオ燃料の原料であるさとうきびを栽培する畑が拡大→新たな熱帯林の伐採につながるおそれや，食料用さとうきびの生産が減って価格が高騰するおそれがある。

開発と環境保全を両立させる「持続可能な開発」が望まれるよ。

くわしく ▶ バイオ燃料

とうもろこしやさとうきびなど，植物を原料としてつくられる燃料。燃やした場合，二酸化炭素を排出するが，原料であるとうもろこしやさとうきびの成長過程で光合成により二酸化炭素を吸収するので計算上は二酸化炭素が増加しないため，地球にやさしい燃料として注目されている。ブラジルでは主にさとうきびが，アメリカ合衆国では主にとうもろこしが原料として用いられている。

参考 ガラパゴス諸島の環境保全

エクアドルの太平洋沖にあるガラパゴス諸島は，独自の進化をとげた貴重な動植物がたくさんみられ，観光地として人気がある。しかし，観光客や移住者が増加するにつれて，環境破壊や外来生物の流入，密漁が深刻化した。これを受けて，観光客や移住者の制限や外来生物の流入を防ぐなどの環境保全を進めている。それと同時に，環境学習をしながら観光を楽しむエコツーリズム（→p.289）も行われている。

1 南アメリカ州の自然環境と文化

□(1) 南アメリカ大陸の太平洋側には，標高 6000m を超える山々が
そびえる〔　アンデス　アルプス　〕山脈が連なる。

(1) アンデス

□(2) 南アメリカ大陸の北部には，流域面積が世界最大の〔　　　〕
川が流れる。

(2) アマゾン

□(3) ラプラタ川の河口周辺には，〔　セルバ　パンパ　〕と呼ばれ
る大草原が広がる。

(3) パンパ

□(4) 16 世紀以降，スペイン人やポルトガル人が進出したことによっ
て，南アメリカに〔　　　〕教が広まった。

(4) キリスト

□(5) ブラジルを除く南アメリカのほとんどの地域は，〔　スペイン
ポルトガル　〕の植民地となった。

(5) スペイン

□(6) 南アメリカには多くの日系人が住むが，とくに〔　コロンビア
ブラジル　〕に多く，サンパウロには日本人街が形成されている。

(6) ブラジル

2 南アメリカ州の農業と鉱工業 ～ 3 南アメリカ州の開発と環境保全

□(7) ブラジルは，大農園を中心に栽培されている〔　コーヒー　カ
カオ　〕豆の生産量と輸出量が世界有数である。

(7) コーヒー

□(8) アマゾン川流域の先住民は，熱帯林を焼いて，その灰を肥料
として農作物を栽培する〔　　　〕農業を行っている。

(8) 焼畑

□(9) ベネズエラとエクアドルは〔　　　〕の産出が多い。

(9) 石油（原油）

□(10) ブラジルはカラジャスなどで〔　石炭　鉄鉱石　〕の産出が
多く，日本への輸出も多い。また，この資源を運ぶために鉄
道が建設された。

(10) 鉄鉱石

□(11) アマゾン川流域では，道路や牧場，農場などをつくるために
〔　　　〕が伐採されている。

(11) 熱帯林

□(12) ブラジルでは，さとうきびを原料とする〔　　　〕が自動車
の燃料として使われている。

(12) バイオ燃料（バイ
オエタノール）

6節 オセアニア州

120° 135° 150° 165° 180° 165°

太

北回帰線

15°

平

マーシャル諸島

ビキニ環礁

パラオ
マルキョク

バリキール
ミクロネシア

マジュロ

キリバス
タラワ

ヤレン
ナウル

ミ

ク

ロ

ネ

シ

ア

日付変更線

赤道

洋

ポ

リ

ネ

15°

パプアニューギニア

ニューギニア島

ポートモレスビー

アラフラ海

ソロモン諸島
ホニアラ

メ

ラ

ネ

シ

ア

フナフティ
ツバル

サモア
アピア

シ

ニウエ
アロフィ

ア

0°

0°

インド洋

オーストラリア

グレート
サンディー砂漠

グレートアーテジアン盆地

ウルル (大鑽井)
(エアーズロック) エーア湖

グレートビクトリア
砂漠

ナラボー平原

キャンベラ

グレートディバイディング山脈

コーラル海
(珊瑚海)

ニューカレドニア島
(フランス領)

バヌアツ
ポートビラ

フィジー
スバ

ヌクアロファ
トンガ

南回帰線

15°

15°

30°

グレート
オーストラリア湾

マリー
川

タスマニア島

タスマン海

北島

ニュージーランド

ウェリントン
アオラキ(クック)山
▲3724

南島

45°

180°

165°

30°

45°

南

極

海

南極圏

60°

90° 105° 120° 135° 150° 165°

2章／世界の諸地域

6節／オセアニア州

143

1 オセアニア州の自然環境

1 オセアニア州
の地形

◎オセアニア州…オーストラリア大陸と多くの島々からなる

◎オーストラリア大陸…全体的になだらかな平原が広がる

2 オセアニア州
の気候

◎オーストラリア…大部分が乾燥帯，ニュージーランドは温帯に属する

◎太平洋にある島国…熱帯に属し，一年中気温が高く，雨が多い

1 オセアニア州の地形

オセアニア州はオーストラリア大陸と，ニュージーランドの島々，ニューギニア島，太平洋に点在する多くの島々からなる。

(1) **オーストラリア大陸**…大きな地震や火山がない安定した地域。大部分が標高500m以下のなだらかな平原。

(2) **ニュージーランド**…**環太平洋造山帯**（→p.172）に属し，火山や地震が多い。3000mを超える山々がそびえ，氷河がみられる■。

(3) **パプアニューギニア**…熱帯雨林（熱帯林）が生い茂る。**環太平洋造山帯**に属し，火山や地震が多い。

(4) 太平洋の島々…火山活動でできた火山島とさんご礁が隆起してできた**さんご礁**の島がある（→p.64）。

❶火山島…土地が肥えて農業がさかん。トンガやハワイ諸島など。

❷さんご礁の島…土地がやせていて水が乏しいため，農業には不向き。ツバルなど。

（ピクスタ）

■ 氷河がみられるニュージーランドのアオラキ（クック）山

▶くわしく **オセアニア州の海洋部分の区分**

オセアニア州の海洋部分は主に次の3つの地域に区分される。

①**メラネシア**…日付変更線より西で，赤道より南の地域。火山島が多い。パプアニューギニア，フィジー諸島，ニューカレドニア島などがある。

②**ミクロネシア**…日付変更線より西で，赤道より北の地域。さんご礁の島が多い。サイパン島，グアム島，パラオ諸島などがある。

③**ポリネシア**…日付変更線より東の地域。ハワイ諸島，サモア諸島，イースター島などがある。

（Cynet Photo）

↑さんご礁に囲まれたクック諸島の島々

② オセアニア州の気候

オセアニアには，熱帯，乾燥帯，温帯が分布する。
オーストラリア大陸は「乾燥大陸」と呼ばれる。

(1) オーストラリアの気候

❶大陸の約3分の2が年間降水量500mm以下の降水量の少ない土地。とくに内陸部は乾燥が激しく，砂漠や草原が広がる→人口が極めて少ない。

❷南東部や南西部は温帯に属し，雨が比較的多い→人口の大部分がこの地域に住む。

❸北端の半島部は熱帯に属し，一年中気温が高く，降水量が多い。

(2) ニュージーランドの気候…全体的に温帯の西岸海洋性気候に属し，一年中適度に雨が降る。
　└→ p.63

(3) 太平洋の島々の気候…熱帯に属し，一年中気温が高く降水量が多いが，海からの風の影響で過ごしやすい気候。

↑ウルル（エアーズロック）　オーストラリアの内陸部にある巨大な一枚岩。先住民アボリジニの聖地。

🚩発展　アウトバックの生活

　オーストラリアは，人口が集中する沿岸部を除き，多くの地域がアウトバック（へき地）と呼ばれる過疎地である。とくに内陸部の乾燥帯は人口が少なく，学校や病院が整備されていない。このため，病人が出たときには，小型の飛行機で病院に運んだり，医師や看護師がやってきたりする。また，学校の授業では，インターネットを使ったオンライン授業が導入されている。

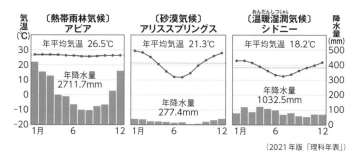

〔熱帯雨林気候〕アピア　年平均気温 26.5℃　年降水量 2711.7mm

〔砂漠気候〕アリススプリングス　年平均気温 21.3℃　年降水量 277.4mm

〔温暖湿潤気候〕シドニー　年平均気温 18.2℃　年降水量 1032.5mm

（2021年版「理科年表」）

💭Column　太平洋の島々と地球温暖化

　南太平洋の島々は海抜が低いため，地球温暖化に伴う海面上昇によって水没する危機を迎えている。とくに平均標高が1〜2mほどのツバルは満潮時の冠水や海岸の侵食が進んでいる。冠水によって，土壌に塩分が多くなり，農作物を栽培できなくなる被害も出ている。

　またツバルでは海面上昇のほかにも，開発によって生じた土砂や生活排水などによるさんご礁への被害も報告されている。

（Cynet Photo）

↑侵食が進む海岸線（ツバル）

2 オセアニア州の歩みと多文化社会

教科書の要点

1 オセアニア州の歩み
◎ オーストラリアには，先住民の**アボリジニ**が住む
◎ ニュージーランドには，先住民の**マオリ**が住む

2 多文化社会の実現へ
◎ **多文化社会**…先住民の権利や伝統文化を尊重。多様な文化が共存するための取り組み

1 オセアニア州の歩み

もともとは先住民が住んでいたが，18世紀以降にイギリス，フランス，ドイツなど欧米諸国の植民地となった。

(1) オーストラリアの歩み

❶もともとは先住民の**アボリジニ**が住んでいたが，18世紀にイギリスの植民地となり**1**，イギリス人の移住が進んだ。

重要 ❷19世紀後半ごろに金の鉱山が発見されると，中国系の移民が増加→白人による政府がアジア系の移住を制限（白豪主義）。

❸労働力の確保や経済発展をはかるために，1970年代に白豪主義を廃止→中国やベトナムなどアジア系や東ヨーロッパなどからの移民が増加。

(2) ニュージーランドの歩み
…もともとは先住民の**マオリ**が住む。19世紀以降にイギリス人が移住し，植民地となる。

（ピクスタ）
1 イギリスの植民地時代の建物（オーストラリアのメルボルン）

用語解説 アボリジニ

イギリス人が移住する前からオーストラリア大陸に住んでいた先住民。ブーメランなどを使った狩猟や採集の生活をおくっていたが，白人に迫害され，白人に強制的に同化させられた。

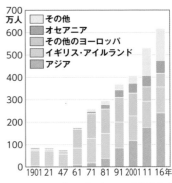

↑**オーストラリアに暮らす移民の出身地の推移**

ヨーロッパ人がやってきてキリスト教が広まったよ。

(3) 太平洋の島国…すべての国が欧米諸国の植民地となる→多くの国が独立するが，現在もグアム島（アメリカ合衆国領），ニューカレドニア島（フランス領）など外国領も多い。

2 多文化社会の実現へ

オーストラリアとニュージーランドは，さまざまな文化が共存し，互いを尊重し合う**多文化社会**を目指している。

(1) オーストラリアの取り組み…白豪主義の廃止後，オーストラリアでは，アジアやオセアニアからの移民が増加し，さまざまな文化が混在するようになった。

❶言語…テレビ放送やラジオ放送では，公用語の英語以外の多言語での放送が行われている。小学校の低学年から，日本語，インドネシア語，イタリア語などの外国語教育が導入されている。

（Cynet Photo）

↑**アボリジニの伝統的な絵画**
自然や動植物をモチーフにしたものが多く，点や線を用いた図柄に特徴がある。

❷アボリジニの文化の尊重…アボリジニの権利を守り，文化を尊重するための法律を整備→先祖の土地の所有権も認められる。

(2) ニュージーランドの取り組み…マオリもアボリジニと同様に白人への同化を進められたが，1970年代に権利を回復する運動が始まった。

❶英語のほかにマオリ語も公用語に指定されている。

❷国会でマオリの議席が確保されている。

（Cynet Photo）

↑**マオリの踊り「ハカ」を踊るラグビーのニュージーランド代表**

参考 **流刑地だったオーストラリア**

オーストラリアは当初はイギリスで罪を犯した者の流刑地であった。その後，一般人の移住が開始され，本国からの移民が増加した。

（Cynet Photo）

↑**オーストラリアのメルボルンのチャイナタウン** オーストラリアには中国系の人々（華人）も多い。

参考 **ウルルの登山禁止**

ウルル（エアーズロック）は古くからアボリジニの聖地としてあがめられている。観光地として人気があり，登山も人気があったが，アボリジニの聖地としての重要性や安全面，環境保全の観点から現在は登山が禁止されている。

2000年のシドニーオリンピックの際には，聖火リレーの最終ランナーをアボリジニの選手が務めたよ。

他地域と結びつくオセアニア州の産業

1 オセアニア州の農業

◎ オーストラリア…**羊，肉牛**の飼育，小麦の栽培がさかん

◎ ニュージーランド…**乳牛，羊**の飼育がさかん

2 オセアニア州の鉱産資源

◎ オーストラリアは**石炭，鉄鉱石**，ボーキサイト，ウランなど鉱産資源が豊富

◎ オーストラリアの北東部と南東部で石炭，北西部で鉄鉱石が産出

3 世界の国々との結びつき

◎ オーストラリアとニュージーランドはAPEC（エイペック）に加盟

◎ 観光…ビーチリゾートに世界中から観光客がやってくる

---

1 オセアニア州の農業

オーストラリアとニュージーランドでは，羊の飼育がさかんに行われている。

(1) オーストラリアの農業■…降水量の違いによって，地域ごとに異なる農業が行われている。

【重要】

❶**羊の飼育**…南東部や南西部でさかん。**羊毛**の生産量は世界有数❷。

❷**肉牛の飼育**…降水量が多い南東部ではフィードロットで，乾燥した内陸部では放牧で飼育。
→ p.127

❸**小麦の栽培**…南東部や南西部でさかんで，輸出も多い。

(2) ニュージーランドの農業…一年中適度な降水量があり牧草が育つため，**乳牛**や羊の飼育がさかん→**乳製品**や**羊肉，羊毛**が重要な輸出品。

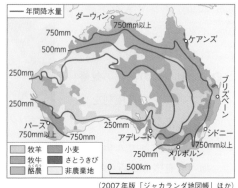

■ オーストラリアの農業地域
（2007年版「ジャカランダ地図帳」ほか）

─ 年間降水量
ダーウィン
750mm以上
750mm
500mm
250mm
ケアンズ
250mm
ブリズベーン
パース
750mm以上
750mm
250mm
アデレード
シドニー
750mm以上
メルボルン

牧羊　小麦
牧牛　さとうきび
酪農　非農業地
0　500km

オーストラリア産の牛肉は「オージービーフ」と呼ばれ，日本にも輸出されているよ。

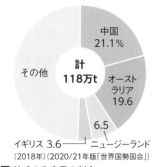

その他

中国
21.1%

計
118万t

オーストラリア
19.6

イギリス 3.6
ニュージーランド
6.5

（2018年）（2020/21年版「世界国勢国会」）

❷ 羊毛の生産量の割合

2 オセアニア州の鉱産資源

オーストラリアは鉱産資源が豊富で，世界各国へ輸出している。

(1) オーストラリアの鉱産資源 ②

> ❶種類…**石炭，鉄鉱石，ボーキサイト，金，ウラン**など，さまざまな鉱産資源が産出する。日本など外国企業と協力して開発が進められている。

❷分布…北東部と南東部で石炭，北西部で鉄鉱石が
→ビルバラ地区
産出→日本への輸出も多い。

(2015年版「ディルケ世界地図」ほか)

② オーストラリアの鉱産資源の分布

3 世界の国々との結びつき

イギリスの植民地だったオーストラリアやニュージーランドは，かつてはイギリスとの結びつきが強かったが，近年はアメリカ合衆国やアジアの国々との結びつきが強い。

(1) オーストラリアと世界の結びつき
❶アメリカ合衆国，中国や日本などのアジア諸国との貿易がさかん。**アジア太平洋経済協力会議（APEC）** に参加し，アジア・太平洋地域との経済的な結びつきを強化。

❷日本とは観光，仕事，留学，ワーキングホリデーなどで，
→労働許可がついた海外休暇旅行
交流がさかん。

(2) オセアニアの島国と世界の結びつき
❶多くの観光客が世界中から訪れる→リゾート開発による環境破壊が問題に。

❷オーストラリアやニュージーランド，アメリカ合衆国へ出稼ぎに行く人や移住する人が多い。

❸日本は漁業基盤の整備や観光業の促進などで，オセアニアの島国を支援。

(Cynet Photo)

↑露天掘りによる鉄鉱石の採掘
地表を削って掘り下げていく採掘方法。採掘された鉱産資源は鉄道で沿海部の港に運ばれ，日本や中国へ輸出される。

輸出　計2547億ドル

中国 34.1%	日本 16.2	その他

韓国 6.9　インド 4.6

輸入　計2409億ドル

中国 24.4%	その他

アメリカ合衆国 10.3　ドイツ 5.0　日本 7.4

(2018年)　　(2020/21年版「世界国勢国会」)

↑オーストラリアの貿易相手国

世界の家畜

　世界では，さまざまな家畜が飼われている。家畜は，肉，乳，卵など食用にされるほか，毛や皮などが衣服や住居に使われたり，運搬用に使われたりしている。

●肉牛

牛肉をとるために飼われる。日本では黒毛和牛が中心。

●乳牛

乳をとるために飼われる。日本ではホルスタインが中心。

●豚

主に肉をとる。混合農業地域で飼われることが多い。

●にわとり

肉用と卵用に分かれる。日本は，鶏卵の自給率は高い。

●羊

毛・肉・乳・皮をとる。モンゴルでは，毛を住居に利用する。

●ヤギ

毛・乳・肉をとる。乾燥地域や山岳地方で飼われる。

●リャマ・アルパカ

アンデス山中で飼われる。荷役に使われ，毛・皮・肉をとる。

リャマ　　アルパカ

●らくだ

砂漠地域で飼われる。荷役に使われることが多い。

●カリブー（トナカイ）

北極圏で飼われる。食用とされ，皮・骨・角などもとられる。

（写真はすべてピクスタ）

絶滅が危惧されている動物

世界にはたくさんの動物が生息しているが，絶滅の危機にある動物も多い。その大きな原因は，人間による乱獲や自然破壊などである。

ホッキョクグマ
北極圏に生息。氷の上で生活をするため，地球温暖化によって氷がとけていることから，絶滅の危機に瀕している。

マウンテンゴリラ
アフリカ中部に生息。森林破壊，乱獲，内戦により激減している。

ガラパゴスゾウガメ
ガラパゴス諸島のみに生息。食用や燃料油として乱獲されて減少。

オランウータン
カリマンタン島（ボルネオ島）とスマトラ島に生息。乱獲と森林の伐採により個体数が激減。

ベンガルトラ
インドや中国に生息する。毛皮や漢方薬目的で乱獲され，激減。

オオアリクイ
中南アメリカに生息。主にアリ，シロアリを食する。毛皮目的や乱獲により減少。

（写真はすべてピクスタ）

151

1 オセアニア州の自然環境

解答

☐ (1) オーストラリアは全体的に〔　山がち　平坦　〕な地形である。

☐ (2) 太平洋の島々には，〔　　　〕活動でできた〔　　　〕島や，さんご礁が隆起してできたさんご礁の島がある。

☐ (3) 乾燥が激しいオーストラリア〔　内陸部　沿海部　〕には，砂漠や草原が広がり，人口が極めて少ない。

☐ (4) 太平洋の島々の中には，〔　酸性雨　地球温暖化　〕の影響で国土の水没が進んでいる国がある。

(1) 平坦

(2) 火山

(3) 内陸部

(4) 地球温暖化

2 オセアニア州の歩みと多文化社会

☐ (5) オーストラリアには，もともと先住民の〔　　　〕が住んでいた。

☐ (6) オーストラリアでは，かつて白人以外の移住を制限する〔　　　〕の政策がとられていたが，1970年代に廃止された。

☐ (7) ニュージーランドの先住民を〔　　　〕という。

☐ (8) 各地からの移民が増えたことで，オーストラリアやニュージーランドは，さまざまな文化が共存し，お互いを尊重し合う〔　　　〕社会を目指している。

(5) アボリジニ

(6) 白豪主義

(7) マオリ

(8) 多文化

3 他地域と結びつくオセアニア州の産業

☐ (9) オーストラリアとニュージーランドでは，〔　　　〕の飼育がさかんで，羊毛の生産量は世界有数である。

☐ (10) オーストラリアの北東部と南東部では〔　石炭　鉄鉱石　〕が産出し，日本への輸出も多い。

☐ (11) オーストラリアやニュージーランドは，かつてはイギリスとの結びつきが強かったが，現在はアメリカ合衆国や〔　アジア　アフリカ　〕の国々との結びつきが強い。

(9) 羊

(10) 石炭

(11) アジア

時間 100分
解答 p.313

得点
／100

1　アジア州について，次の各問いに答えなさい。

【(2)は5点，ほかは3点×8】

(1)　次のA〜Cの文が説明している国を右の地図中のア〜エからそれぞれ選び，記号で答えなさい。

A　人口が13億人を超え，2020年代には世界一になると予測されている。ベンガルールを中心に情報通信技術(ICT)関連産業が発達し，アメリカ合衆国とは時差をいかしたビジネスで深くつながっている。

B　急速な人口増加を抑制するため，一人っ子政策をとってきた。1980年代に自由な経済のしくみを導入し，沿海部に経済特区を設置して，工業化を進めた。この結果，世界中に工業製品を輸出する「世界の工場」となった。

C　1960年代から日本など外国の資金・技術援助によって工業化に成功し，シンガポールやホンコン(香港)などとともにアジアNIESの一つに数えられている。

A〔　　　〕　B〔　　　〕　C〔　　　〕

(2)　上のBの文の下線部について，経済特区はどのような目的で設置されましたか。「外国企業」という語句を用いて，簡潔に書きなさい。

〔　　　　　　　　　　　　　　　　　　　　　　　　　　　　　　　　　　　〕

(3)　東南アジアについて，次の各問いに答えなさい。

①　季節風(モンスーン)の影響を受ける東南アジアでは，ある農作物の栽培がさかんです。右のグラフはその農作物の輸出量の割合です。あてはまる農作物を次のア〜エから1つ選び，記号で答えなさい。〔　　　〕

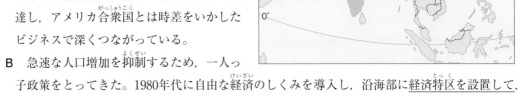

| インド 27.1% | タイ 26.1 | ベトナム 13.1 | 7.3 | 6.1 | その他 |

アメリカ合衆国　└パキスタン

(2017年)　　　(2020/21年版「世界国勢図会」)

ア　綿花　イ　小麦　ウ　米　エ　とうもろこし

②　次の文の□□□に共通してあてはまる語句を漢字2字で答えなさい。

◇　東南アジアの国々では，欧米諸国の植民地支配下でプランテーションが開かれ，□□□用の農作物を大量に栽培し，外国に□□□してきた。〔　　　〕

(4) 右のグラフは，南アジアにあるインドのアッサム地方やスリランカで栽培がさかんな農作物の生産量の割合です。この農作物を次のア～エから1つ選び，記号で答えなさい。

　　ア　カカオ豆　　イ　コーヒー豆　　ウ　さとうきび　　エ　茶〔　　　　　〕

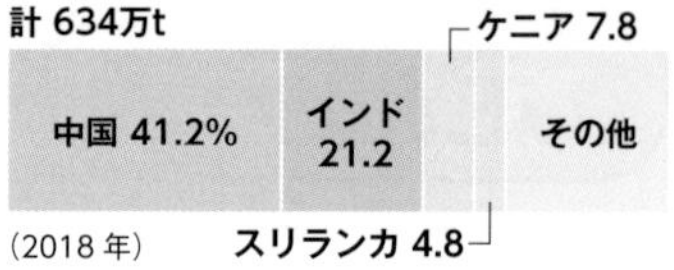

計 634万t ┌ケニア 7.8

| 中国 41.2% | インド 21.2 | | その他 |

(2018年)　スリランカ 4.8

(2020/21年版「世界国勢図会」)

(5) 西アジアと中央アジアについて，次の各問いに答えなさい。

① この地域の大部分の人々が信仰する宗教を次のア～エから1つ選び，記号で答えなさい。

　　ア　イスラム教　　イ　仏教　　ウ　キリスト教　　エ　ヒンドゥー教　　〔　　　　　〕

② 右のグラフは，ある鉱産資源の埋蔵量の割合です。あてはまる鉱産資源を次のア～エから1つ選び，記号で答えなさい。　　　　　　〔　　　　　〕

| ベネズエラ 18.0% | 15.9 | カナダ 10.0 | イラン 9.2 | イラク 8.6 | その他 |

(2020年)　└サウジアラビア

(2020/21年版「世界国勢図会」)

　　ア　石炭　　イ　石油　　ウ　天然ガス　　エ　鉄鉱石

2 アフリカ州について，次の各問いに答えなさい。

【(3)は5点，ほかは2点×3】

(1) 右の地図中の　　　　の地域は，かつてヨーロッパのある国に植民地支配されていたため，現在でもその国の言語が使われています。このヨーロッパの国はどこですか。次のア～エから1つ選び，記号で答えなさい。

　　ア　イギリス　　イ　ドイツ

　　ウ　フランス　　エ　イタリア　　〔　　　　　〕

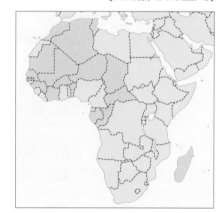

(2) グラフ1は，アフリカ州のプランテーションで栽培されてきたある農作物の生産量の割合です。あてはまる農作物を次のア～エから1つ選び，記号で答えなさい。

　　ア　カカオ豆　　イ　コーヒー豆

　　ウ　茶　　エ　バナナ　　〔　　　　　〕

グラフ1

| コートジボワール 37.4% | ガーナ 18.0 | ナイジェリア 11.3 | 6.3 | 5.9 | その他 |

(2018年)　ナイジェリア┘　└カメルーン

(2020/21年版「世界国勢図会」)

思考 (3) グラフ2はナイジェリアの輸出量の割合です。これを参考に，アフリカ経済がかかえる問題を，「農作物」と「鉱産資源」という語句を用いて，簡潔に書きなさい。

〔　　　　　　　　　　　　　　　　　　　　　〕

グラフ2

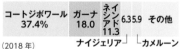

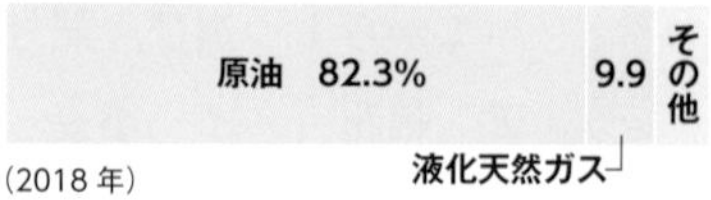

| 原油 82.3% | 9.9 | その他 |

(2018年)　液化天然ガス┘

(2020/21年版「世界国勢図会」)

(4) アフリカ州で起こっている問題の一つとして，食料不足があります。食料不足の原因を一つ答えなさい。　〔　　　　　　　　　　　　　　　　　　〕

3 ヨーロッパ州について，次の各問いに答えなさい。

【(4)②は5点，(4)④は4点，ほかは2点×5】

(1) 地図中の**A**では，右下の写真のような奥行きが長く，深い湾がみられます。このような湾を何といいますか。

〔　　　　　　　　　　　〕

(2) ヨーロッパ州には大まかに三つの言語系統が存在しますが，地図中の▬▬▬の地域には何系の言語が分布していますか。

〔　　　　　　　　　系言語〕

(3) 地図中の**B**の地域では，地中海式農業が行われています。**グラフ1**は地中海式農業でつくられている農作物の生産量の割合ですが，あてはまる農作物を次のア～エから1つ選び，記号で答えなさい。

〔　　　　　　　　　　　〕

ア　ぶどう　　　イ　オレンジ
ウ　オリーブ　　エ　小麦

(4) ヨーロッパの国々は，ヨーロッパ連合（EU）を結成しています。EUについて，次の各問いに答えなさい。

① 地図中のア～エのうち，EUに加盟していない国を1つ選び，記号で答えなさい。

〔　　　　　〕

② ヨーロッパの国々はヨーロッパを一つの国のように統合するためにEUを設立しました。なぜ，統合しようとしたのか，その理由を簡潔に書きなさい。

〔　　　　　　　　　　　　　　　　　　　　　　　　　　〕

③ EUの政策として<u>誤っているもの</u>を次のア～エから1つ選び，記号で答えなさい。

〔　　　　　〕

ア　多くの国が共通通貨のユーロを導入したことによって，両替の手間がなくなった。

イ　加盟国間の貿易での関税を高くし，自国の産業を保護している。

ウ　多くの国で国境を越える際にパスポートの提示を不要にしている。

エ　医師や弁護士などの仕事の資格を共通にしている。

(思考) ④ EUの国々は早くから環境問題に取り組んでおり，二酸化炭素の排出量を減らすための対策をとっています。その例を一つ答えなさい。

〔　　　　　　　　　　　　　　　　　　　　　　　　　　〕

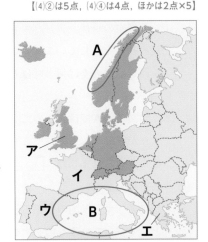

(Cynet Photo)

グラフ1

中国 16.9%
アメリカ合衆国
イタリア 10.8
その他
計 7913万t
8.7
8.4
7.8
フランス
スペイン
(2018年)

(2020/21年版「世界国勢図会」)

4 北アメリカ州について，次の各問いに答えなさい。　【(6)は5点，ほかは2点×7】

(1) 地図中の➡は，アメリカ合衆国にやってくる移民の動きを表しています。この矢印が示すスペイン語を話す人々は何と呼ばれますか。

〔　　　　　　　　　　〕

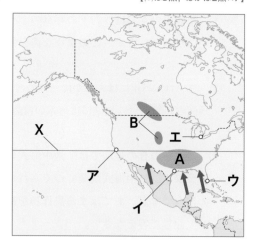

(2) 地図中の**A**では，かつて □ 大陸から多くの人々が奴隷として連れてこられ，綿花栽培などに従事させられました。□ にあてはまる大陸の名を答えなさい。　〔　　　　　　大陸〕

(3) アメリカ合衆国の農業の特色について述べた文として誤っているものを次の**ア～エ**から1つ選び，記号で答えなさい。　〔　　　　〕

ア 地域ごとに気候や土壌に合った農作物を生産する適地適作が行われている。

イ 農場主が労働者を雇って大規模に農作物を生産する企業的な農業が行われている。

ウ 世界有数の生産量を誇る農作物が多いが，ほとんどを国内で消費するため，食料の輸出は少ない。

エ 穀物メジャーをはじめ大企業が農業を行うアグリビジネスがさかんである。

(4) 地図中の**B**では，ある農作物の栽培がさかんです。右のグラフはその農作物の生産量の割合ですが，あてはまる農作物を次の**ア～エ**から1つ選び，記号で答えなさい。

ア 小麦　**イ** 米　**ウ** とうもろこし　**エ** 綿花

〔　　　　　〕

中国 17.9%	インド 13.6	ロシア 9.8		その他

アメリカ合衆国 7.0 ┘　└ フランス 4.9
(2018年)　　　　　　(2020/21年版「世界国勢図会」)

(5) 地図中の**X**の緯線の南側は，アメリカ合衆国の工業の中心地です。この地域は何と呼ばれていますか。　〔　　　　　　　　　　　　〕

(6) (5)の地域で工業が発達した理由を簡潔に書きなさい。

〔　　　　　　　　　　　　　　　　　　　　　　　　〕

(7) アメリカ合衆国の都市について述べた次の①・②の文にあてはまる都市を，地図中の**ア～エ**から1つずつ選び，記号で答えなさい。

① 先端技術産業がさかんで，情報通信技術関連産業の企業や研究所が集中している。

② 20世紀初めに自動車の大量生産方式が確立され，自動車工業が発達したが，財政破綻した。

①〔　　　〕②〔　　　〕

5 南アメリカ州について，次の各問いに答えなさい。

【(5)は5点，ほかは2点×4】

(1) 地図中のA〜Cのうち，赤道を選び記号で答えなさい。

〔　　　　〕

(2) 地図中のXの国で公用語として用いられている言語を答えなさい。〔　　　　〕

(3) 地図中のXの国と右下のグラフのXの国は同じ国です。グラフの農作物を次のア〜エから1つ選び，記号で答えなさい。〔　　　　〕

ア さとうきび　　　**イ** コーヒー豆

ウ とうもろこし　　**エ** 小麦

(4) 地図中のあ〜うのうち，熱帯雨林の減少が進んでいる地域を1つ選び，記号で答えなさい。〔　　　　〕

思考 (5) 熱帯雨林を保護するために行われている具体的な対策を一つ答えなさい。

〔

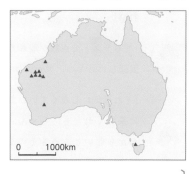

X 34.5%	ベトナム 15.7	コロンビア	その他

インドネシア 7.0 ┘└ **7.0** └ **ホンジュラス4.7**

(2018年)　　　　　　　　　(2020/21年版「世界国勢図会」)

〕

---

6 オセアニア州について，次の各問いに答えなさい。

【(2)は5点，ほかは2点×2】

(1) オーストラリアは鉱産資源が豊富です。地図中の▲はある鉱産資源の分布を示しており，日本もこの資源をオーストラリアから輸入しています。あてはまる鉱産資源を次のア〜エから1つ選び，記号で答えなさい。〔　　　　〕

ア 鉄鉱石　**イ** ボーキサイト　**ウ** 金　**エ** 石炭

(2) 多様な人々が暮らすオーストラリアやニュージーランドでは，多文化社会を実現するための取り組みを進めています。その例を一つ答えなさい。〔

(3) 右のグラフは，2018年のオーストラリアの貿易相手国です。Aにあてはまる国を次のア〜エから1つ選び，記号で答えなさい。〔　　　　〕

ア 中国　**イ** イギリス　**ウ** タイ　**エ** アメリカ

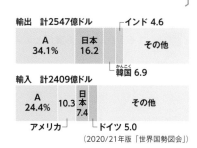

輸出　計2547億ドル ┌**インド 4.6**

A 34.1%	日本 16.2		その他

└ **韓国 6.9**

輸入　計2409億ドル

A 24.4%	10.3	日本 7.4	その他

└ **アメリカ** └ **ドイツ 5.0**

(2020/21年版「世界国勢図会」)

中学生のための
勉強・学校生活アドバイス

苦手な教科こそ先生に質問しよう！

「オレ，社会以外にも苦手な教科があって，何かいい方法はないですか？」

「まずは，**どこからつまずいたか確認したほうがいいわね**。その教科の問題集を買って，一通り復習した方がいいんじゃないかな。薄めの問題集で，要点もコンパクトにまとまっているものがいいと思うよ」

「ほかにも何かやったほうがいいことはありますか？」

「**苦手な教科こそ先生に頼ったほうがいいよ。** 授業の後にいろいろ質問に行くといいわね」

「でもテストで点数が取れてないと，先生に質問しに行くの，気が引けるんですよね…」

「それは気にしなくていいよ。先生は質問しに来てくれたら，ちゃんと答えるからね。わからないところをそのままにしないで，すぐに質問して解決すれば，少しずつ得意になっていくんじゃないかな？」

「そうか。じゃあ質問してみようかな…」

「ただ，質問しに行くなら何がわからないかは，はっきりさせないとね。『何もわかりません。でも教えてください』だと，先生も困っちゃうから」

「そりゃそうですよね」

「先生に質問に行くのはほかにも利点があるよ。熱心に質問に来る生徒のことは，先生もその生徒を気にかけてくれて，熱心に教えてもらえることもあると思うの」

「そうね，一生懸命勉強している姿が見られると先生も頑張りたくなるわ」

「そっか。苦手な教科こそ先生に頼るのが正解なんですね」

1 調査テーマの決定と調査の方法

教科書の要点

1 調査テーマを決める
◎ 調査の準備…地域の様子を観察して情報を集める
◎ **仮説**を立てる…調査テーマに対する予想を立てる

2 調査方法を考える
◎ **調査項目**の決定…調査で確かめたいことを書き出す
◎ **野外調査**…**野外観察**，聞き取り調査など
◎ **野外観察**の準備…**ルートマップ**の作成

1 調査テーマを決める

　身近な地域を観察してから，何を調べるか，調査テーマを決めよう。テーマが決まったら，調べる方法を考えよう。

(1) 調査の準備

❶情報を集める…写真や地形図を見たり，学校の通学路や高い場所から地域を観察したりする。

❷情報を整理する…集めた情報を視点ごとに整理して，興味や関心をもったことや疑問点をカードに書き出す■。

❸**調査テーマ**の決定…疑問点を組み合わせて調査テーマを決める。

(2) **仮説**を立てる…決定した調査テーマに対して，これまでの経験や知識，学習したことを基に，自分なりの根拠を入れた予想をする。

・仮説の表現…「〜だから〜だろう」。

視点❶自然・環境

(例) まちを流れる川に注目，洪水などの対策はどうか

視点❷人口・都市や村落

(例) 新しいマンションの増加で若い世代の流入はどうか

視点❸産業（農業・工業）

(例) まちの中にある工場では何がつくられているのか

視点❹産業（商業）

(例) 昔からの商店街とショッピングセンターの比較

視点❺交通（鉄道や道路）

(例) 駅の1日の利用客はどのくらいか

視点❻石碑や記念碑（歴史）

(例) 石碑に書かれている内容からまちの歴史を考える

■ さまざまな視点と気づき，疑問点

調査テーマを決める → 仮説を立てる → 調査計画を立てる → 調査する → 考察してまとめる → 調査結果を発表する

2 地域調査の流れ

2　調査方法を考える

　地域調査の流れ**2**をつかみ，効果的な調査方法を考える。

（1）調査計画書の作成…調査テーマ，調査で確かめたいこと（**調査項目**），**調査方法**をまとめた調査計画書をつくる**3**。

（2）調査方法

重要

❶ **野外観察**…**フィールドワーク**ともいう。実際に現地の様子を観察することで，仮説を検証する。

・持ち物…調べたことをメモするための筆記用具，写真や動画を撮影するためのタブレット端末など**4**。

・**ルートマップ**…あらかじめ調べる場所や順序を書き込んだ地図を用意する**5**。

❷ **聞き取り調査**…調査テーマについて，詳しく知っている人を訪ねて，話をうかがう。

・準備…事前に連絡をして，聞きたい内容や質問を聞き取り調査票に整理しておく。

【調査計画書】
◆調査テーマ　　安全なまちづくり
◆調査で確かめたいこと
　1．まちの安全施設を確かめる
　2．水害に関するこれまでの歴史
◆調査方法
　1．野外観察　2．聞き取り調査
　3．文献調査

3 調査計画書の例

記録用のノート（フィールドノート）
方位磁針
地図（ルートマップ）
筆記用具
カメラ
タブレット端末

4 野外観察で必要な持ち物

かつての防潮堤の碑を写真撮影，資料を読み取る
東尾久（七）
都立大
中学校
住宅地の様子を観察
交番で聞き取り調査
東尾久（六）
通りを観察写真撮影
区
町屋（五）
町屋
町屋四
千住
熊野前

（国土地理院　地理院地図）

5 「地理院地図」を利用したルートマップの例（荒川区，町屋周辺, 2020年12月閲覧）

Column 地理院地図を使おう！

　国土地理院は，「**地理院地図（電子国土Web）**」というウェブサイトにデジタル地図を公開している。日本全体から建物がわかる程度の大きさまで，自由に縮尺を変えたり，白地図や地表を撮影した**空中写真（航空写真）**に画面を切り替えることもできる。

⬆**5** の図と同じ地区の空中写真

2 地図の使い方

> ## 教科書の要点
>
> **1 地形図と縮尺** ◎ 実際の距離…**地図上の長さ×縮尺の分母**で求める
>
> **2 等高線と地図記号** ◎ **等高線**…間隔が狭いところは傾斜が急, 広いところは緩やか
>
> ◎ **地図記号**…土地利用や建物・施設を記号で表したもの

1 地形図と縮尺

地形図は, 土地の起伏や土地の使われ方を一定のきまりに従って表したものである。

(1) **地形図**…国土交通省の**国土地理院**が発行している。2万5千分の1や5万分の1地形図がある。

(2) 方位…とくにことわりがない場合, **上が北**を示す■。

(3) **縮尺**…**実際の距離を縮めた割合**。縮尺の違いによって表現される地域の情報が異なる②。

【重要】

・**実際の距離の求め方**…**地図上の長さ×縮尺の分母**

例 2万5千分の1地形図上で2cmの実際の距離は,

2 (cm) × 25000 = 50000 (cm) = 500 (m) となる。

■ 16方位
北・南・東・西に北東や南東を加えた8方位, さらにその間を示す16方位がある。

縮尺の分母が小さいほど, 縮尺が大きいというんだよ。

20万分の1地勢図

5万分の1の範囲

(2005年発行「広島」)

5万分の1地形図

2万5千分の1の範囲

(2008年発行「広島」)

2万5千分の1地形図

(2019年発行「広島」)

② 縮尺による違い 縮尺が大きい地図ほど建物や施設などの情報を詳しく表すことができる。

2 等高線と地図記号

地形図中の等高線の間隔などによって，土地の起伏が読み取れる。また，地図記号によって，建物・施設の位置や土地がどのように利用されているのかなどを知ることができる。

(1) **等高線**…海面からの高さ（標高）が同じところを結んだ線。**❸**の表に示した種類がある。

❶土地の高さ…等高線の本数や，等高線上にある数字によって，その場所の標高をつかむことができる。

重要

❷土地の傾斜❹…等高線の**間隔が狭いところほど傾斜は急，間隔が広いところほど傾斜は緩やか。**

・断面図…等高線と同じ標高の地点を結ぶことで，土地の傾斜がわかる断面図を描くことができる。

❸尾根と谷…山頂からふもとに向かって等高線が張り出しているところが**尾根**，くい込んだところが**谷❺**。

(2) **地図記号❻**…土地利用，建物・施設，道路・鉄道・境界などをわかりやすい記号で示したもの。関連のあるものを図案化した記号が多い。

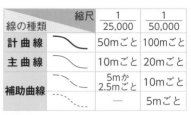

縮尺 線の種類		$\frac{1}{25,000}$	$\frac{1}{50,000}$
計曲線		50mごと	100mごと
主曲線		10mごと	20mごと
補助曲線		5mか 2.5mごと	10mごと
		―	5mごと

❸ 等高線の種類と間隔

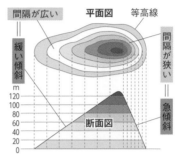
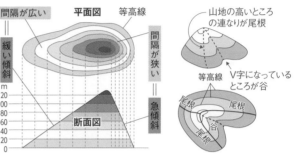

❹ 等高線と土地の傾斜

❺ 尾根と谷

発展 自然災害伝承碑

2019年に新しく追加された地図記号。過去に起きた津波や洪水などの自然災害の情報を伝える石碑やモニュメントを表す。

（電子地形図25000）

↑自然災害伝承碑がある地形図（名古屋市）

土地利用	‖‖	田
	∨	畑
	○○	果樹園
	Υ Υ	くわ畑
	∴	茶畑
	Q Q	広葉樹林
	△ △	針葉樹林
	↑↑	竹林
	↑	笹地
	⊥⊥	荒地

建物・施設	◎	市役所 東京都の区役所
	○	町・村役場 （指定都市の区役所）
	�♂	官公署
	⊗	警察署
	Y	消防署
	⊕	郵便局
	☼	発電所・変電所
	文	小・中学校
	⊗	高等学校

	⊞	病院
	卄	神社
	卍	寺院
	⊔	城跡
	△	三角点
	▣	水準点
	⛫	図書館
	血	博物館・ 美術館
	介	老人ホーム
	✹	風車

道路・鉄道・境界	═══	2車線道路
	────	軽車道
	------	徒歩道
	▬(4)▬	国道および路線番号
	▬•▬•▬	有料道路および料金所
	┼┼┼	普通鉄道
	◇─◇─◇	都・府・県界
	◆─◆─◆	北海道の振興局界
	◇─◇─◇	郡・市界，東京都の区界
	─・─・─	町・村界，指定都市の区界

単線　駅　複線以上
（JR線）　　普通鉄道

❻ 主な地図記号

技能 Column

地形図を読み取ろう

① 地図記号を読み取り，まちの様子をつかもう！

　道路，鉄道に沿ってどのような建物・施設（しせつ）が地図記号で表されているか確認してみよう。地形図中にある風景を撮影（さつえい）した写真を見て，どの地点から撮影したものか見つけてみよう。

市役所や駅など，まちの中心となるポイントに着目してみよう！

長野県松本市付近の2万5千分の1地形図

神社

図書館

市の中心部に城跡（しろあと）があり，城下町として発展したことがわかる。

測量を行うときの位置と高さの基準である三角点。

裁判所

A

B

小・中学校

松本城公園

消防署

市役所

寺院

松本駅の北東に松本城がある。

郵便局

・地形図上で6cmの長さの実際の距離は？
6（cm）× 25000 = 150000（cm）= 1500（m）

博物館・美術館

松本駅

C

（電子地形図25000）

地形図中のいくつかの地点の風景

A　旧開智学校（きゅうかいちがっこう）

B　市役所の展望台（てんぼうだい）からみた松本城

C　西松本駅（にしまつもと）周辺の川の様子

（3点ともピクスタ）

② 新旧の地形図を比較してみよう！

　国土地理院のウェブサイトからは，明治時代以降，これまで作成されてきた地形図を購入することができる。同じ地域の新旧の地形図を比べることで，市街地の形成や土地利用の変化などが読み取れる。

1957年の東京都町田市付近

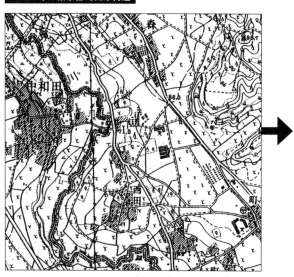

（2万5千分の1地形図「原町田」）

2020年の東京都町田市付近

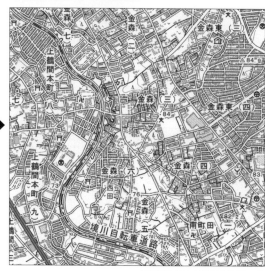

（2万5千分の1地形図「原町田」）

❶　1957年の地形図では，Ｙの地図記号（くわ畑）が多くみられるので，この地域では，養蚕のためのくわの栽培がさかんであったことがわかる。

❷　2020年の地形図では，くわ畑はみられなくなり，宅地に開発されたことがわかる。

❸　曲がりくねっていた境川は，現在は改修され，川に沿って境川自転車道路がつくられている。

---

③ 等高線から地形の特色をつかむ

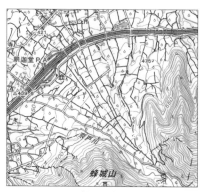

　「2章　日本の地域的特色」では，川がつくるさまざまな平地について学習する（→p.174）。

　右の地形図からは，等高線がほぼ等間隔で広がっている，扇形の地形の様子が読み取れる。これは，扇状地と呼ばれる地形である。

　その中には，◯（果樹園）の地図記号が多くみられる点にも注目しよう。

（2万5千分の1地形図「石和」）

3 調査の探究と結果の発表

1 調査を深めて 結果を発表する

◎ **文献調査**…統計資料などを使って詳しい情報を集める

◎ 資料の整理と**分析・考察**…調査結果をグラフや地図にまとめて, 比較したり変化を読み取ったりして, 考えをさらに深める

◎ **結果の発表**…レポート, 壁新聞, プレゼンテーションソフトなど を使ってまとめる。発表のあとに意見交換を行う

1 調査を深めて結果を発表する

　野外観察(野外調査)や聞き取り調査を行ったあとは, さらに 文献調査をし, 情報を整理・分析・考察して, 結果を発表する。

(1) **文献調査**…野外観察(野外調査)や聞き取り調査でわから なかった具体的な数値などを調べるために, 市役所や関係す る機関の統計資料■を集めたり, 公開されているウェブサイト 各省庁や市役所, 企業など← から最新のデータを入手し, さらに情報を集める。 かたよったり誤ったりした情報でないかに注意←

(2) 資料の整理

　❶**分析**…集めた統計資料を地図やグラフに加工し■, 変化や 分布を表して, ほかの資料と組み合わせたり, 比較したり するなど関連づけて特徴をとらえる。

　❷**考察**…仮説が正しかったのか, 地理的な見方や考え方で, 振り返って考える。

(3) 調査結果の発表

　❶**まとめ方**…レポートや壁新聞を作成したり, プレゼンテー ションソフトを使って口頭発表を行ったりする。

　❷**発表会での注意点**…聞き手にわかりやすく伝える工夫をす る。ほかの人の発表では, 感想などをメモする。

　❸**意見交換**…意見を出し合うことで, 身近な地域の特色をさ らに深めて考えることができる。

知りたい資料	主な入手先
地域の人口の変化, 年代別人口など	市役所や 図書館など
農業に関する資料	農業協同組合
商業・工業の販売額 や生産額, 労働者数 など	商工会議所
観光案内, 観光客数	観光協会, 図書館など
郷土の歴史	図書館, 博物館など

■ 資料の入手先

棒グラフ　　折れ線グラフ

数量を比べたり, 数量の変化をみる
例地域の人口の移り変わり

円グラフ　　　　　帯グラフ

割合を示したり, 割合を比べる
例市の工業生産額の内訳

■ グラフの活用方法

1 調査テーマの決定と方法 ～ 3 調査の探究と結果の発表

□(1) 身近な地域の調査テーマが決まったら，「～だから～だろう」と〔　　　〕を立てて，自分なりの根拠を入れた調査結果の予想をする。

(1) 仮説

□(2) 身近な地域の調査方法として，フィールドワークと呼ばれる〔　　　〕がある。

(2) 野外観察

□(3) (2)の調査の持ち物として，あらかじめ調べる場所や移動する順序を書きこんだ〔　　　〕と呼ばれる地図を準備する。

(3) ルートマップ

□(4) 身近な地域の調査方法として，調査テーマについて詳しく知っている人を訪ねて，話をうかがう〔　　　〕調査もある。

(4) 聞き取り

□(5) 2万5千分の1地形図や5万分の1地形図などは，国土交通省の〔　　　〕が発行している。

(5) 国土地理院

□(6) 実際の距離を地図上に縮めた割合を〔　　　〕という。

(6) 縮尺

□(7) 地図では，とくにことわりがない場合，上が〔　　　〕の方位を示している。

(7) 北

□(8) 2万5千分1の地形図上で，地図上の長さが5cmの実際の距離は，地図上の長さ×(6)の分母で求めると〔　　　〕mになる。

(8) 1250

□(9) 等高線の中でも太い線の計曲線は，2万5千分の1地形図では標高〔　20　50　〕mごとに引かれている。

(9) 50

□(10) 等高線の間隔が広いところほど，傾斜は〔　急　緩やか　〕である。

(10) 緩やか

□(11) 土地利用の地図記号で，Ⅱは〔　　　〕を表している。

(11) 田

□(12) 土地利用の地図記号で，○は〔　　　〕を表している。

(12) 果樹園

□(13) 建物・施設の地図記号で，📖は〔　　　〕を表している。

(13) 図書館

□(14) 建物・施設の地図記号で，🏠は〔　　　〕を表している。

(14) 老人ホーム

□(15) 具体的な数値がわかる統計資料や，産業や歴史の様子がわかる本などを集めて調査する方法を〔　　　〕という。

(15) 文献調査

時間 ▶ 50分
解答 ▶ p.314

得点

／100

---

1 身近な地域の調査について，次の各問いに答えなさい。 【4点×8】

(1) 次の①～③にあてはまる調査方法を，あとの**ア～ウ**から1つずつ選び，記号で答えなさい。

① 地域の昔の農業の様子について詳しい人を訪ねた。 〔　　　　〕

② 市のウェブサイトから農業に関する最新の統計資料をダウンロードした。 〔　　　　〕

③ ルートマップやタブレット端末を持ってフィールドワークを行った。 〔　　　　〕

ア 文献調査　　**イ** 野外観察　　**ウ** 聞き取り調査

(2) 右のような統計資料をグラフに表す場合，どのようなグラフが適していますか。次の**ア～エ**から2つ選び，記号で答えなさい。

〔　　　　〕〔　　　　〕

ア 帯グラフ　　**イ** 折れ線グラフ

ウ 円グラフ　　**エ** 棒グラフ

(3) 次の【　　】は，身近な地域の調査の流れを示しています。①～③にあてはまる語句を，あとの**ア～エ**から1つずつ選び，記号で答えなさい。

①〔　　　〕②〔　　　〕③〔　　　〕

【調査（　①　）の決定→（　②　）を立てる→調査する→調査の分析・（　③　）→発表】

ア 考察　**イ** 疑問　**ウ** 仮説　**エ** テーマ

ある市の人口の変化

年	人口（人）
1970	66000
1980	87000
1990	102000
2000	116000
2010	122500
2020	119000

---

2 右の図をみて，次の各問いに答えなさい。 【4点×2】

(1) 右の図は5万分の1の縮尺で描かれたものです。等高線は標高何mごとに引かれていますか。

〔　　　　〕

(2) 右の図中の**A──B**のおよその断面図として適切なものを，次の**ア～ウ**から1つ選び，記号で答えなさい。

〔　　　　〕

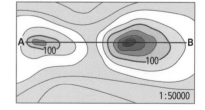

ア

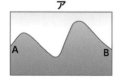

イ

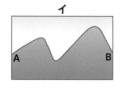

ウ

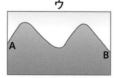

3 右の２万５千分の１地形図をみて，次の各問いに答えなさい。 【4点×4】

(1) 地形図中の「大森山」の山頂は，約何ｍですか。

〔　　　　　　〕

(2) 地形図中の**A**と**B**の斜面のうち，傾斜が急なのは
どちらですか。

〔　　　　　　〕

(3) 地形図中に多くみられる土地利用として適切なも
のを，次の**ア**～**オ**から２つ選び，記号で答えなさい。

〔　　　　〕〔　　　　〕

ア　田　　　　イ　広葉樹林　　　ウ　茶畑

エ　果樹園　　オ　くわ畑

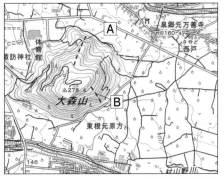

（電子地形図25000）

4 右の２万５千分の１地形図をみて，次の各問いに答えなさい。 【4点×6】

思考 (1) 上の写真の塔を撮影した
地点を地形図中の**A**～**C**か
ら１つ選び，記号で答えな
さい。

〔　　　　〕

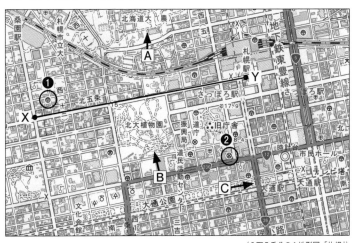

（２万５千分の１地形図「札幌」）

(2) 地形図中の**❶・❷**の地図記号は何を表していますか。次の**ア**～**オ**から１つずつ選び，記号で答
えなさい。 **❶**〔　　　　〕 **❷**〔　　　　〕

ア　図書館　　　イ　郵便局　　　ウ　消防署　　　エ　警察署　　　オ　病院

(3) 次の①・②からみた方位を８方位で答えなさい。

①　市役所からみた「桑園駅」 〔　　　　　　〕

②　JR「札幌駅」からみた「文化会館」 〔　　　　　　〕

(4) 地形図中の**X**——**Y**間の長さは，地形図上で６cmです。実際の距離は何ｍですか。

〔　　　　　　〕

5 みさとさんは，同じ地域の新旧2枚の2万5千分の1地形図を基（もと）にして身近な地域の調査を行いました。これをみて，次の各問いに答えなさい。 【5点×4】

1972年（昭和47年）	2018年（平成30年）

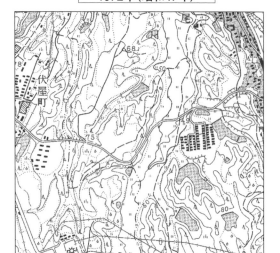

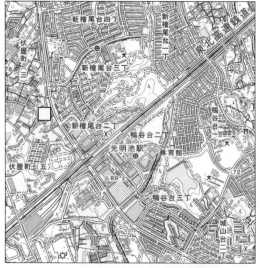

（2万5千分の1地形図「岸和田東部」）　　　　　　　　　（2万5千分の1地形図「岸和田東部」）

(1) 2018年の地形図中の□には，老人ホームの地図記号が描（えが）かれています。この地図記号を，次のア～エから1つ選び，記号で答えなさい。 〔　　　〕

ア　イ　ウ　エ

(2) 2枚の新旧の地形図を比較し，この地域の変化を述べた文として適切なものを，次のア～エから1つ選（えら）び，記号で答えなさい。 〔　　　〕

ア　荒れ地を切りひらいて，田や畑がつくられた。

イ　池が埋め立てられて，工場が集まる団地が造成された。

ウ　丘陵（きゅうりょう）を削（けず）り，鉄道や道路の周辺に住宅団地が造成された。

エ　古い市街地はなくなり，そこから離（はな）れた地域に，新しい市街地が広がった。

(3) みさとさんが行った地域調査の方法として適切でないものを，次のア～エから2つ選び，記号で答えなさい。 〔　　　〕〔　　　〕

ア　駅での乗降客が多い時間帯を調べるため，駅員に聞き取り調査を行った。

イ　現在，どのような世代の人々が暮らしているか，地域に残る石碑（せきひ）を調べた。

ウ　地形図で読み取れない地形の様子を調べるため，地形図と同じ範囲（はんい）の航空写真を集めた。

エ　市内にある商業施設（しせつ）を調べるため，農協に問い合わせてパンフレットを取り寄せた。

2章

日本の地域的特色

日本の地形①

教科書の要点

1 世界の地形　◎**造山帯（変動帯）**…地震や火山など，大地の動きが活発な地域
◎二つの造山帯…**環太平洋造山帯**と**アルプス・ヒマラヤ造山帯**

2 日本の山地　◎**日本アルプス**…本州の中央部にあり，東側に**フォッサマグナ**

3 日本の川　◎特色…世界の川と比べて**傾斜が急**，**流域面積が狭い**

1　世界の地形

　地球上には，地震や火山活動などの大地の動きが活発な地域
があり，陸地には**山地**や**山脈**，海には島々がみられる。
(1) **造山帯(変動帯)** ❶…地震の震源，火山が連なる地域。

> ⚠重要
>
> ❶**環太平洋造山帯**…太平洋を取り囲むように連なる。ア
> ンデス山脈，ロッキー山脈，**日本列島**，フィリピン諸島，
> ニュージーランドなど。
> ❷**アルプス・ヒマラヤ造山帯**…ヨーロッパの**アルプス
> 山脈**周辺からアジアの**ヒマラヤ山脈**を通り，インドネシ
> アの島々へ続く。

❸特色…火山活動が活発で，大規
　模な地震がよく起こる。
(2) 安定した地域
❶安定大陸…大陸の大部分は地盤
　が安定し，地震や火山活動が少
　ない。
❷特色…風化や侵食の影響で平地
　　　┗岩石が雨風で削りとられていくこと
　や低い山地が広がる。

くわしく　造山帯と変動帯

・**造山帯**…山地や山脈が形成される地帯。
・**変動帯**…地殻変動が起こる地帯。

発展　プレート

　地球の表面は，プレートと呼ばれる十
数枚に分かれた厚い岩盤におおわれてい
る。プレートはゆっくりと動いており，
プレートどうしがぶつかり合ったり，ず
れ動いたりする。

――主な山地・山脈　――プレートの境界
❶**2つの造山帯と主な山脈**　造山帯では地震や火山活動が活発

172

2 日本の山地

日本列島は，環太平洋造山帯に含まれ，弓なりの形の背骨をなすように山地・山脈が連なっている。

(1) 日本の山地・山脈の特色 …日本は山がちな国で，陸地の約4分の3が山地・丘陵地である。

重要

❶**日本アルプス**…本州の中央部にある**飛騨山脈・木曽山脈・赤石山脈**からなる標高3000m前後の険しい山々。

❷**フォッサマグナ**📖…これを境に，日本列島の東西の地形の特徴が異なる。

・東側…山地・山脈がほぼ南北の方向に並ぶ。奥羽山脈。

・西側…山地・山脈がほぼ東西の方向に並ぶ。中国山地。

(2) 活発な火山…日本には火山も多く，噴火活動も活発。観光資源として重要。一方で，噴火による被害も発生。
→九州の桜島（御岳）など
→温泉や国立公園など

①北見山地	⑧木曽山脈
②日高山脈	⑨赤石山脈
③奥羽山脈	⑩紀伊山地
④出羽山地	⑪中国山地
⑤越後山脈	⑫四国山地
⑥関東山地	⑬九州山地
⑦飛騨山脈	

日本アルプス
フォッサマグナ

2 主な山地・山脈

用語解説 フォッサマグナ

日本アルプスの東側にのびる溝状の地形。ラテン語で「大きな溝」という意味。日本列島ができるときに陥没した場所。西端は，ほぼ新潟県糸魚川市から静岡県静岡市を結ぶ線（糸魚川・静岡構造線）だが，東端ははっきりしない。

3 日本の川

日本の川は，大陸の大きな川に比べて，短くて急流である。また，流域面積が狭く，水量の変化が大きい。

(1) 日本の川の特色 **3**

❶**長さが短く，流域面積が狭い**…国土が狭く，山地から流れ出した川がすぐ海に流れ出てしまう。

❷**流れが急**…標高の高い山地から河口までの距離が短く，傾斜も急なので，川の流れが速い。

❸**水量の変化が大きい**…春先の雪解け，梅雨や台風などの季節による変化が大きい。近年は短時間に大量の雨が降ることなどによって，川が増水し，洪水が起こりやすい⇨上流にダムをつくり，水量を調整。
→p.261, ゲリラ豪雨

(2) 川の利用…農業用水，工業用水，生活用水として利用される。上流にダムをつくり，水力発電にも利用。

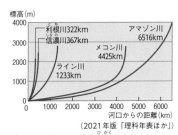

3 日本と世界の川の比較

利根川322km
信濃川367km
アマゾン川6516km
メコン川4425km
ライン川1233km

（2021年版「理科年表ほか」）

くわしく 流域面積

河川に対して，雨水や雪解け水が流れ込んでくる土地の面積のこと。流域面積が世界一の河川は，南アメリカ大陸のアマゾン川。流域面積が日本一の河川は，利根川である。

2 日本の地形②

1 日本の平地

　平地の大部分は，土砂が積もってできたものである。

（1）日本の平地の特色**1**…面積は国土の約4分の1だが，日本の人口の大部分が集中している地域である。

（2）さまざまな平地**2**…平野，盆地，**台地**など。
　　　　　　　　　　　　　　→一段高い平たんな場所

> **重要**
>
> ❶**扇状地3**…川が山地から平地に流れ出たところにできる**扇形の緩やかな傾斜地**。果樹園に利用。
>
> ❷**三角州4**…海や湖に川が流れ出たところにできる**三角形に似た低く平らな土地**。水田に利用，都市も発達。

① 十勝平野
② 石狩平野
③ 仙台平野
④ 庄内平野
⑤ 関東平野
⑥ 越後平野
⑦ 富山平野
⑧ 濃尾平野
⑨ 大阪平野
⑩ 讃岐平野
⑪ 筑紫平野
⑫ 宮崎平野

1 主な川と平野

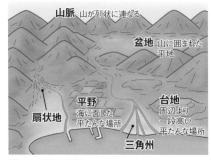

2 さまざまな地形

（Cynet Photo）

3 扇状地（山梨県甲州市，笛吹市）

（Cynet Photo）

4 三角州（広島県広島市）

2 日本の海岸

地形が複雑で海岸線が長く，変化に富んでいる。

(1) **岩石海岸**…岩場が海に面し，切り立った崖が続く海岸。

(2) **砂浜海岸⑤**…海流などで運ばれた砂がたまってできた海岸。日本海側に多く，**砂丘**が発達しているところもある。
→鳥取砂丘など

重要 (3) **リアス海岸⑥**…入り江と岬が入り組んだ海岸地形。**三陸海岸南部**，**志摩半島**，**若狭湾**沿岸などにみられる。

(4) **さんご礁**に囲まれた海岸…**南西諸島**にみられる（→p.224）。

(5) **人工海岸**…干拓や埋め立てでできた海岸。直線状の海岸線。

⑤ 砂浜海岸（九十九里浜） （ピクスタ）

⑥ リアス海岸（三陸海岸） （フォト・オリジナル）

3 日本を取りまく海

日本は海に囲まれた島国（海洋国）で，近海の海底には大陸棚が広がり，暖流と寒流が流れている。

(1) 海底地形

❶ **大陸棚**…陸地周辺の深さが約200mまでの平たんな海底地形。日本海の南部から東シナ海にかけて広がる。

❷ **海溝⑦**…深さが数千mの深いみぞ状の海底地形。伊豆諸島，小笠原諸島の東側の海底にみられる。

(2) **日本周辺の海流⑦**…北上する暖流と，南下する寒流。

❶ **太平洋側**…三陸海岸沖は，暖流の**黒潮（日本海流）**と寒流の**親潮（千島海流）**がぶつかる**潮境（潮目）**があり，世界有数の漁場となっている。
→魚のえさとなるプランクトンが豊富で多くの魚が集まる

❷ **日本海側**…暖流の**対馬海流**と寒流の**リマン海流**。

用語解説 リアス海岸

「リアス」とは，スペイン語で「入り江」を意味する「ria」に由来する。山地が海に沈み，その谷に海水が入り込んで形成された，切り込みの深い湾と岬が連続する複雑な海岸地形。湾内は波がおだやかで，天然の良港が多く，養殖業に利用される。

変化に富んだ海岸は，景色が美しくて観光地になっているよ。

参考 干拓と埋め立て

・**干拓**…海や湖の一部をしめきり，内部の水を排水して陸地にすること。九州地方の有明海など。

・**埋め立て**…ほかの場所から運んできた土砂を埋めて陸地をつくること。工業用地や住宅地に利用。

⑦ 日本近海の海流と海溝

2章／日本の地域的特色

見る
Column

日本の国土

日本の高い山ベスト3

順位	山 名	高さ(m)	都道府県
1	富士山	3,776	山梨・静岡
2	北岳	3,193	山梨
3	奥穂高岳	3,190	長野・岐阜
3	間ノ岳	3,190	山梨・静岡

世界の高い山ベスト3

順位	山 名	高さ(m)	所在地
1	エベレスト(チョモランマ)	8,848	ヒマラヤ山脈
2	K2(ゴッドウィンオースティン)	8,611	カラコルム山脈
3	カンチェンジュンガ	8,586	ヒマラヤ山脈

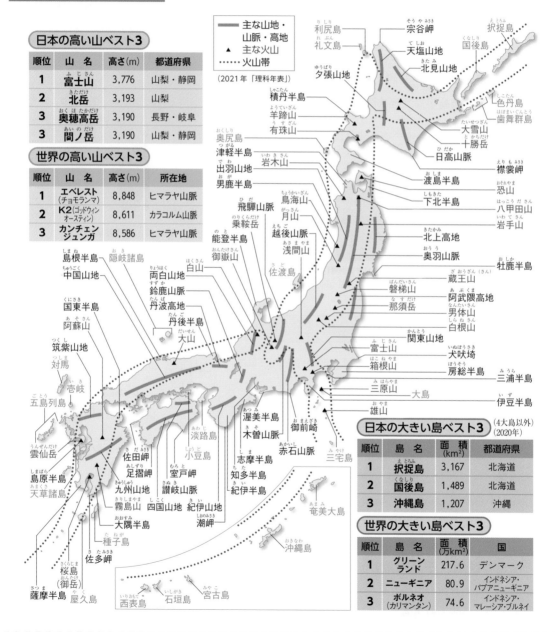

主な山地・山脈・高地
▲ 主な火山
火山帯

(2021年「理科年表」)

日本の大きい島ベスト3

(4大島以外)(2020年)

順位	島 名	面積(km²)	都道府県
1	択捉島	3,167	北海道
2	国後島	1,489	北海道
3	沖縄島	1,207	沖縄

世界の大きい島ベスト3

順位	島 名	面積(万km²)	国
1	グリーンランド	217.6	デンマーク
2	ニューギニア	80.9	インドネシア・パプアニューギニア
3	ボルネオ(カリマンタン)	74.6	インドネシア・マレーシア・ブルネイ

日本には，国土の約4分の3を占める山地と，そこから流れ出るたくさんの川がある。川の流域には，平野や盆地が広がっている。日本の主な山地・山脈，平野・盆地と川などをまとめて整理しよう。また，世界の地形と比較して，日本の地形の特色をつかもう。

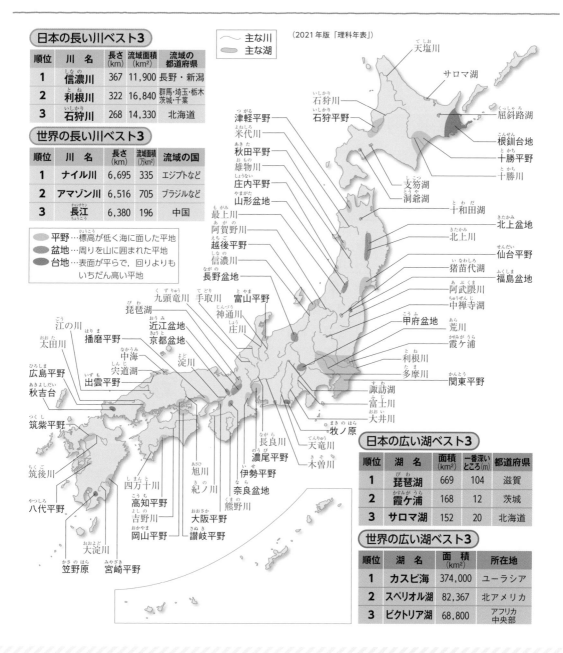

日本の長い川ベスト3

順位	川 名	長さ(km)	流域面積(km²)	流域の都道府県
1	信濃川	367	11,900	長野・新潟
2	利根川	322	16,840	群馬・埼玉・栃木茨城・千葉
3	石狩川	268	14,330	北海道

世界の長い川ベスト3

順位	川 名	長さ(km)	流域面積(万km²)	流域の国
1	ナイル川	6,695	335	エジプトなど
2	アマゾン川	6,516	705	ブラジルなど
3	長江	6,380	196	中国

- 平野…標高が低く海に面した平地
- 盆地…周りを山に囲まれた平地
- 台地…表面が平らで，回りよりもいちだん高い平地

主な川
主な湖

(2021年版「理科年表」)

日本の広い湖ベスト3

順位	湖 名	面積(km²)	一番深いところ(m)	都道府県
1	琵琶湖	669	104	滋賀
2	霞ケ浦	168	12	茨城
3	サロマ湖	152	20	北海道

世界の広い湖ベスト3

順位	湖 名	面 積(km²)	所在地
1	カスピ海	374,000	ユーラシア
2	スペリオル湖	82,367	北アメリカ
3	ビクトリア湖	68,800	アフリカ中央部

3 日本の気候

教科書の要点

1 温帯の気候 ◎三つの気候区…地中海性気候，西岸海洋性気候，温暖湿潤気候

2 日本の気候の特色 ◎**季節風（モンスーン）**…季節によって風向きが変わる風

◎特色…**梅雨**や台風などによる降水量が多い

3 日本の気候区分 ◎区分…太平洋側は南東，日本海側は**北西**の季節風の影響を受ける。北海道は冷帯（亜寒帯），南西諸島は亜熱帯の気候

---

1 温帯の気候

温帯は，三つの気候区に区分される。

(1) 地中海性気候…夏は乾燥して，冬は比較的降水量が多い。

(2) 西岸海洋性気候…大陸西岸に分布。**偏西風**と暖流の影響
→西よりの風
で，高緯度のわりに冬は暖かく，降水量も安定している。

(3) 温暖湿潤気候…大陸東岸に分布。一年間の気温や降水量の変化が大きい。日本の大部分が属している。

世界の温帯の地域の暮らしの様子は，68ページにあるよ。

2 日本の気候の特色

日本は大部分が温帯の気候で，**四季**の変化がはっきりしている。また，季節風（モンスーン）の影響を強く受ける。

重要

(1) **季節風（モンスーン）**■…夏と冬で向きが変わる風。

❶夏…太平洋上から暖かく湿った風が吹き，太平洋側に雨を降らせる。

❷冬…シベリアから冷たく乾いた風が吹き，暖流が流れる
→対馬海流
日本海で水蒸気を含み，日本海側に雪を降らせる。

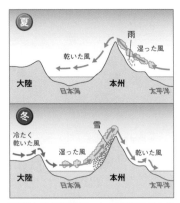

■ **夏と冬の季節風** 冬の季節風が山地を越えると，太平洋側に乾燥した風が吹きつける。

(2) 降水量の多い気候…日本は，梅雨，台風，雪などの影響を
受けて，世界の中でも降水量の多い地域である。

❶梅雨…主に6月から7月にかけて長雨が続く現象。

❷台風…夏から秋にかけて，赤道付近で発生する熱帯低気圧
が発達したもの。日本に接近，上陸し，風水害をもたらす。

くわしく **梅 雨**

　夏のはじめ，北の冷たい気団（オホー
ツク海高気圧）と，南の暖かい気団（小
笠原高気圧）が，日本列島の上空でぶつ
かり合って日本列島の南岸に梅雨前線が
停滞し，雨の日が続く現象。

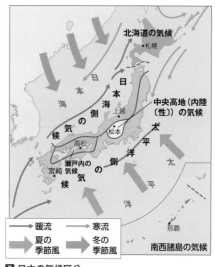

2 日本の気候区分

3 日本の気候区分

　日本列島は南北に長く，季節風（モンスーン）の影響を受け
るので，地域によって気候が大きく異なっている❷❸。

(1) **北海道の気候**…冷帯（亜寒帯）に属する。夏も冷涼で，と
くに冬の寒さが厳しい。梅雨はみられない。

(2) **日本海側の気候**…冬は北西の季節風の影響で，雪やくも
りの日が多い。北陸や東北地方の日本海側は多くの雪が降る。

(3) **太平洋側の気候**

❶**夏**…**南東の季節風**の影響で，雨が多く，蒸し暑い。

❷**冬**…北西の季節風が山地を越え，乾いた晴天の日が続く。

(4) **中央高地（内陸〔性〕）の気候**…夏，冬とも季節風が山地
にさえぎられるので，年間の降水量が少ない。冬と夏の気温
差，昼と夜の気温差が大きい。

(5) **瀬戸内の気候**…季節風が，中国山地と四国山地にさえぎ
られるので，年間の降水量が少ない。一年を通して温暖。

(6) **南西諸島の気候**…亜熱帯の気候。一年を通して雨が多く，
　　　　　　　　　　┗→熱帯に近い気候
冬でも温暖。

テストで注意 **中央高地と瀬戸内の気候の
区別**

　中央高地の気候と瀬戸内の気候は，ど
ちらも年間降水量が少ない。雨温図を選
ぶときは，冬の気温（瀬戸内の気候の方
が高い）で判断する。

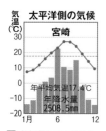
太平洋側の気候
宮崎
年平均気温17.4℃
年降水量2508.5mm

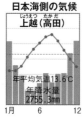
日本海側の気候
上越（高田）
年平均気温13.6℃
年降水量2755.3mm

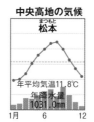
中央高地の気候
松本
年平均気温11.8℃
年降水量1031.0mm

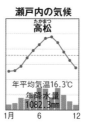
瀬戸内の気候
高松
年平均気温16.3℃
年降水量1082.3mm

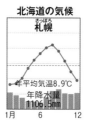
北海道の気候
札幌
年平均気温8.9℃
年降水量1106.5mm

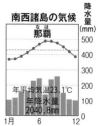
南西諸島の気候
那覇
年平均気温23.1℃
年降水量2040.8mm

3 各気候区の雨温図

（2020年版「理科年表」）

4 さまざまな自然災害と備え

教科書の要点

1 さまざまな自然災害
◎ 自然災害…**東日本大震災**などの地震や**津波**，火山の**噴火**
◎ 気象災害…洪水，土砂くずれ，高潮，冷害，雪害，干害など

2 自然災害に対する備え
◎ 取り組み…被害を防ぐ**防災**から，被害を最小限にする**減災**へ
◎ 災害への対応…**ハザードマップ**の作成，**公助・自助・共助**

---

1 さまざまな自然災害

日本は，地震や火山の噴火による自然災害や，大雨による水害などの気象災害が多い国である。

(1) 地震

❶ 大きな地震が発生すると，強いゆれで建物の倒壊や，土砂くずれ，**液状化現象**などが起こる。1995年の**阪神・淡路大震災**では，多くの建物や高速道路が倒壊した。
　→規模はマグニチュードで表す

❷ **津波**…震源が海底の場合に発生する。2011年の**東日本大震災（東北地方太平洋沖地震）**では，東日本の太平洋沿岸部に巨大津波が押し寄せ，大きな被害が出た。

(2) 火山の噴火…火山灰・溶岩・高温の火山ガス，高速で流れる火砕流によって，田畑や集落に被害を出す。

(3) 気象災害

❶ 風水害…梅雨末期の**集中豪雨**や台風による大雨で，**洪水**，土砂くずれ，土石流，強風や**高潮**などが起こる。
　→台風による強風や気圧の低下で海岸近くの海面が上昇

❷ 冷害…夏の低温や日照不足で，作物が育たなくなること。

❸ 干害（干ばつ）…雨が十分に降らず，水不足になること。

❹ 雪害…大雪によって，鉄道・道路などの交通網の遮断や物流に混乱が生じたり，集落が孤立したりすることがある。

> **くわしく→液状化現象**
>
> 地震の振動により，地中の土砂が一時的に液体のようになる現象。近年，川の流路の跡地や軟弱な土地を宅地化した地域で発生している。

1 熊本地震で石垣が崩れた熊本城
2016年の熊本地震で被害を受けた。
（朝日新聞社）

2 雪害（福井県坂井市） 大雪により交通がまひしている状態。
（朝日新聞社）

180

2 自然災害に対する備え

国や都道府県，市（区）町村などでは，防災施設の整備やより正確な警報・注意報など防災対策を進めてきた。近年は，自然災害の被害を最小限に抑える減災の取り組みを進めている。

(1) 防災・減災への工夫

❶**地震に対する備え**…南海トラフなどの巨大地震に備え，建物や橋の耐震強化，津波発生時の避難場所❸の設置。また，防災教育を進め，地震情報の伝え方を見直している。

❷**避難情報**…状況に応じて，「避難準備・高齢者等避難開始」，「避難勧告」，「避難指示（緊急）」を発信している。

(2) 災害時の支援…災害救助法に基づいて，国や都道府県，市（区）町村が協力して，被災地での支援活動を行っている。

❶**自衛隊**…都道府県知事の派遣要請に応じて，被災者の救命・救急の活動を行っている。

❷**ボランティア**…避難所での炊き出しや清掃の支援など。

<table><tr><td>重要</td></tr></table>

(3) ハザードマップ（防災マップ）…洪水などの自然災害時の被害予測を示した地図。都道府県や市（区）町村が作成。

(4) 防災意識…公助・自助・共助❹の考えを高める。

❶**公助**…国や都道府県・市（区）町村が救助や支援を行う。

❷**自助**…災害時に，自分自身や家族は，自分で守ること。
　　　　　　　　　　　　　　　└→防災グッズを準備することなど

❸**共助**…地域住民どうしで互いに助け合うこと。

用語解説 南海トラフ

静岡県から高知県にかけての，太平洋沖の水深4000 m前後にある，幅をもったみぞ。海溝（→p.175）ほどの深さのないところをトラフと呼んでいる。過去に東海地震，東南海地震，南海地震などの大地震が繰り返し発生してきた。近い将来，マグニチュード9クラスの巨大地震が発生し，広範囲に津波被害が出ると予測されている。

❸ 津波避難タワー　　　（Cynet Photo）

❹ 公助・自助・共助

Column 日本で地震が多く発生するのはなぜ？

日本周辺には，4つのプレートがある。海のプレート（太平洋プレートとフィリピン海プレート）が陸のプレートの下に沈み込むときに，陸のプレート（北アメリカプレートとユーラシアプレート）を引きずりこもうとするが，陸のプレートがたえられなくなり跳ね上がると，地震が発生して，海水を押し上げると津波になる。

2011年の東日本大震災は，プレート境界の地震として発生した。

↑日本周辺のプレート

見る
Column

日本の自然災害

台風・洪水・土砂災害

1934 年	室戸台風 (3036)
1959 年	伊勢湾台風 (5098)
1982 年	昭和 57 年 7 月豪雨および台風 10 号 (440)
2004 年	台風 23 号 (99)
2011 年	台風 12 号 (98)
2014 年	広島土砂災害 (77)
2017 年	平成 29 年 7 月九州北部豪雨 (44)
2018 年	平成 30 年 7 月豪雨 (245)
2019 年	令和元年東日本台風 (107)
2020 年	令和 2 年 7 月豪雨 (86)

( ) 内は死者・行方不明者数

(2021 年「理科年表」ほか)

地震と火山の噴火による被害

↑阪神・淡路大震災 大都市を襲った直下型地震。神戸を中心に大きな被害を出した。

- ●主にマグニチュード (M) 7 以上の地震。
- ★は津波の被害が大きかった地域
- ▲被害の大きかった火山の噴火

M7.3
阪神・淡路大震災
(兵庫県南部地震, 1995.1)
*死者・行方不明者約6400人

M7.3
鳥取県西部地震
(2000.10)

M7.0
福岡県西方沖地震
(2005.3)

雲仙岳 (普賢岳) 噴火
(1990.11)

M7.3
熊本地震
(2016.4)

南海トラフ

南海トラフ地震の震源として予想されている範囲

(朝日新聞社)

↑豪雨による浸水被害 近年発生する集中豪雨によって, 家屋が流されたり, 浸水したりする被害が多発している。

気候や地形の特色と自然災害の関係を重ね合わせて考えていこう。

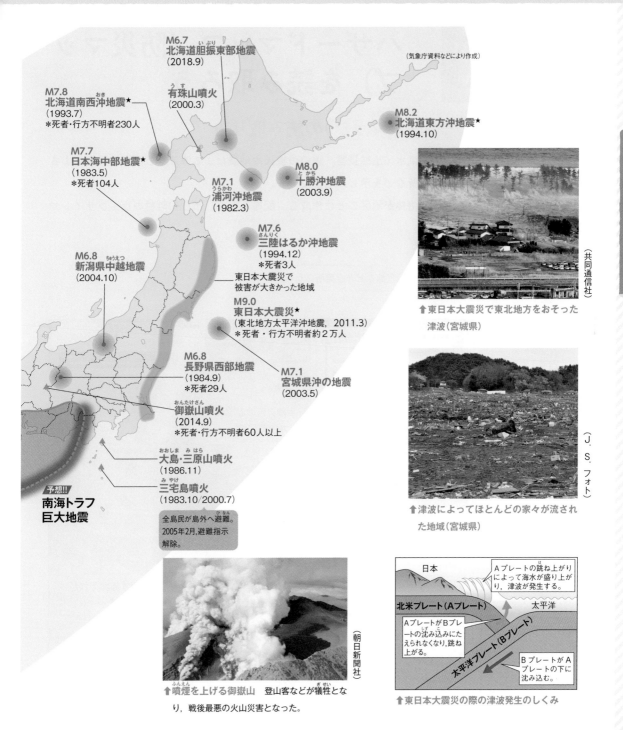

M6.7
北海道胆振東部地震
（2018.9）

（気象庁資料などにより作成）

M7.8
北海道南西沖地震★
（1993.7）
＊死者・行方不明者230人

有珠山噴火
（2000.3）

M8.2
北海道東方沖地震★
（1994.10）

M7.7
日本海中部地震★
（1983.5）
＊死者104人

M7.1
浦河沖地震
（1982.3）

M8.0
十勝沖地震
（2003.9）

M6.8
新潟県中越地震
（2004.10）

M7.6
三陸はるか沖地震
（1994.12）
＊死者3人

東日本大震災で
被害が大きかった地域

M9.0
東日本大震災★
（東北地方太平洋沖地震，2011.3）
＊死者・行方不明者約2万人

M6.8
長野県西部地震
（1984.9）
＊死者29人

M7.1
宮城県沖の地震
（2003.5）

御嶽山噴火
（2014.9）
＊死者・行方不明者60人以上

大島・三原山噴火
（1986.11）

三宅島噴火
（1983.10／2000.7）

予想‼
南海トラフ
巨大地震

全島民が島外へ避難。
2005年2月，避難指示
解除。

⬆東日本大震災で東北地方をおそった
津波（宮城県）

⬆津波によってほとんどの家々が流され
た地域（宮城県）

⬆噴煙を上げる御嶽山　登山客などが犠牲とな
り，戦後最悪の火山災害となった。

日本

Aプレートの跳ね上がり
によって海水が盛り上が
り，津波が発生する。

北米プレート（Aプレート）

太平洋

AプレートがBプレ
ートの沈み込みにた
えられなくなり，跳ね
上がる。

太平洋プレート（Bプレート）

BプレートがA
プレートの下に
沈み込む。

⬆東日本大震災の際の津波発生のしくみ

ハザードマップ（防災マップ）を読み取ろう

1 ハザードマップ（防災マップ）の読み取り方

ハザードマップは，大雨による洪水・土砂災害，火山の噴火や地震による津波などの自然災害による被害が想定される区域や，避難場所などを示した地図である。

都道府県や市（区）町村などの自治体が地区ごとに作成し，配布したり，市（区）町村のウェブサイトで閲覧できるようにしたりしている。

小・中学校や公民館などが避難所になる。

高齢者，障がい者，乳幼児などが利用している施設。すばやく円滑な避難をはかる必要がある。

流れが速いため，木造家屋が倒壊するおそれがある。

浸水深は住んでいる家屋より高いか？

最上階も浸水するおそれがあり，早めの避難が必要。

床上・床下浸水を想定。状況に応じて屋内安全確保でもよい。

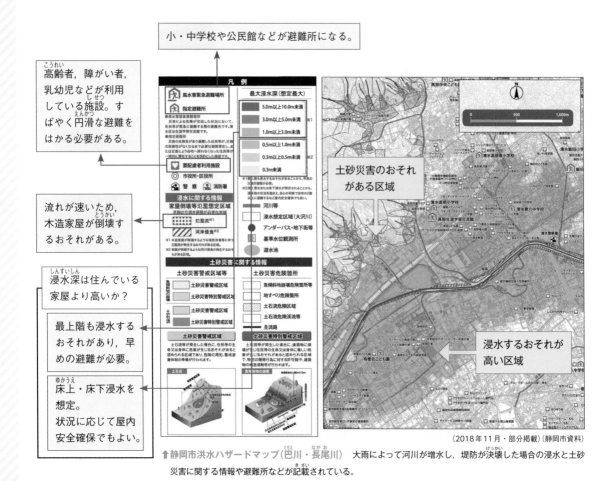

土砂災害のおそれがある区域

浸水するおそれが高い区域

（2018年11月・部分掲載）（静岡市資料）

↑静岡市洪水ハザードマップ（巴川・長尾川）　大雨によって河川が増水し，堤防が決壊した場合の浸水と土砂災害に関する情報や避難所などが記載されている。

❷ 自然災害に備えて私たちがやるべきことは？

自助・共助を理解して，自分と家族の身を守ろう！

○自助の取り組み

家庭で取り組む備えとしては，家具の置き方の点検，食料や飲料の備蓄，家族との安否確認方法，避難所へのルートなどの情報を集めることが大事である。

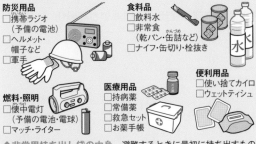

防災用品
□携帯ラジオ
　（予備の電池）
□ヘルメット・
　帽子など
□軍手

食料品
□飲料水
□非常食
　（乾パン・缶詰など）
□ナイフ・缶切り・栓抜き

燃料・照明
□懐中電灯
　（予備の電池・電球）
□マッチ・ライター

医療用品
□持病薬
□常備薬
□救急セット
□お薬手帳

便利用品
□使い捨てカイロ
□ウェットティシュ

⬆非常用持ち出し袋の中身　避難するときに最初に持ち出すものを準備し，チェックしておこう。

○共助の取り組み

災害時には，近所や地域の人の避難誘導やケガ人の救護など，助け合いができるように，日ごろから十分な訓練を積んでおくことが必要である。

（朝日新聞社）

⬆地域の防災訓練　町内会などの自主防災組織による訓練。地域の住民や消防隊員などが参加する。

防災に関する情報を集めよう！

○まちにある情報

看板で災害による被害の可能性や，避難場所などを示している。

近年は，多言語対応で外国人にも配慮した看板も増えている。

⬆津波で想定される浸水の深さを示す看板
（Cynet Photo）

⬆津波のときに避難できる施設であることを示す看板

○Jアラートの活用

⬅緊急速報メール　地震や気象災害などの防災情報が出たとき警報音を鳴らして通知する。

（アフロ）

ふだんから通学路にある電柱や看板を注意して見てみよう！　緊急速報メールが届いてもあわてずに対応できるようにしよう。

日本の人口

① 日本の人口の変化
◎ 変化…日本は**少子高齢化**が進み，人口減少社会へ突入
◎ **人口ピラミッド**…富士山型→つりがね型，つぼ型と変化
◎ **三大都市圏**…東京・大阪・名古屋の都市圏に人口が集中

② 過密地域と過疎地域
◎ **過密**…都市部で人口が集中，地価の上昇，ごみ処理問題など
◎ **過疎**…農村部で若者が都市部へ流出，人口減少と高齢化

1 日本の人口の変化

　現在の日本の人口は，少子高齢化が進み，減少傾向にある。また，人口分布も都市部に大きくかたよっている。

(1) 日本の人口 **1**…2019年現在，約1億2600万人。第二次世界大戦後の「ベビーブーム」の時期に出生数は急増。2010
　　　　　　　　　　　　　　→生まれる子どもの数
年ごろからは人口が減少している（**人口減少社会**）。

(2) **少子高齢化**…日本の**人口ピラミッド**は「富士山型」から「つりがね型」，「つぼ型」へ変化。

❶ **少子化**…出生率の低下で子どもの数が減少すること。

❷ **高齢化**…人口に占める高齢者の割合が高い状態。平均寿命がのび，日本は世界有数の長寿国となった。

❸ **問題**…労働力の不足，社会保障制度の維持が困難になる
　　　　　　　　　　　　　　→年金や医療制度
おそれがある。

(3) 日本の人口分布…平野や盆地の**人口密度**が高い。

❶ 都市部への人口移動の背景…1960年代の高度経済成長期に，若者が仕事を求めて農村部から都市部へ移り住んだ。

❷ **三大都市圏 2**…東京・大阪・名古屋の三大都市とその周辺に広がる地域に，日本の総人口の半数が集中している。

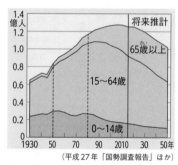

1 日本の人口の動き

参考　ベビーブーム

　出生する子どもの数が急激に増えること。日本では第二次世界大戦後の1940年代後半と1970年代前半に起こった。

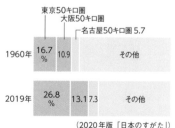

(2020年版「日本のすがた」)

2 全国に占める三大都市圏の人口の割合

❸地方の都市…高速交通網の整備により，**地方中枢都市**📖
や**政令指定都市**にも人口が集中している。
└→人口50万人以上で，国が定める政令で指定された都市。新潟，岡山，熊本など

📖用語解説 地方中枢都市

　その地方の政治・経済の中心の役割を担う都市。中央官庁の出先機関や大企業の支社・支店が置かれている。九州地方の**福岡**，中国・四国地方の**広島**，東北地方の**仙台**，北海道地方の**札幌**など。

2　過密地域と過疎地域

　人口が集中して過密となった都市や，人口が流出して過疎となった農村部や山間部，離島などで問題が起こっている。

(1) **過密地域**…大都市など限られた地域に人口が集中。
　❶問題…交通渋滞，住宅不足，大気汚染，ごみ処理問題。
　❷さまざまな現象…地価の上昇で郊外の人口が増加する**ドーナツ化現象**や，都心部の**再開発**により，再び都心部の人口が増加する**都心回帰**の現象などもみられる。

くわしく ドーナツ化現象

　都市部において**中心部（都心部）の人口が減り，その周辺の人口が増加する**現象。中心が空洞で周りが帯状のドーナツの形に見えることから，この名がついた。

重要

(2) **過疎地域**…農村部や山間部などで，地域の人口が著しく減少している。
　❶問題…人口の減少と高齢化により，地域経済の衰退，交通機関の減便や路線廃止など地域社会の維持が困難になり，さらに人口流出をまねいている。

　❷対策…地域を活性化させる取り組み。Ｉターンやｕターンなど，移住を誘致する地域もみられる（→p.235）。

🚩発展 Iターン・Uターン

　人口移動の現象を表す言葉。
・Iターン…都市部で生まれ育ち，都市部で働いていたが，その後，地方の農村部などへ移住する現象。
・Uターン…地方の農村部などから都市部へ移住した者が，再び地方の農村部などの生まれ故郷に戻る現象。

💭Column 人口ピラミッドの読み取り方

　人口を男女別，年齢別（一般に5歳ごと）に分け，棒グラフを積み上げたグラフを人口ピラミッドという。縦軸に年齢，横軸に割合を表す。どの年齢層の人口が多いか少ないかを読み取ることで，人口構成がわかる。

・**富士山型**…子どもが多く，高齢者が少ない。発展途上国に多い。
・**つりがね型**…人口が停滞。
・**つぼ型**…子どもが少なく，高齢者が多い。人口減少の型。
　少子高齢化が進むと，「つりがね型」から「つぼ型」のグラフになる。

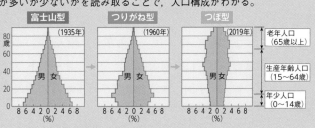

↑日本の人口ピラミッドの変化　　　　　（2020/21年版「日本国勢図会」ほか）

6

日本の資源・エネルギーと電力

1 鉱産資源の輸入に頼る日本
◎ 世界の**鉱産資源**…石炭，石油，鉄鉱石など
◎ 日本の輸入先…石油は西アジア，石炭や鉄鉱石はオーストラリア

2 電力をめぐる問題
◎ 日本の電力…**火力発電**中心だが，**地球温暖化**の問題がある
◎ **原子力発電**…発電所の事故を受けて利用が見直されている

3 環境への配慮
◎ **再生可能エネルギー**…太陽光，風力，地熱など

1 鉱産資源の輸入に頼る日本

　鉱産資源は世界中に広く分布しているが，日本は鉱産資源が乏しく，ほとんどを輸入に頼っている。

(1) 世界の**鉱産資源**🔖

❶分布…石炭は世界中に広く分布しているが，石油はペルシャ（ペルシア）湾沿岸など，分布にかたよりがある。

❷資源確保の問題…世界全体で資源の消費が増えていることから，国家間の獲得競争が激しくなっている。

(2) 日本の鉱産資源…かつては国内で石炭や銅などの採掘を行っていたが，高品質で安い外国産を輸入するようになり，現在，日本のエネルギー資源の自給率は低くなっている。

(3) 日本の主な鉱産資源の輸入先❶

> **重要**
> ❶石油…主にエネルギー資源や工業原料として利用。サウジアラビアなど**西アジア**の国々から多くを輸入。
> ❷石炭，鉄鉱石…ともに鉄鋼の原料となり，**オーストラリア**が最大の輸入相手国。鉄鉱石はブラジルからの輸入も多い。

用語解説　鉱産資源

　地下や海底に埋蔵されていて，工業製品の原料やエネルギー資源に使われている鉱物。石炭，石油，鉄鉱石，ウラン，マンガン，ボーキサイトなど。

> 日本のエネルギー資源の自給率は，石炭が0.4％，石油が0.3％だよ（2019年）。

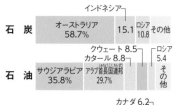

石　炭	オーストラリア 58.7%	15.1	ロシア 10.8	その他

インドネシア

石　油	サウジアラビア 35.8%	アラブ首長国連邦 29.7%		その他

クウェート 8.5
カタール 8.8
ロシア 5.4

鉄鉱石	オーストラリア 57.3%	ブラジル 26.3	その他

カナダ 6.2

（2019年）（2020/21年版「日本国勢図会」）
❶ 日本の主な鉱産資源の輸入先

② 電力をめぐる問題

　電力にはさまざまな発電方法があり，国によって特色がみられる。現在の日本は，火力発電が中心になっている。

（1）さまざまな発電方法と特色 **2 3**・問題点

> ⚠重要
>
> ❶**水力発電**…山地に建設したダムの水を利用。日本では1950年代ごろまで発電の中心であった。世界では，水資源の豊富なブラジルなどで発電量の割合が高い。
>
> ❷**火力発電**…燃料の輸入に便利な臨海部に立地。**地球温暖化**の原因となる温室効果ガスを発生。
>
> ❸**原子力発電**…ウランを燃料にした発電。フランスでとくに割合が高い。日本では，<u>2011年の福島第一原子力発電所の事故</u>により，利用を見直す議論が高まる。
> 　　　　　　→東日本大震災による

③ 環境への配慮

　限りある鉱産資源に頼りすぎず，**持続可能な社会**を実現するために，環境保全と経済発展を両立させる取り組みを進めている。

> ⚠重要
>
> （1）**再生可能エネルギー**の活用…太陽光，風力，地熱などの自然界にある熱やエネルギーを利用する。
>
> ❶長所…繰り返し利用でき，<u>自然環境に与える影響が少ない</u>。
> 　　　　　　　　　　　　　　→二酸化炭素の排出量が少ない
>
> ❷短所…発電量が不安定，発電コストがかかるなど。

（2）**省エネルギー**の技術…エネルギー消費を抑えた家電製品の普及が進む。

（3）持続可能な社会に向けて

❶**3R**の取り組み…**リデュース・リユース・リサイクル**。
　スリーアール　　　　　→ごみの発生を抑制する　　→繰り返し使う

❷**都市鉱山**…都市で廃棄されたパソコンや携帯電話から，金や**レアメタル**（希少金属）を回収し，再利用をはかる。

- 水力発電所
- ▲ 火力発電所
- ■ 原子力発電所

（2017年）

（2017年版「電気事業便覧」ほか）

2 日本の主な発電所の分布

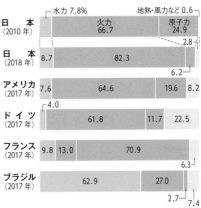

	水力 7.8%		地熱・風力など 0.6	
日本（2010年）		火力 66.7	原子力 24.9	
日本（2018年）	8.7	82.3	6.2 2.8	
アメリカ（2017年）	7.6	64.6	19.6	8.2
ドイツ（2017年）	4.0	61.8	11.7	22.5
フランス（2017年）	9.8 13.0	70.9	6.3	
ブラジル（2017年）	62.9	27.0	2.7 7.4	

（2020/21年版「日本国勢図会」）

3 日本と主な国の発電量の割合　フランスは原子力，ブラジルは水力の割合が高い。

> 📖くわしく
>
> ### 再生可能エネルギーを使った発電方法
>
> ・**太陽光発電**…太陽電池を使って，太陽の光を電力に変換して発電する方法。
>
> ・**風力発電**…風の力で風車を回して発電する方法。
>
> ・**地熱発電**…火山活動による地熱の層から蒸気や熱水を取り出して，その力でタービンを回して発電する方法。
>
> ・**バイオマス発電**…植物など，生物を由来とした資源を燃やした熱や，発生させたガスで発電する方法。

見る
Column

世界の鉱産資源

① 世界の鉱産資源の分布をながめてみよう！

　石炭は世界中に分布しているが，石油は西アジアのペルシャ湾岸などに集中している。多くの鉱産資源の分布には，かたよりがある。
（ペルシア）

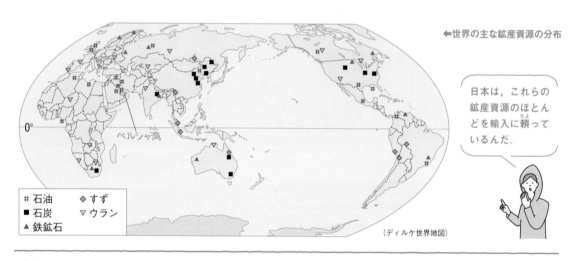

←世界の主な鉱産資源の分布

＃ 石油　◆ すず
■ 石炭　▽ ウラン
▲ 鉄鉱石

（ディルケ世界地図）

日本は，これらの鉱産資源のほとんどを輸入に頼っているんだ。

② 石炭・石油・鉄鉱石はどんなもの？　どこの国でとれるの？

石炭

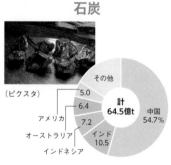

（ピクスタ）

計 64.5億t
中国 54.7%
インド 10.5
インドネシア 7.2
オーストラリア 6.4
アメリカ 5.0
その他

↑石炭の生産量の割合（2017年）

コークスと呼ばれる鉄鋼の原料や，燃料となる。

石油

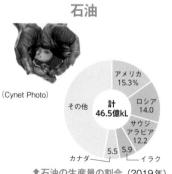

（Cynet Photo）

計 46.5億kL
アメリカ 15.3%
ロシア 14.0
サウジアラビア 12.2
イラク 5.9
カナダ 5.5
その他

↑石油の生産量の割合（2019年）

最も多く使われているエネルギー源。

鉄鉱石

（Cynet Photo）

計 15.0億t
オーストラリア 36.5%
ブラジル 17.9
中国 14.9
インド 8.3
ロシア
その他 4.1

↑鉄鉱石の生産量の割合（2017年）

（2020/21年版「世界国勢図会」）
鉄鋼の原料となる。

見る
Column

世界の人口

① 世界の人口分布をながめてみよう！

世界の人口は約78億人（2020年）で，年々増加している。中国やインドなどのアジア州で世界人口の約6割を占めている。自然条件や産業の発展の違いで，人口分布には，かたよりがみられる。

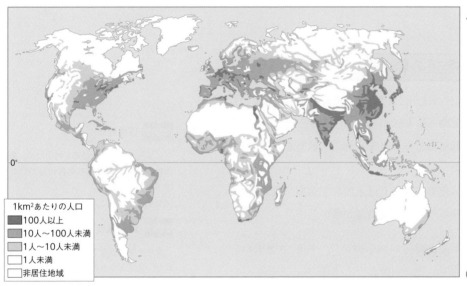

←世界の人口密度

東アジア，東南アジア，南アジアの平野部やヨーロッパやアメリカの都市部で人口密度が高くなっている。いっぽう，乾燥帯や寒帯などの自然環境が厳しい地域の人口密度は低い。

1km²あたりの人口
- 100人以上
- 10人～100人未満
- 1人～10人未満
- 1人未満
- 非居住地域

（グーズアトラス2017年版）

② 世界の主な国の人口ピラミッドをながめてみよう！

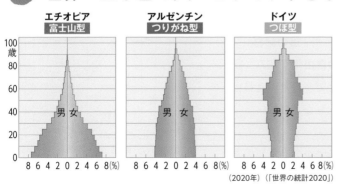

エチオピア
富士山型

アルゼンチン
つりがね型

ドイツ
つぼ型

（2020年）（「世界の統計2020」）

エチオピアなどのアフリカの発展途上国は，出生率・死亡率がともに高い富士山型の国が多い。

ヨーロッパの先進国は，日本と同じように，子どもの割合が低く，高齢者の割合が高い，少子高齢化が進んでいるつぼ型の国が多い。

7 日本の農業・林業・漁業とその変化

教科書の要点

1 日本の農業の特色
◎ 特色…都市周辺で**近郊農業**，ほかに**促成栽培・抑制栽培**
◎ 課題…貿易の自由化が進み，日本の**食料自給率**は低い

2 日本の林業・漁業の特色
◎ 林業…木材として利用する**すぎ**や**ひのき**を植林
◎ 漁業…水産資源の管理をはかる**養殖業**や**栽培漁業**がさかん

1 日本の農業の特色

　日本の農業は，稲作のほかにさまざまな農産物を生産している。近年は，外国産の農産物の輸入が増え，食料自給率が低下している。

(1) **第一次産業**…動植物を得る農業・林業・漁業など。

(2) さまざまな農業

　❶稲作…日本の耕地の半分以上は水田。北海道，東北地方の日本海側，北陸の平野部で収穫量が多い。

【重要】
　❷**近郊農業**…大都市周辺で都市向けに，新鮮さが求められる野菜や果実，花，鶏卵などを生産。
　❸**促成栽培■・抑制栽培■**…各地域で出荷時期をずらして，野菜などの栽培時期を調整する。

　❹果樹栽培…涼しいところでりんご，暖かいところでみかん。
　❺畜産…北海道で乳牛，肉牛，九州で肉牛，豚，鶏の飼育。

(3) 日本の**食料自給率**の変化…**貿易の自由化**が進み，安い外国産の農産物の輸入量が増えたことで，日本の食料自給率は大幅に低下した。とくに小麦や大豆などが低い。
　┗国内で消費する食料のうち，国内の生産でまかなえる割合のこと

(4) 日本の農業の特色と課題

　❶農業の規模…アメリカのような大規模で企業的な農業と比べて，日本は農家ごとの小規模経営が多い。

用語解説 促成栽培

　ビニールハウスや温室を利用して，農作物をほかの地域よりも早い時期に栽培・出荷する方法。

用語解説 抑制栽培

　成長を遅らせる工夫をして，農作物をほかの地域よりも遅い時期に栽培・出荷する方法。

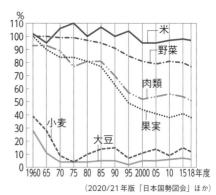

（2020/21年版「日本国勢図会」ほか）

1 日本の食料自給率の変化

❷農業人口の減少…農業を目指す若い世代が減り，後継者不足，さらに高齢化が進んでいる。

❸新しい取り組み…有機栽培や産地直送など，高品質で安全な農産物の生産で，輸入農産物に対抗する。機械化で農作業の効率化をはかり，生産性を上げる努力を行う。

2 日本の林業・漁業の特色

近年の日本の林業は，国産材を見直す動きがみられる。漁業は，日本の近海は好漁場だが，漁獲量は減少している。

(1) 林業…日本には豊富な天然林はあるが，すぎやひのきを植林した**人工林**を木材にして生産している。1960年代後半から安い外国産の輸入材に押されて，一時期林業は低迷した。しかし，近年，国産材の生産量は少しずつ増えている。

(2) 漁業…日本近海は世界有数の好漁場で，かつては世界的にも漁獲量が多かった。しかし，漁獲量は年々減少し，輸入水産物が増えている❷。
→三陸海岸沖の黒潮と親潮が出合う潮境（潮目）など

❶減少の背景…世界各国の**排他的経済水域**の設定で，遠くの海で漁をする**遠洋漁業**が規制され，漁獲量が減少した。また，日本近海の不漁などで**沖合漁業**が影響を受けた。
→p.49

❷**養殖業・栽培漁業**❸…水産資源を育て，増やそうとする漁業。「**育てる漁業**」ともいわれる。近年，遠洋漁業でとっていたまぐろの養殖も行われている。

右上の図：
万t
700
600
500
400
300
200
100
沖合漁業　輸入
遠洋漁業
沿岸漁業
海面養殖業
1970 75 80 85 90 95 2000 05 10 15 18年
（2020/21年版「日本国勢図会」ほか）
❷ 漁業種類別漁獲量と輸入量の変化

2章／日本の地域的特色

くわしく とる漁業の種類

・遠洋漁業…大型漁船で遠くの海に行き，数十日から一年以上をかけて漁をする。まぐろやかつお漁が中心。

・沖合漁業…陸地から離れた沖合いで，数日かけて漁をする。巻き網漁法などで，いわしやさんま，いかなどをとる。

・沿岸漁業…小型の船を使い，日帰りできる程度の近海で漁をする。

養殖業
大きくなるまで育てる
（放流はしない）

栽培漁業
途中で放流し，大きくなってからとる

❸ 養殖業・栽培漁業

Column スマート農業，六次産業化って何？

日本の第一次産業人口は年々減少して，高齢化が進んでいる。少ない人手で効率よく農作業を行うために，ICT（情報通信技術）やAI（人工知能）を活用したスマート農業の導入を推進している。また，農作物を生産（第一次産業）し，加工（第二次産業）して，道の駅での直売所で販売，農家レストランの経営（第三次産業）まで行う「六次産業化」の取り組みが進んでいる。

（朝日新聞社）
↑**スマート農業の様子** スマートフォンで機械を操作している。

日本の農業地域①

米の生産地域

米は全国でつくられているが，とくにさかんなのは，北陸や東北地方の日本海側などの冬に積雪が多い単作地帯。

米の県別生産量割合

（2019年）

計
776万t

- 新潟 8.3%
- 北海道 7.6
- 秋田 6.8
- 山形 5.2
- 宮城 4.9
- その他

銘柄（ブランド）米…産地ごとに味のよい品種を開発し，特徴ある名前をつけて販売している。

石狩平野
ななつぼし，ゆめぴりか

米の生産額 （2017年）
- 1000億円以上
- 500〜999億円
- 200〜499億円
- 200億円未満

米の地方別生産量割合

（2019年）

- 北海道 7.6%
- 九州 9.0%
- 中国・四国 9.5
- 近畿 8.3
- 中部 21.5
- 東北 28.8
- 関東 15.3

津軽平野
まっしぐら

秋田平野
あきたこまち

北上盆地
ひとめぼれ

庄内平野
はえぬき

仙台平野
ひとめぼれ

越後平野
コシヒカリ

郡山盆地
コシヒカリ

関東平野
コシヒカリ

関東平野
あさひの夢

各道府県の稲作の中心地

生産の多い銘柄米（2019年）

（データは，2020年版「データでみる県勢」，2020/21年版「日本国勢図会」ほか）

野菜・工芸作物の生産地域

野菜は鮮度が大切であるため，大消費地である東京にすばやく輸送できる関東地方の各県で生産がさかん。

きゅうり
（2018年）

宮崎 11.3%
群馬 10.0
埼玉 8.3
福島 7.1
その他
計 55.0万t

じゃがいも
（2018年）

長崎 4.1
その他
鹿児島 4.3
北海道 77.1%
計 226.0万t

なす
（2018年）

高知 13.1%
熊本 10.6
群馬 8.6
福岡 7.0
その他
計 30.0万t

じゃがいも　かぼちゃ　たまねぎ　だいこん
にんじん　てんさい　あずき　大豆

ほうれんそう　こんにゃくいも　きゅうり　キャベツ

きゅうり

ピーマン　トマト　ねぎ　レタス
はくさい　ごぼう　キャベツ

はくさい　レタス

いちご

すいか　キャベツ　トマト　ほうれんそう　ねぎ
だいこん　かぶ　にんじん　ごぼう　らっかせい

キャベツ

すいか　なす
なす　いちご
たまねぎ
トマト　い草

きゅうり　ほうれんそう
ねぎ　かぶ

なす　ピーマン

茶

ピーマン　きゅうり

茶　さつまいも

さとうきび

野菜の生産額（2017年）

- 1000億円以上
- 500〜999億円
- 200〜499億円
- 200億円未満

キャベツ
（2018年）

群馬 18.8%
愛知 16.7
千葉 8.5
茨城 7.5
その他
計 146.7万t

ほうれんそう
（2018年）

千葉 11.2%
埼玉 10.6
群馬 9.4
茨城 7.8
その他
計 22.8万t

たまねぎ
（2018年）

長崎 2.5
その他
兵庫 8.3
佐賀 10.2
北海道 62.1%
計 115.5万t

（データは，2020年版「データでみる県勢」，2020/21年版「日本国勢図会」ほか）

日本の農業地域②

果実の生産地域

りんごは寒冷な地域，みかんは温暖な地域，ももやぶどうは盆地での生産がさかん。

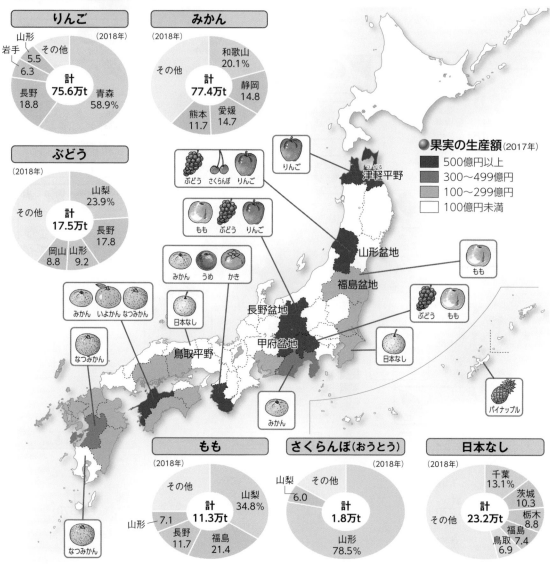

りんご

（2018年）

計 75.6万t

青森 58.9%
長野 18.8
岩手 6.3
山形 5.5
その他

みかん

（2018年）

計 77.4万t

和歌山 20.1%
静岡 14.8
愛媛 14.7
熊本 11.7
その他

ぶどう

（2018年）

計 17.5万t

山梨 23.9%
長野 17.8
山形 9.2
岡山 8.8
その他

果実の生産額（2017年）
- 500億円以上
- 300〜499億円
- 100〜299億円
- 100億円未満

津軽平野 りんご

ぶどう さくらんぼ りんご

もも ぶどう りんご

山形盆地

もも

福島盆地

みかん うめ かき

ぶどう もも

みかん いよかん なつみかん

日本なし

長野盆地

甲府盆地

日本なし

なつみかん

鳥取平野

みかん

パイナップル

なつみかん

もも

（2018年）

計 11.3万t

山梨 34.8%
福島 21.4
長野 11.7
山形 7.1
その他

さくらんぼ（おうとう）

（2018年）

計 1.8万t

山形 78.5%
山梨 6.0
その他

日本なし

（2018年）

計 23.2万t

千葉 13.1%
茨城 10.3
栃木 8.8
福島 7.4
鳥取 6.9
その他

（データは，2020年版「データでみる県勢」，2020/21年版「日本国勢図会」ほか）

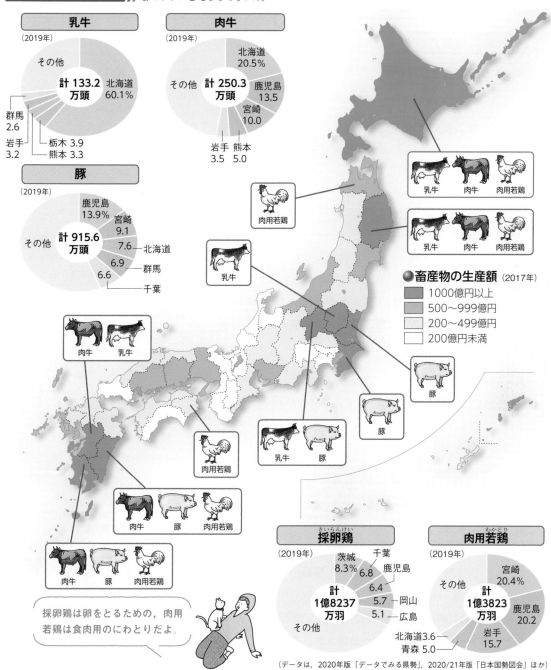

酪農・畜産地域 酪農は広大な牧草地のある北海道や，大消費地に近い関東地方で，肉牛・豚などの畜産は九州南部のシラス台地などでさかん。

乳牛
（2019年）
その他
計 133.2 万頭
北海道 60.1%
群馬 2.6
岩手 3.2
栃木 3.9
熊本 3.3

肉牛
（2019年）
北海道 20.5%
その他
計 250.3 万頭
鹿児島 13.5
宮崎 10.0
岩手 3.5
熊本 5.0

豚
（2019年）
鹿児島 13.9%
宮崎 9.1
計 915.6 万頭
その他
7.6 — 北海道
6.9 — 群馬
6.6 — 千葉

乳牛　肉牛　肉用若鶏

乳牛　肉牛　肉用若鶏

肉用若鶏

乳牛

畜産物の生産額（2017年）
1000億円以上
500〜999億円
200〜499億円
200億円未満

肉牛　乳牛

豚

豚

肉用若鶏

乳牛　豚

肉牛　豚　肉用若鶏

肉牛　豚　肉用若鶏

採卵鶏は卵をとるための，肉用若鶏は食肉用のにわとりだよ。

採卵鶏
（2019年）
茨城 8.3%
千葉 6.8
鹿児島 6.4
計 1億8237 万羽
岡山 5.7
広島 5.1
その他
北海道 3.6
青森 5.0

肉用若鶏
（2019年）
宮崎 20.4%
その他
計 1億3823 万羽
鹿児島 20.2
岩手 15.7

（データは，2020年版「データでみる県勢」，2020/21年版「日本国勢図会」ほか）

2章　日本の地域的特色

197

日本の工業とその変化

教科書の要点

1 日本の工業の特色
◎ **太平洋ベルト**…工業地帯・地域が連なる，人口も集中
◎ **工業団地**…内陸部の高速道路沿いに進出

2 日本の工業の変化
◎ 貿易の変化…**加工貿易**がくずれ，製品の輸入が増える
◎ **産業の空洞化**…工場の海外移転が進み，国内の産業が衰える

---

1 日本の工業の特色

　日本の工業は太平洋ベルトを中心に発達してきた。高速道路や空港の整備とともに内陸部にも工業地域が拡大している。

(1) **第二次産業**📖…主なものに工業がある。日本は世界の中でも工業がさかんな国である。**軽工業**から**重化学工業**へと発展
└→せんい工業など
し，現在は**先端技術産業**が発達している。
└→高度な技術が必要なハイテク産業

【重要】
(2) **太平洋ベルト**❶
　❶ **範囲**…関東地方から九州地方北部にかけて，太平洋側に帯状に連なる工業地域。人口も集中している。
　❷ **発達した理由**…高度経済成長期に，燃料や原料の輸入や製品の輸送に便利な臨海部に工場が立地。
　　　　　　　　　　　　　　└→製鉄所や石油化学コンビナート
　❸ **主な工業地帯・地域❷…京浜・中京・阪神**などの工業地
帯，**京葉・東海・瀬戸内**などの工業地域。
└→工業生産額は日本最大

(3) **工業地域の拡大**…1970年代以降，工業地域が地方に分散し，臨海部から内陸部へ拡大した❸❹。
　❶ **内陸部の工業**…小型・軽量の部品を組み立てる自動車，情報通信機械，電子部品などの機械工業が中心。
　❷ **進出の背景**…高速道路や空港が整備され，製品の輸送がしやすい場所に**工業団地**を整備した。

用語解説 第二次産業

　石炭・石油・鉄鉱石などを採掘する鉱業，原料を加工して製品をつくる工業，建物をつくる建設業など。

❶ 太平洋ベルト

全国計321兆9395億円

中京 17.9%	阪神 10.3	北関東 9.5	瀬戸内 9.5	京浜 8.1			その他

東海 5.3 ／ 北陸 4.4 ／ 京葉 3.8 ／ 北九州 3.0

（2017年）（2020/21年版「日本国勢図会」）
❷ 全国の工業生産額の割合

（2点ともCynet Photo）

❸ 臨海型の工業地域

❹ 内陸型の工業地域

② 日本の工業の変化

　日本の工業は，**加工貿易**によって発展してきたが，貿易摩擦■や世界経済の影響を受けて，海外に工場を移して現地生産する企業が増えた。そのため，産業の空洞化がみられるようになり，工業化が進むアジアの国々との競争も激しくなった。これからの日本の工業は，高機能な工業製品や環境技術の開発が求められている。

（1）日本の貿易 5

❶加工貿易…かつての日本の工業は，燃料や原料を輸入して，国内で工業製品をつくって輸出する形で発展してきた。

❷貿易摩擦■…1980年代，アメリカやヨーロッパへの日本の工業製品の輸出が増加したため，それらの国々との間で対立が起こった。その解消のため，1980年代後半から，日本企業はアメリカやヨーロッパに工場をつくり，現地の人を雇って，現地で生産する対策をとった。

❸輸入の変化…現在は，機械類などの製品の輸入が増えたことで加工貿易の形がくずれている。

（2）企業の海外進出…貿易摩擦を避けるため以外にも，労働力が豊富で賃金が安い中国や東南アジアに工場を移す日本の企業が増えた **6**。

（3）産業の空洞化…国内産業が衰退する現象。国内の企業が海外に工場を移したことで，日本国内の工場が閉鎖され，失業者が増加した。

（4）これからの日本の工業…急成長して「**世界の工場**」と呼ばれるようになった中国のほか，韓国や工業化が進む東南アジアの国々との間で競争が激しくなった。日本は，先端技術に関する研究をさらに進め，それをいかした工業製品や部品を企画・開発し，製品化する努力を行っている。

	輸出			
1960年 1兆4596億円	せんい品 30.2%	機械類 12.2	鉄鋼 9.6　船舶 7.1	その他
2019年 76兆9317億円	機械類 36.8%	自動車 15.6	自動車部品 4.7／鉄鋼 4.0	その他

	輸入			
1960年 1兆6168億円	せんい原料 17.6%	石油 13.4	機械類 7.0／鉄くず 5.1	その他
2019年 78兆5995億円	機械類 24.9%	石油 12.1	液化ガス 6.2／衣類 4.1	その他

5 日本の輸出入品の変化 （2020/21年版「日本国勢図会」）

用語解説　貿易摩擦

　国と国との貿易で起こる利害対立のこと。一方の国の貿易黒字が大きく，もう一方の国の貿易赤字が大きくなるなど，不均衡な貿易が行われた場合に起こる。1980年代，日本製の自動車がアメリカへ輸出され，アメリカの自動車産業に打撃を与えたことで貿易摩擦が起こった。

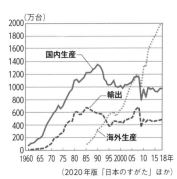

6 日本の自動車の国内生産・輸出と日本メーカーの海外生産の変化 （2020年版「日本のすがた」ほか）

参考　IoT

　Internet of Things（もののインターネット）の略。**さまざまなものがインターネットにつながること**。外出先から家の家電製品を操作できる携帯電話や，着ているだけで身体の心拍数が計測できる肌着などが開発されている。

見る Column

日本の工業地域

*各工業地帯・地域に含まれる都府県は分類方法によって違う場合もあります。

北九州工業地帯（地域） 福岡県

●工業生産額…9.8兆円

金属 16.3%	機械 46.6	化学 5.6	食料品 16.9	せんい 0.5 その他

特色 第二次世界大戦後，地位が大きく低下した。鉄鋼業を中心に発達してきたが，近年は機械工業の割合が高くなっている。

主な都市 北九州（機械，鉄鋼） 苅田町・宮若（自動車）

阪神工業地帯 大阪府，兵庫県

●工業生産額…33.1兆円

金属 20.7%	機械 36.9	化学 17.0	食料品 11.0	せんい 1.3 その他

特色 金属工業の割合が比較的高い。重化学工業が発達している。臨海部では再開発が進んでいる。内陸部では中小企業の工場が多い。

主な都市 尼崎・加古川（鉄鋼） 門真（電気機器）

太平洋ベルト

太平洋側に工業地帯や工業地域が集まっているところが太平洋ベルトだよ。

北九州　呉　福岡　福岡県　山口県　広島　広島県　岡山県　倉敷　兵庫県　加古川　神戸　堺　四日市　三重県　豊田　浜松　富士　静岡県　愛知県　東海　和歌山　倉敷（水島）　福山　香川県　松山　愛媛県　大分県　大分

瀬戸内工業地域 岡山・広島・山口・香川・愛媛県

●工業生産額…30.7兆円

金属 18.6%	機械 35.2	化学 21.9	食料品 8.1	せんい 2.1 その他

特色 石油化学コンビナートが多く，化学工業の割合が高い。倉敷市水島地区には大規模な臨海工業地域が発達している。

主な都市 倉敷（石油化学・鉄鋼），広島（自動車） 福山（鉄鋼），周南（石油化学）

中京工業地帯 愛知・三重県

●工業生産額…57.8兆円

金属 9.4%	機械 69.4	化学 6.2	食料品4.7	せんい0.8 その他

特色 自動車を中心とする機械工業の割合がとくに高い。1970年代ごろから自動車工業の発展とともに生産額を伸ばしてきた。

主な都市 豊田（自動車），四日市（石油化学） 東海（鉄鋼），瀬戸（窯業）

工業の種類と製品

重化学工業		
金属工業	…	鉄鋼，アルミニウム，金属製品など
▶機械工業	…	電気機械，輸送用機械，情報通信機械など
化学工業	…	化学肥料，薬品・合成ゴムなど

軽工業		
食料品工業	…	食料品，飲料など
せんい工業	…	衣類，布製品など
▶その他の工業	…	木材・木製品，製紙・パルプ，窯業，印刷など

東海工業地域
静岡県

●工業生産額…16.9兆円

金属 7.8 %	機械 51.7	化学 11.0	食料品 13.7	その他 せんい 0.7

特色　自動車やオートバイなど機械工業の割合が高い。2つの大工業地帯の間にあり，高速道路沿いに工業都市が連なっている。

主な都市　浜松（オートバイ，楽器）
富士（製紙・パルプ），静岡（電気機械）

北関東工業地域
栃木・群馬・茨城県

●工業生産額…30.7兆円

金属 13.9%	機械 45.0	化学 9.9	食料品 15.5	その他 せんい 0.6

特色　高速道路の発達により，京浜工業地帯から工場が移転。電気機械や自動車工業などの機械工業が発達。

主な都市　前橋・高崎（電気機器）
太田・伊勢崎（自動車）

室蘭

◆ 主な製鉄所
● 主な半導体工場

（2019年）

群馬県
前橋
栃木県
東京都
埼玉県
横浜
川崎
君津
鹿嶋
千葉県　千葉
神奈川県

京浜工業地帯
埼玉県，東京都，神奈川県

●工業生産額…39.1兆円

金属 10.0%	機械 45.8	化学 16.2	食料品 12.6	その他 せんい 0.5

特色　かつては，日本最大の工業地帯だったが，近年は海外や内陸へ移転する工場が多い。重化学工業のほかに，東京では印刷業がさかん。

主な都市　横浜・川崎（機械，鉄鋼，石油化学）
東京（印刷）

京葉工業地域
千葉県

●工業生産額…12.2兆円

金属 21.5%	機械 13.1	化学 39.9	食料品 15.8	その他 せんい 0.2

特色　千葉県の東京湾岸に広がる工業地域。石油化学・鉄鋼の大工場が多く，化学・金属工業の割合が高い。

主な都市　千葉・君津（鉄鋼）
市原（石油化学）

（2017年）（2020/21年版「日本国勢図会」ほか）

2章／日本の地域的特色

9 日本の商業・サービス業

教科書の要点

1 第三次産業の特色 ◎特色…日本は，**第三次産業**で働く人の割合が最も高い

2 商業の変化 ◎**商業の変化**…郊外の大型ショッピングセンターが増加

◎**買い物の多様化**…**情報通信技術（ICT）**の発達による

3 サービス業の成長 ◎**サービス業**…情報社会や高齢社会に合わせて多様な業種

1 第三次産業の特色

　産業は，第一次産業，第二次産業，第三次産業に分類される。産業構成は，経済の発展につれて変化し，現在の日本は，働く人全体の約7割が第三次産業である。

(1) **第三次産業**■📖…第一次・第二次産業以外の産業。日本で最も多くの人々が従事している。

❶**商業**…卸売業や小売業。

❷**サービス業**…宿泊・飲食業や金融・保険業，教育など。

❸**その他**…情報通信業，運輸業など。

(2) 日本の産業構造の変化…かつて農業中心の経済のときは第一次産業，**高度経済成長期**には重化学工業が発展したことで第二次産業が発展した。その後，経済の成長とともに第三次産業が産業の中心になった。世界の国々をみると，先進国は第三次産業の割合が高い。

(3) 第三次産業の割合が高い都道府県❷

❶三大都市圏や地方中枢都市…人口が集中し，経済活動が活発な都市。

❷北海道や沖縄…自然や文化をいかした観光業がさかん。

用語解説 第三次産業

　ものの生産に直接関わらない産業。商業，運輸業，金融業，教育，飲食サービス，医療，福祉など。

■1 第三次産業の就業者の割合

（2017年）（2020版「データでみる県勢」）
❷ 第三次産業就業者数の都道府県別割合

2 商業の変化

商業は，日本の第三次産業で最も大きな割合を占めているが，近年はインターネットを利用した**電子商取引**などが広がったことで，その形も変化している。

(1) 小売業の変化 **3**…消費者の生活の変化によって，商品を売る小売業の形態も多様化している。

❶ かつての小売業…駅前や都市の中心部にある商店街やデパートが中心であった。

❷ 自動車の普及による変化…郊外の幹線道路沿いに，広い駐車場のある大型ショッピングセンターや専門店が進出。

❸ コンビニエンスストア…24時間営業の店が多く，全国各地に広がる。商品の販売のほか，さまざまなサービスが利用できる。

重要 ❹ 買い物の多様化…**情報通信技術（ICT）**の発達で，インターネットで買い物をする人が増えた。高齢者や過疎地域に暮らす人々も家にいながら利用できる利点がある。

3 サービス業の成長

サービス業には多様な業種があり，社会の情報化や少子高齢化などの状況に合わせて，急成長する業種も多い。

(1) **サービス業の成長**…社会の変化や人々の生活スタイルの多様化に合わせて，さまざまなサービスを提供している。

(2) **情報通信技術（ICT）**の発達とサービス業…情報や通信に関する業種が成長。映像・音楽・ゲーム・漫画などに関する産業は**コンテンツ産業**と呼ばれ，世界から注目されている。これらの産業は，東京など大都市に集中（→p.263）。

(3) 少子高齢化とサービス業…高齢者に対する介護サービスなど，医療・福祉業は，全国各地に広まっている。

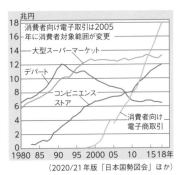

兆円

消費者向け電子取引は2005年に消費者対象範囲が変更

大型スーパーマーケット

デパート

コンビニエンスストア

消費者向け電子商取引

1980 85 90 95 2000 05 10 15 18年

（2020/21年版「日本国勢図会」ほか）

3 小売店での販売額と電子商取引額の変化

くわしく 便利な電子商取引の問題

電子商取引とは，インターネット上で商品やサービスを契約・決済する取り引き形態のこと。**eコマース**ともいう。企業間向けと消費者向けに区分できる。

オンラインショッピングの利用やインターネットバンキングも普及してきたが，個人情報の流出や不正アクセスによる犯罪も多発している。

（朝日新聞社）

↑インターネットを使って商品を販売する会社の配送センター

インターネットで買ったものを配送するから，宅配便の取り扱い量も増えているんだよ。

10 日本の交通網・通信網

教科書の要点

1 交通による世界との結びつき
◎特色…重い貨物は**海上輸送**，軽くて高価な貨物は**航空輸送**
◎旅客輸送の傾向…近年，日本を訪れる外国人観光客が急増

2 交通網の整備
◎**高速交通網**の整備…新幹線や航空路線，高速道路など

3 情報通信網の発達
◎情報通信網の整備…インターネットが広く普及した

---

1 交通による世界との結びつき

現代は，海上交通や航空交通が発達して，国境を越えた人・ものの移動が活発になっている。また，近年は，日本を訪れる外国人観光客が増えた。

(1) 貨物輸送の特色

> **❶海上輸送■**…重くてかさばる貨物を，コンテナ船やタンカーで，安く大量に輸送することができる。原油・石炭などの資源を輸入，機械や自動車などの重い製品を輸出している。
>
> **❷航空輸送2**…運賃は高いが，採算のとれる軽量で高価な電子部品，新鮮さが求められる野菜や生花などの輸送に適している。

(2) 旅客輸送…国際間の人の移動は，高速で長距離を移動できる航空輸送が適している。

❶世界各地を結ぶ航空路線が拡大され，便数が増えている。

❷仕事や観光で海外へ行く日本人が増えた。また，東アジアや東南アジアから日本を訪れる外国人観光客も急増した**3**。

	電気製品 9.4	鉄鋼 5.9

輸出 57.4兆円 ── 機械類 34.3% ── 乗用車 19.0 ── セメント 0.1 その他

輸入 60.0兆円 ── 原油 14.8% ── 石炭 4.7 ── 鉄鉱石 1.7 ── 銅鉱 1.7 ── 木材 1.4 ── その他 ／ 液化ガス 9.0

(2018年) (2020/21年版「日本国勢図会」)

■ 日本の海上輸送貨物の割合

輸出品目	億円	割合(%)
半導体等電子部品	38164	17.1
科学光学機器	13011	5.8
電気計測機器	7249	3.2
医薬品	5889	2.6
計（その他含む）	223439	100.0

(2019年) (2020/21年版「日本国勢図会」)

2 日本の航空輸送貨物の輸出品

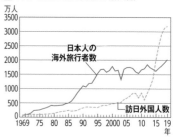

(2020/21年版「日本国勢図会」)

3 日本人の海外旅行者数と訪日外国人数
2020年は新型コロナウイルス感染症の影響で落ち込みが予想される。

204

2 交通網の整備

日本では，高度経済成長期以降，新幹線や高速道路，航空路線などの高速交通網の整備が急速に進んだ。

(1) **高速交通網**の発達 **4**…都市間の移動時間が短縮。

  ❶ 新幹線…1964年の東海道新幹線の開通後，各地に路線が広がる。2016年には**北海道新幹線**（新青森—新函館北斗間）が開通した。

  ❷ 高速道路…全国に整備され，貨物・旅客ともに自動車輸送が中心となった。高速道路のインターチェンジ付近には，**工業団地**や流通団地が進出した。
→物流倉庫

  ❸ 空港…国際空港や地方空港の整備が進んだ。

(2) 使い分けられる交通

  ❶ 近距離の移動…大都市圏での通勤・通学は，鉄道やバス，自動車を利用。しかし，過疎地域では，公共交通機関の廃止・減便により，移動が不便なところもある。

  ❷ 中距離の移動は新幹線，遠距離は航空機の利用が増える。

(3) **環境への影響**…二酸化炭素の排出量を抑えるために，自動車による輸送から，船や鉄道などの環境への負荷が少ない輸送手段に変える**モーダルシフト**の動きもみられる。

3 情報通信網の発達

現在の日本国内には，大量の情報をやり取りするための情報通信網が張りめぐらされ，産業や人々の生活に大きな変化をもたらした。

(1) **情報通信網**…海底通信ケーブル **5** や通信衛星の整備で，インターネットが広く普及した。

(2) 生活の変化…インターネットによる買い物や遠隔医療などが，**情報通信技術（ICT）**の発達で可能になった。一方で，**情報格差**（デジタル・ディバイド）も発生している。
→ICTを利用できる人とできない人で生じる格差。デジタルデバイド。

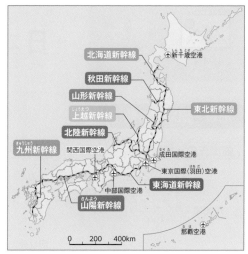

4 日本の高速交通網（新幹線・主な空港）

　北海道新幹線
　新千歳空港
　秋田新幹線
　山形新幹線
　上越新幹線
　東北新幹線
　北陸新幹線
　九州新幹線
　関西国際空港
　成田国際空港
　東京国際（羽田）空港
　中部国際空港
　東海道新幹線
　山陽新幹線
　那覇空港

0　200　400km

2章／日本の地域的特色

くわしく▶ リニア中央新幹線

超電導磁石を活用したリニアモーターカーで時速500kmでの走行が可能な，東京・大阪間を約70分で結ぶ新幹線。東京・名古屋間が先に開業する予定。

（朝日新聞社）

5 海底ケーブルの設置作業　直径2cm程度の太さの光ファイバーケーブルを設置している。通信衛星の1000倍以上の情報を一瞬でやり取りすることができる。

参考 リモートワーク

会社から離れた場所で仕事を行う遠隔勤務のこと。テレワークともいう。インターネットなどのICTを利用して，テレビ会議などを行う。2020年の新型コロナウイルス感染症の感染防止のため，導入する企業が増加した。

日本の貿易相手国

地域・国別貿易額 ❯❯❯

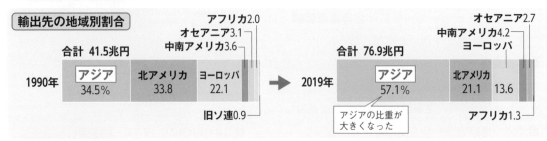

輸出先の地域別割合

1990年　合計 41.5兆円
アジア 34.5%　北アメリカ 33.8　ヨーロッパ 22.1
アフリカ2.0
オセアニア3.1
中南アメリカ3.6
旧ソ連0.9

➡

2019年　合計 76.9兆円
アジア 57.1%　北アメリカ 21.1　13.6
オセアニア2.7
中南アメリカ4.2
ヨーロッパ
アフリカ1.3

アジアの比重が大きくなった

主な貿易相手国

※カッコ内は地域。

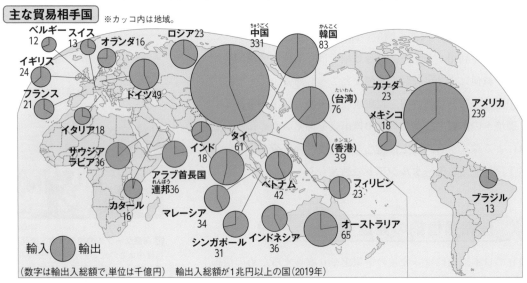

ベルギー 12　スイス 13　オランダ 16　ロシア 23　中国（ちゅうごく）331　韓国（かんこく）83
イギリス 24
フランス 21　ドイツ 49　カナダ 23　アメリカ 239
イタリア 18　（台湾）（たいわん）76　メキシコ 18
サウジアラビア 36　インド 18　タイ 61　（香港）（ホンコン）39
アラブ首長国連邦（れんぽう）36　ベトナム 42　フィリピン 23　ブラジル 13
カタール 16　マレーシア 34　オーストラリア 65
シンガポール 31　インドネシア 36

輸入◗◖輸出

（数字は輸出入総額で，単位は千億円）　輸出入総額が1兆円以上の国（2019年）

国別の輸出入額

（単位は千億円）（2019年）

輸出		
アメリカ	153
中　　国	147
韓　　国	50
（台湾）	47
（香港）	37
タ　イ	33

輸入		
中　　国	185
アメリカ	86
オーストラリア	50
韓　　国	32
サウジアラビア	30
（台湾）	29

輸出額はアメリカ，輸入額は中国が第1位だね。

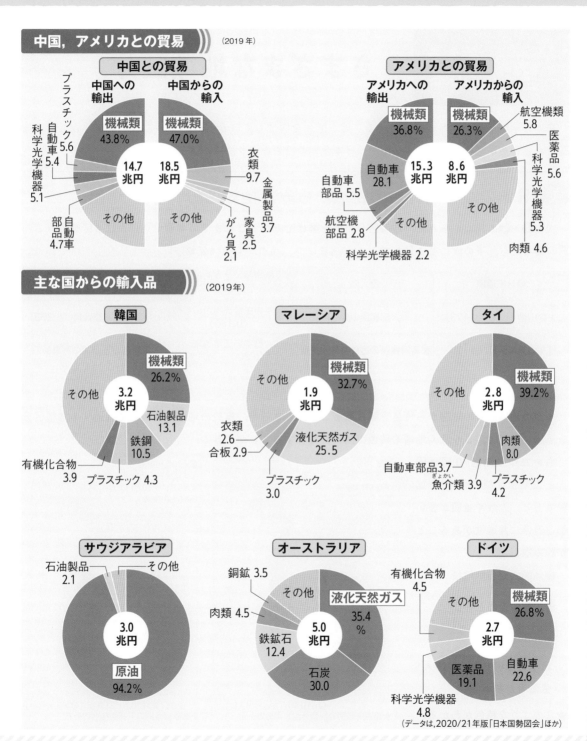

中国，アメリカとの貿易
(2019年)

中国との貿易

中国への輸出 14.7兆円
- 機械類 43.8%
- プラスチック 5.6
- 自動車 5.4
- 科学光学機器 5.1
- 自動車部品 4.7
- その他

中国からの輸入 18.5兆円
- 機械類 47.0%
- 衣類 9.7
- 金属製品 3.7
- 家具 2.5
- がん具 2.1
- その他

アメリカとの貿易

アメリカへの輸出 15.3兆円
- 機械類 36.8%
- 自動車 28.1
- 自動車部品 5.5
- 航空機部品 2.8
- 科学光学機器 2.2
- その他

アメリカからの輸入 8.6兆円
- 機械類 26.3%
- 航空機類 5.8
- 医薬品 5.6
- 科学光学機器 5.3
- 肉類 4.6
- その他

主な国からの輸入品
(2019年)

韓国 3.2兆円
- 機械類 26.2%
- 石油製品 13.1
- 鉄鋼 10.5
- プラスチック 4.3
- 有機化合物 3.9
- その他

マレーシア 1.9兆円
- 機械類 32.7%
- 液化天然ガス 25.5
- プラスチック 3.0
- 合板 2.9
- 衣類 2.6
- その他

タイ 2.8兆円
- 機械類 39.2%
- 肉類 8.0
- プラスチック 4.2
- 魚介類 3.9
- 自動車部品 3.7
- その他

サウジアラビア 3.0兆円
- 原油 94.2%
- 石油製品 2.1
- その他

オーストラリア 5.0兆円
- 液化天然ガス 35.4%
- 石炭 30.0
- 鉄鉱石 12.4
- 肉類 4.5
- 銅鉱 3.5
- その他

ドイツ 2.7兆円
- 機械類 26.8%
- 自動車 22.6
- 医薬品 19.1
- 科学光学機器 4.8
- 有機化合物 4.5
- その他

(データは，2020/21年版「日本国勢図会」ほか)

さまざまな地域区分

　日本の地域区分は，行政区分による7地方区分を学習している（→p.53）。この章で学習した内容を基にさまざまな地域を区分することで，日本全体の特色をより深く理解しよう。

❶ 日本の地域的特色の視点からみた地域区分

　次の❶〜❹の視点からみた，地域区分の例を挙げてみた。これまでの学習で，ほかにも区分できる内容があったら，下の段に書き足してみよう（掲載しているものはページを記載）。

❶自然環境	❷人口	❸資源・エネルギーと産業	❹交通・通信
主な山地・山脈（p.173）	人口密度の分布	日本の主な発電所の分布（p.189）	日本の高速交通網（p.205）
日本の気候区分（p.179）	都道府県別の合計特殊出生率	日本の工業地域（p.200〜201）	東京との鉄道での移動時間

　一つの地域区分の地図から特色を読み取ることもできるが，複数の地図を比較して共通する地域区分を見出すことで，より深く地域的特色の関係を理解することができる。

　右の二つの地図（在留外国人と工業生産額の分布）を比較すると，人数や金額が多い都道府県に共通性があることが読み取れる。

●外国人が多い地域
　　　‖
●工業生産額が多い
　（工業がさかんな地域）
　　　↓

> 日本の工場で働く外国人
> 労働者が多い

★このような特色がわかる。

20万人以上
5万人〜20万人未満
5万人未満

（2019年）（「在留外国人統計」）
↑都道府県別の在留外国人の分布

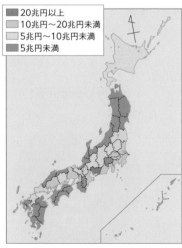

20兆円以上
10兆円〜20兆円未満
5兆円〜10兆円未満
5兆円未満

（2017年）（2020/21年版「日本国勢図会」）
↑都道府県別の工業生産額の分布

② 生活・文化から地域区分をみてみよう！

私たちの身の回りで使われている地域区分には，鉄道会社や電気会社の営業地域，気象庁の発表する天気予報の区分など，業務や目的によって7地方区分とは違う地域区分がみられる。

➡関東甲信地方の天気予報の地図　気象庁の地域区分では，関東地方に山梨県・長野県を加えた関東甲信地方として区分している。

日本の多様な食文化や地域による味の違いなど伝統的な文化の視点から地域を区分してみると，さまざまな特色を読み取ることができる。

右の地図は，しょうゆの種類によって地域区分したものである。

大まかには，静岡以東の東日本では濃口しょうゆ，西日本では，煮物や吸い物には薄口しょうゆ，刺身につけるときは濃口しょうゆ，と使い分けをしている。

愛知・岐阜・三重の東海（または中京圏とも呼ばれる）では，濃い目の味のたまりじょうゆが用いられている。

また，秋田県の「しょっつる」という魚からつくったしょうゆもある。

これらのしょうゆを使って，各地で特色ある郷土料理がつくられている。

（写真はすべてピクスタ）

関西風うどん（大阪府）

筑前煮（福岡県）

しょっつるなべ（秋田県）

柳川なべ（東京都）

ひつまぶし（愛知県）

- ▢ 濃口のみ
- ▢ 濃口・薄口を使い分ける
- ▢ 使い分けで，甘みが強い
- ▢ 使い分けで，味が濃い
- ▢ たまりじょうゆを使う

⬆各地のしょうゆの分布としょうゆを使った料理

これから，九州地方～北海道地方までの各地方の特色を学習するとき，目的や基準によって地域区分にちがいがあることに着目しよう！

雑煮に入れる餅が丸型か角型といった区分もできるよ。調べてみよう！

1 日本の地形① ～ 2 日本の地形②

□(1) 大地の動きが活発な地域を〔　　　〕という。

□(2) 本州の中央部に連なる飛驒山脈，木曽山脈，赤石山脈は，まとめて〔　　　〕と呼ばれている。

□(3) 大陸の大きな川と比べて，日本の川は，長さが短く，流れが〔　急　緩やか　〕である。

□(4) 川が山地から平地に流れ出たところに形成される，扇形の緩やかな傾斜地を〔　　　〕という。

□(5) 三陸海岸の南部や志摩半島などにみられる，小さな岬と湾が入り組んだ海岸地形を〔　　　〕という。

□(6) 日本の太平洋側を北上する暖流を〔　　　〕という。

(1) 造山帯
　　（変動帯）
(2) 日本アルプス

(3) 急

(4) 扇状地

(5) リアス海岸

(6) 黒潮
　　（日本海流）

3 日本の気候 ～ 4 さまざまな自然災害と備え

□(7) 日本は温帯の中でも，春・夏・秋・冬の〔　　　〕の変化がはっきりする，温暖湿潤気候に属している。

□(8) 日本の気候に大きな影響を与えている，夏と冬で吹く向きが変わる風を〔　　　〕という。

□(9) 日本海側の気候は，冬に〔　北西　南西　〕の方向から吹く(8)の風の影響で，雪が多く降る。

□(10) 中央高地や瀬戸内の気候は，(8)の風の影響が弱いため，年間の降水量が〔　多い　少ない　〕。

□(11) 自然災害に備えるために，防災ではなく，被害をできる限り抑える考えを〔　　　〕という。

□(12) 洪水や津波などの自然災害の被害予測地域を示したり，避難所が記載されている地図を〔　　　〕という。

□(13) 防災意識の一つとして，防災グッズなどを備え，自分自身や家族を自分で守る考えを〔　　　〕という。

(7) 四季

(8) 季節風
　　（モンスーン）

(9) 北西

(10) 少ない

(11) 減災

(12) ハザードマップ
　　（防災マップ）

(13) 自助

5 日本の人口 ～ 6 日本の資源・エネルギーと電力

- □ (14) 現在の日本の人口は，子どもの数が減少し，高齢者の占める割合が高くなる〔　　　〕が進んでいる。

(14) 少子高齢化

- □ (15) とくに人口が集中しているのは，東京・大阪・〔　　　　〕の三大都市圏である。

(15) 名古屋

- □ (16) 農村部や山間部，離島は，若い人たちが都市部へ流出し，人口が著しく減少している〔　　　〕地域が多い。

(16) 過疎

- □ (17) サウジアラビアなどの西アジアの国々から日本が多く輸入している鉱産資源は，〔　石炭　石油　〕である。

(17) 石油

- □ (18) 太陽光，風力，地熱など，自然界にある熱やエネルギーを利用したものを，〔　　　〕エネルギーという。

(18) 再生可能

7 日本の農業・林業・漁業とその変化 ～ 10 日本の交通網・通信網

- □ (19) 大都市周辺で都市向けに，新鮮な野菜や花などを栽培する農業を〔　　　〕という。

(19) 近郊農業

- □ (20) いけすなどの人工的な施設で魚介類を育て，大きくなってから出荷する漁業を〔　　　〕業という。

(20) 養殖

- □ (21) 関東地方から九州地方北部にかけて，〔　　　〕と呼ばれる地域に，日本の主な工業地帯・地域が集まっている。

(21) 太平洋ベルト

- □ (22) 近年，工場を海外へ移す企業が増えたことで，日本国内では産業の〔　　　〕が起こっている。

(22) 空洞化

- □ (23) 日本の産業別人口をみると，〔　第二次　第三次　〕産業人口が最も多い。

(23) 第三次

- □ (24) 情報通信技術は〔　IC　ICT　〕ともいい，この技術の発達で，電子商取引がさかんになった。

(24) ICT

- □ (25) 軽量で高価な半導体などの電子部品や，鮮度が重要な食料品の輸送は，〔　海上　航空　〕輸送が適している。

(25) 航空

- □ (26) 国内の貨物輸送は〔　鉄道　自動車　〕輸送の割合が高い。

(26) 自動車

定期テスト予想問題 ⑤

時間 ▶ 50分
解答 ▶ p.314

得点

/100

---

1 右の地図をみて，次の各問いに答えなさい。 【2点×16】

(1) 日本列島は，太平洋を取り囲む造山帯（変動帯）に含まれています。この造山帯（変動帯）に含まれないものを，次の**ア〜エ**から1つ選び，記号で答えなさい。 〔　　　　〕

ア アンデス山脈　　　**イ** アパラチア山脈

ウ ロッキー山脈　　　**エ** ニュージーランド

(2) 地図中の □ に広がるみぞ状の地形を境に，日本列島の地形は東西で特徴が異なっています。この地形を何といいますか，カタカナで答えなさい。

〔　　　　　　　　　〕

(3) 地図中の**A〜D**の山地・山脈，河川，平野名を，それぞれ答えなさい。

A〔　　　　　　〕 B〔　　　　　　〕 C〔　　　　　　〕 D〔　　　　　　〕

(4) 地図中の⑧・⑩の様子を撮影した写真を，次の**ア〜ウ**から1つずつ選び，記号で答えなさい。また，その地形をそれぞれ何といいますか。

⑧〔　　　〕〔　　　　　〕 ⑩〔　　　〕〔　　　　　〕

ア
（Cynet Photo）

イ
（ピクスタ）

ウ
（フォト・オリジナル）

(5) 地図中の**X・Y**の海流について，次の問いに答えなさい。

① **X・Y**の海流名をそれぞれ答えなさい。 X〔　　　　〕 Y〔　　　　〕

② **X・Y**の海流がぶつかる海域を何といいますか。 〔　　　　　　　〕

(6) 右の①〜③の雨温図にあてはまる
　都市を，地図中の**ア**〜**オ**から1つず
　つ選び，記号で答えなさい。

①〔　　　　〕

②〔　　　　〕　③〔　　　　〕

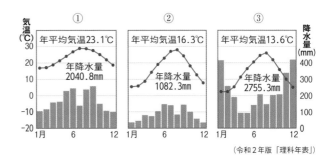

①　年平均気温23.1℃　年降水量2040.8mm

②　年平均気温16.3℃　年降水量1082.3mm

③　年平均気温13.6℃　年降水量2755.3mm

（令和2年版「理科年表」）

2　日本の人口，資源・エネルギーと電力について，次の各問いに答えなさい。　【3点×10】

(1)　人口について，次の問いに答えなさい。

　①　**資料1**の**ア**〜**ウ**は，1935年，1960年，
　　2019年のいずれかの日本の人口ピラミッド
　　です。**ア**〜**ウ**を，年代の古い順に記号を並
　　べなさい。

〔　　　　→　　　　→　　　　〕

資料1　日本の人口ピラミッドの変化

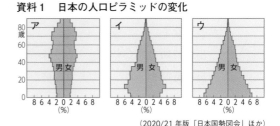

（2020/21年版「日本国勢図会」ほか）

　②　過疎（かそ）地域の問題点を，次の**ア**〜**エ**から1つ選び，記号で答えなさい。　〔　　　　〕

　　ア　交通渋滞（じゅうたい）　　　**イ**　交通機関の減便や路線廃止（はいし）　　　**ウ**　住宅不足　　　**エ**　大気汚染（おせん）

(2)　**資料2**は，日本の主な鉱産資源の輸
　入先を表しています。**X**・**Y**にあては
　まる国を，それぞれ答えなさい。

　X〔　　　　〕　**Y**〔　　　　〕

資料2　日本の主な鉱産資源の輸入先

石油　**X** 35.8%　カタール 8.8　アラブ首長国連邦 29.7　その他

石炭　**Y** 58.7%　ロシア 10.8　インドネシア 15.1　その他

鉄鉱石　**Y** 57.3%　ブラジル 26.3　カナダ 6.2　その他

（2019年）（2020/21年版「日本国勢図会」）

(3)　資源・エネルギーと電力について，
　次の問いに答えなさい。

　①　**資料3**は，日本，ドイツ，ブラジル，フランスの発電
　　量の割合を表しています。**A**〜**D**にあてはまる国をそれ
　　ぞれ答えなさい。**A**〔　　　　〕　**B**〔　　　　〕

　　C〔　　　　〕　**D**〔　　　　〕

　②　**資料3**中の「地熱・風力」など，繰り返し利用できるエ
　　ネルギーを何といいますか。　〔　　　　〕

思考　③　②を活用するときの長所を，「二酸化炭素」の語句を用
　　いて，簡潔（かんけつ）に書きなさい。

〔　　　　　　　　　　　　　　　〕

資料3　主な国の発電量の割合

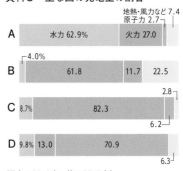

A　水力 62.9%　火力 27.0　地熱・風力など7.4　原子力2.7

B　4.0%　61.8　11.7　22.5

C　8.7%　82.3　6.2　2.8

D　9.8% 13.0　70.9　6.3

（日本は2018年，他は2017年）

（2020/21年版「世界国勢図会」ほか）

3 右の地図をみて，次の各問いに答えなさい。

【(5)②は5点，他は3点×11】

(1) 地図中の**A・B**は，ある果物の生産量上位３位までの県を表しています(2018年)。あてはまる果物を，次のア～エから１つずつ選び，記号で答えなさい。

A〔　　　　〕　B〔　　　　〕

ア　みかん　　　**イ**　ぶどう

ウ　りんご　　　**エ**　もも

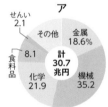

(2) 次の文は，地図中の**X・Y**の地域の農業について述べたものです。（　　）にあてはまる語句をそれぞれ答えなさい。

X　出荷時期を遅くする（　　　）栽培がさかんである。　〔　　　　　　〕

Y　出荷時期を早める（　　　）栽培がさかんである。　〔　　　　　　〕

(3) 工業地帯・地域が連なる地図中の**Z**の地域を何といいますか。　〔　　　　　　〕

(4) **資料１**のア～ウから，①中京工業地帯，②京浜工業地帯，③瀬戸内工業地域にあてはまるグラフを，１つずつ選び，記号で答えなさい。

①〔　　　〕　②〔　　　〕
③〔　　　〕

資料１　主な工業地帯・地域の工業生産額の割合

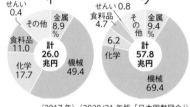

（2017年）（2020/21年版「日本国勢図会」）

(5) **資料２**について，次の問いに答えなさい。

① **資料２**のア～ウは，自動車の国内生産，海外生産，輸出のいずれかの台数を表しています。海外生産にあてはまるものを１つ選び，記号で答えなさい。　〔　　　　〕

思考 ② 海外生産によって，日本国内の産業にはどのような現象がみられるようになったか，簡潔に書きなさい。

〔　　　　　　　　　　　　　　　　　　　　〕

資料２　日本の自動車産業に関する統計資料

（2020年版「日本のすがた」ほか）

(6) 第三次産業に含まれないものを，次のア～エから１つ選び，記号で答えなさい。　〔　　　　〕

ア　商業　　　**イ**　林業　　　**ウ**　サービス業　　　**エ**　金融・保険業

(7) 航空輸送に適しているものを，次のア～エから１つ選び，記号で答えなさい。　〔　　　　〕

ア　原油　　　**イ**　鉄鋼　　　**ウ**　液化天然ガス　　　**エ**　電子部品

日本の諸地域

都道府県の基本データ

	都道府県	都道府県庁所在地	面積 (km²)	人口 (万人)	人口密度 (人/km²)	農業生産額 (億円)	工業生産額 (億円)	年間商品販売額 (億円)
1	北海道	札幌市	83,424	525.0	62.9	12,593	62,126	179,996
2	青森	青森市	9,646	124.6	129.2	3,222	19,361	32,735
3	岩手	盛岡市	15,275	122.7	80.3	2,727	25,432	33,328
4	宮城	仙台市	7,282	230.6	316.7	1,939	44,953	115,549
5	秋田	秋田市	11,638	96.6	83.0	1,843	13,898	22,561
6	山形	山形市	9,323	107.8	115.6	2,480	29,215	24,882
7	福島	福島市	13,784	184.6	133.9	2,113	51,571	46,317
8	茨城	水戸市	6,097	286.0	469.1	4,508	123,377	68,688
9	栃木	宇都宮市	6,408	193.4	301.8	2,871	92,793	54,192
10	群馬	前橋市	6,362	194.2	305.3	2,454	90,985	70,293
11	埼玉	さいたま市	3,798	735.0	1,935.3	1,758	137,066	169,090
12	千葉	千葉市	5,158	625.9	1,213.6	4,259	121,895	125,632
13	東京	東京(新宿区)	2,194	1,392.1	6,344.7	240	79,116	1,860,027
14	神奈川	横浜市	2,416	919.8	3,806.8	697	180,845	210,090
15	新潟	新潟市	12,584	222.3	176.7	2,462	49,200	65,847
16	富山	富山市	4,248	104.4	245.7	651	38,912	30,808
17	石川	金沢市	4,186	113.8	271.8	545	30,649	40,085
18	福井	福井市	4,191	76.8	183.3	470	21,394	19,452
19	山梨	甲府市	4,465	81.1	181.6	953	25,564	18,827
20	長野	長野市	13,562	204.9	151.1	2,616	62,316	54,771
21	岐阜	岐阜市	10,621	198.7	187.0	1,104	57,062	44,422
22	静岡	静岡市	7,777	364.4	468.5	2,120	169,119	108,814
23	愛知	名古屋市	5,173	755.2	1,459.9	3,115	472,303	416,565
24	三重	津市	5,774	178.1	308.4	1,113	105,552	37,836
25	滋賀	大津市	4,017	141.4	352.0	641	78,229	25,443
26	京都	京都市	4,612	258.3	560.0	704	58,219	71,582
27	大阪	大阪市	1,905	880.9	4,623.6	332	173,490	556,930
28	兵庫	神戸市	8,401	546.6	650.7	1,544	157,988	143,794
29	奈良	奈良市	3,691	133.0	360.4	407	21,181	19,972
30	和歌山	和歌山市	4,725	92.5	195.8	1,158	26,913	20,829
31	鳥取	鳥取市	3,507	55.6	158.4	743	8,102	12,901
32	島根	松江市	6,708	67.4	100.5	612	11,841	14,179
33	岡山	岡山市	7,114	189.0	265.6	1,401	76,409	53,570
34	広島	広島市	8,480	280.4	330.7	1,187	101,047	118,740
35	山口	山口市	6,113	135.8	222.2	654	61,307	29,900
36	徳島	徳島市	4,147	72.8	175.6	981	17,935	15,842
37	香川	高松市	1,877	95.6	509.6	817	26,106	34,923
38	愛媛	松山市	5,676	133.9	235.9	1,233	42,008	38,044
39	高知	高知市	7,104	69.8	98.3	1,170	5,919	15,335
40	福岡	福岡市	4,987	510.4	1,023.5	2,124	98,040	217,609
41	佐賀	佐賀市	2,441	81.5	333.8	1,277	18,790	16,639
42	長崎	長崎市	4,131	132.7	321.1	1,499	18,478	29,869
43	熊本	熊本市	7,409	174.8	235.9	3,406	28,574	40,432
44	大分	大分市	6,341	113.5	179.1	1,259	41,094	24,675
45	宮崎	宮崎市	7,735	107.3	138.8	3,429	17,102	27,144
46	鹿児島	鹿児島市	9,187	160.2	174.4	4,863	20,990	41,941
47	沖縄	那覇市	2,281	145.3	637.1	988	4,929	27,261
	統計年		(2019年)	(2019年)	(2019年)	(2018年)	(2017年)	(2015年)

※北海道の面積は北方領土を含む。工業生産額は従業員4人以上の事業所。　（2020/21年版「日本国勢図会」）

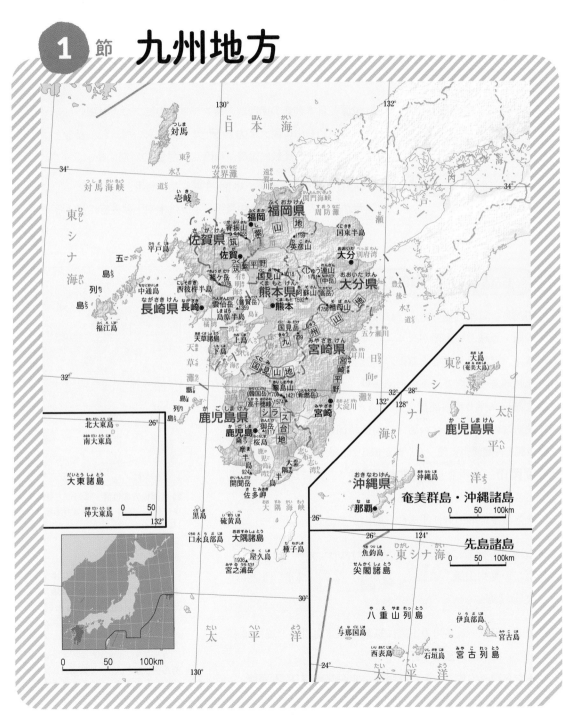

1 九州地方の自然環境と暮らし

教科書の要点

1 位置と自然環境の
特色

◎ 位置…日本列島の南西部，東アジアとの結びつきが強い

◎ 火山…阿蘇山に巨大な**カルデラ**，桜島（御岳），雲仙岳など

◎ 気候…冬でも比較的温暖，梅雨から**台風**の時期に降水量が多い

2 自然を利用する暮らし

◎ **火山**と暮らし…温泉や**地熱発電**などに利用

◎ 自然災害と暮らし…集中豪雨による洪水や土砂災害に備える

1 位置と自然環境の特色

　九州地方は日本列島の南西部に位置し，福岡市はほかの東アジアの国・地域との距離が近く，古くから結びつきが強い。火山が多く，温暖な気候であるが，自然災害も多い。

(1) 九州地方の位置と外国との関係

❶位置…九州と南西諸島などの島々からなり，離島も多い。
最西端の与那国島は台湾，対馬は韓国に近い。

❷外国との関係…古代，大宰府が置かれ，大陸との交流の窓口。
　　　　　　　　　　古代の行政機関←

❸福岡市…九州地方の**地方中枢都市**で，人口が集中。高速
　　　　　　　　　　　　　　→p.187
バスや鉄道で九州各地と結ばれている。

(2) 特色ある地形…海に囲まれ，火山が多い。

重要

❶山地…中央部に阿蘇山の巨大な**カルデラ**■，その南に
険しい**九州山地**。雲仙岳，霧島山，桜島（御岳）などの
　　　　　　　　　　　　　　　　　　　　→新燃岳（しんもえだけ）
火山は現在も活動が活発である。

❷河川と平野…筑後川の下流に**筑紫平野**，白川の下流に熊本
平野。南東部に**宮崎平野**。

❸海や海岸…佐賀県の南に**有明海**，北西部は**リアス海岸**。
　　　　　　　　　　　　→日本最大の干潟（ひがた）が広がる

❹島々…対馬や五島列島，南西諸島の島々が連なる。
　　　　　　　　　　　　　　　→南西諸島の内容についてはp.224〜225

■ **九州地方の位置**　福岡市と韓国のソウル間は，福岡〜東京間よりも距離が近い。

用語解説　カルデラ

　火山の山頂付近が，**噴火により落ち込むなどしてできた大きなくぼ地**。カルデラの周りは外輪山という山々で囲まれ，内部には火口原と呼ばれる平らな土地が広がっている。

　カルデラに雨水がたまってできた湖を**カルデラ湖**という。北海道の洞爺湖が有名（→p.282）。

(3) 温暖な気候 **2**

❶特色…近海を**暖流の黒潮（日本海流）と対馬海流**が流れているため，冬でも比較的温暖。南西諸島は<u>亜熱帯の気候</u>。
→ p.179

❷梅雨と台風…梅雨の時期から台風が通過する時期にかけて集中豪雨になることが多く，近年は洪水や土砂災害が多く発生。

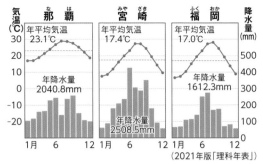

2 九州地方各地の雨温図

2 自然を利用する暮らし

九州地方には多くの火山があり，噴火による被害も発生するが，自然のめぐみを観光やエネルギーに活用している。

(1) 火山とともに暮らす **3**…1990年の雲仙岳（普賢岳）の噴火，2011年の霧島山の新燃岳の噴火などの災害が発生。

❶桜島（御岳）とともに暮らす鹿児島の人々 **4**…噴火のたびに鹿児島市内に降灰し，洗濯や交通などの日常生活に影響⇨風向きを知らせる天気予報，路面清掃車，市が用意した火山灰回収のごみ袋などの工夫がみられる。

❷温泉観光地…地下のマグマによって地下水が温められるため，火山の周辺は温泉も多く，観光地になっている。

3 九州地方の主な火山・温泉・地熱発電所の分布　大分県の別府温泉や湯布院（由布院）温泉には，多くの外国人観光客が訪れている。

❸**地熱発電所 5**…火山活動で生じる地熱を電力に利用。国内の約4割の地熱発電所が九州地方にある。

(2) その他の自然災害…2017年の<u>九州北部豪雨</u>，2020年の令
→ p.182
和2年7月豪雨などで災害が発生。

❶土砂災害への防災・減災…火山灰のシラスの地層が広がる地域は，土砂くずれが起こりやすい⇨土砂の流出を防ぐために，河川の上流に砂防ダムを建設。

❷都市部の浸水…福岡市などの中心部は，大雨のときに市街地が浸水する被害がよく出る。一時的に雨水をためるトンネルを地下につくるなどの防災対策を行っている。

4 噴煙を上げる桜島（御岳）（ピクスタ）

（ピクスタ）

5 八丁原地熱発電所（大分県九重町）

2 九州地方の農業

教科書の要点

1 九州北部の農業
◎筑紫平野…九州地方の稲作の中心地で二毛作が行われてきた
◎園芸農業…大都市の近くで，いちごやトマトの栽培がさかん

2 九州南部の農業
◎**シラス台地**…稲作には不向きで，野菜，茶の栽培がさかん
◎宮崎平野…きゅうりやピーマンの**促成栽培**がさかん
◎畜産…鹿児島県や宮崎県で，**豚・肉牛・鶏**を飼育

1 九州北部の農業

九州地方は，日本の中でも農業がさかんな地域である。九州地方の農業は，南北で大きく異なる。平野が広がる九州北部では，稲作がさかんである。

(1) 稲作…有明海に面して，佐賀県と福岡県にまたがる**筑紫平野**は，九州を代表する稲作地帯。冬に裏作として小麦を栽培する二毛作もさかんに行われてきた。

> **重要**
> ・**二毛作**…筑紫平野では，6月下旬に田植えを行い，秋に稲を収穫。その後，冬でも暖かい気候をいかして，小麦や大麦を栽培し，5～6月に収穫する。

(2) 園芸農業…近年は，九州地方の大消費地である福岡市に近いことから，周辺地域でビニールハウスを利用した**いちご**❶などの栽培が行われている。いちごは，「あまおう」という品種が有名で，ホンコン（香港）や台湾などへ輸出されている。熊本平野では**トマト**の栽培がさかん。

(3) 過疎化と農業…農村部では過疎化が深刻な課題となっているが，大分県では「**一村一品運動**」として，しいたけ，かぼすなどの特産品の栽培で地域の活性化をはかっている。

用語解説 二毛作

同じ耕地で一年に二回，異なる農作物を栽培すること。中心となってつくられる農作物を表作，表作のあとにつくられる農作物を裏作という。

その他　栃木 15.4%
計 16.2万t　福岡 10.1
熊本 6.9
静岡 6.7
長崎 6.3

（2018年）（2020/21年版「日本国勢図会」）

❶ いちごの生産量の割合

発展 九州地方の漁業

九州地方の西に広がる東シナ海の大陸棚（→p.177）は，豊かな漁場である。
・**長崎県**…リアス海岸が広がり，あじ・ぶり・たいなどの沿岸漁業がさかん。
・**佐賀県**…有明海でのりの養殖。
・**大分県**…大分市佐賀関で水揚げされた「関あじ」や「関さば」は地域ブランドとして有名。

2 九州南部の農業

　九州の南部は，シラスが広がり稲作には適さないため，畑作
や畜産がさかんである。

重要 (1) **シラス台地②**…火山灰が積もってできた台地。水が得
にくいため稲作には不向き。かんがい設備の整備により，
野菜や茶の栽培も行われるようになった。
→鹿児島県は静岡県に次ぐ茶の産地

(2) 畜産業…鹿児島県や宮崎県で，家畜のえさとなる飼料を栽
培し，肉牛，豚，鶏を飼育している❸。近年，外国産の安
い飼料や肉類の輸入が増えているため，次のような対策をと
っている。

　❶大規模経営…個人経営の農家のほかにも，企業が農家と契
約を結んだり，牧場を経営したりして，大規模化し，効率
化をはかる。

　❷ブランド化…「かごしま黒豚」や「みやざき地頭鶏」な
ど，質のよい肉を生産し，ブランド化。

重要 (3) **促成栽培**…冬でも温暖な気候をいかして，野菜の出荷
→p.192
時期を早める農業がさかん。

　❶**宮崎平野**…ビニールハウスを利用して，きゅうりやピー
マンなどの栽培がさかん❹。

　❷利点…ほかの産地よりも早い時期に出荷することで，農
→市場への出荷量が少ない時期
作物が高値で取り引きされる。

Column バイオマス発電で循環型農業

　畜産がさかんな宮崎県川南町では，家畜のふんによって，悪臭な
どの環境問題が発生していた。その対策として，家畜のふんを堆肥
として農業で利用するほかに，**バイオマス発電（→p.189）**により
エネルギーとして利用している。このように，環境にやさしい循環
型農業の取り組みが始まっている。

❷ シラス台地　（縄手秀樹／PPS通信社）

くわしく　シラス台地のかんがい

　シラスとは「白砂」を表す言葉。昔か
ら乾燥に強い**さつまいも**などが栽培され
てきた。第二次世界大戦後，笠野原など
で農業用水やかんがい設備が整備され，
畑作や畜産がさかんになった。

参考　鶏の種類について

　食肉目的として飼育される鶏のことを
肉用若鶏といい，地鶏やブロイラーなど
がある。また，卵をとる目的として飼育
される鶏は採卵鶏という。

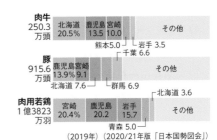

肉牛 250.3万頭	北海道 20.5%	鹿児島 13.5	宮崎 10.0		その他

熊本5.0　岩手 3.5

豚 915.6万頭	鹿児島 13.9%	宮崎 9.1		その他

千葉 6.6　北海道 7.6　群馬 6.9

肉用若鶏 1億3823万羽	宮崎 20.4%	鹿児島 20.2	岩手 15.7		その他

北海道 3.6　青森 5.0

（2019年）（2020/21年版「日本国勢図会」）

❸ 肉牛・豚・肉用若鶏の飼育頭（羽）数の割合

福島 7.1

きゅうり 55.0万t	宮崎 11.3%	群馬 10.0	埼玉 8.3		その他

鹿児島 9.0　岩手 5.4

ピーマン 14.0万t	茨城 23.8%	宮崎 18.9	高知 9.6		その他

（2018年）（2020年版「データでみる県勢」）

❹ きゅうり・ピーマンの生産量の割合

3 九州地方の工業の変化と環境保全

教科書の要点

1 工業の発展と変化
◎ **北九州工業地帯（域）**…八幡製鉄所を中心に発展
◎ 工業の変化…IC（集積回路）工場や自動車工場が進出，機械工業へ

2 環境と開発の両立
◎ 北九州市…過去の公害を克服し，**エコタウン**事業を展開
◎ 水俣市…**水俣病**を乗り越えて，環境に配慮したまちづくりへ
◎ **持続可能な社会**…環境モデル都市，SDGs未来都市

1 工業の発展と変化

　20世紀初め，八幡製鉄所の操業開始により北九州工業地帯が
形成され，鉄鋼業が発展した。エネルギー革命などにより鉄鋼
業が衰え，近年は九州地方の各地で機械工業が発達している。

重要

(1) **北九州工業地帯（域）**…日本の近代的な重工業の発祥
地。近年は，全国の工業生産における地位は低下。

❶成立…1901年，官営の**八幡製鉄所**が操業開始。筑豊炭田
の石炭と中国から輸入した鉄鉱石で鉄鋼を生産。
→「明治日本の産業革命遺産」として世界遺産に登録

❷エネルギー革命…1960年代にエネルギー源が石炭から石
油に転換したことなどから炭鉱は閉山，鉄鋼の生産量が
減少。以降，工業生産も伸び悩む。

(2) 九州地方の工業の変化…金属工業から機械工業へ**1 2**。

❶電子機械工業…1970年代，高速交通網の整備が進み，九
州地方の各地にある空港や高速道路のインターチェンジ付
近に**IC（集積回路）**工場が進出。

❷自動車工業…福岡県苅田町や宮若市，大分県中津市に，大
規模な自動車組み立て工場が誘致され，部品製造の関連工
場も増えて自動車工業がさかんになった。

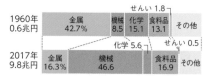

1960年 0.6兆円	金属 42.7%	機械 8.5	化学 15.1	食料品 13.1	その他

せんい 1.8

化学 5.6　せんい 0.5

2017年 9.8兆円	金属 16.3%	機械 46.6	食料品 16.9	その他

（2020/21年版「日本国勢図会」ほか）

1 北九州工業地帯（域）の工業生産額の変化
金属の割合が大幅に減って機械の割合が増加。

🏭 鉄鋼
⚙ IC（半導体）
🚗 自動車
━━ 高速道路

2 九州地方の主な工業の分布 九州は，「シリコ
ンアイランド」や「カーアイランド」と呼ばれる
ようになった。

2　環境と開発の両立

　北九州市や水俣市は，過去に発生した公害の教訓をいかして，持続可能な社会を実現するための取り組みを進めている。

(1) 北九州市の公害と克服への取り組み

❶ 公害問題…1960年代，北九州市では，工場から出るけむりによる**大気汚染**や，排水による洞海湾の**水質汚濁**などの**公害**が発生した。

❷ 対策…国は法律を制定。有害物質の排出を規制し，企業は
　　→1967年，公害対策基本法を制定
　公害防止技術の開発を進めて環境改善に努めた。

重要　❸ **エコタウン**事業…埋め立て地に廃棄物をリサイクルする工場がつくられた❸。

(2) 水俣市の公害と克服への取り組み

❶ **水俣病**…四大公害病の一つ。化学工場の排水に含まれていたメチル水銀が魚に蓄積され，その魚を人が食べたことで健康被害が出た。<u>住民の対立も起こった。</u>
　　　　　　→化学工場で働く住民と被害を受けた住民などの間で

❷ 結果…現在は，漁業が行える安全な海にもどった。

❸ 市・住民の協力…地域社会のきずなを大切にして，ごみの分別回収を徹底し❹，環境に配慮した事業などを市と住民が協力して行っている。

(3) **持続可能な社会**…環境に負担をかけずに開発を進める社会。この取り組みを進めている都市を，国は環境モデル都市やSDGs未来都市として選定している。

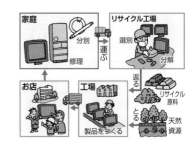

❸ 北九州エコタウンでのリサイクルの流れ

発展　**四大公害病**

　高度経済成長期の1950～60年代にかけて，環境よりも工業の発展を重視したために，表面化した4つの大きな公害病。**水俣病，四日市ぜんそく，イタイイタイ病，新潟水俣病**。被害者が，国・県・企業に責任を問う裁判をおこし，1970年代初めにすべて勝訴した。

(アフロ)

❹ **水俣市のごみの分別**　水俣市では，高度なごみの分別が行われ，2020年現在，23品目に分別している。コンテナには透明なびん・茶色のびんなど細かい指定がされている。

Column　**SDGs未来都市って何？**

　SDGs（持続可能な開発目標）（→p.80）の達成に向かって，経済・社会・環境の三つの面で新しい価値観を創出して持続可能な開発を実現する取り組みを行っている自治体を，国は「**SDGs未来都市**」として選定している。2020年現在，日本全国で93都市（94自治体），九州地方では，これまで環境問題に取り組んできた福岡県北九州市や熊本県水俣市などが選ばれている。

2030年までにSDGsを達成するために，自治体，地元の企業，市民が連携して取り組んでいるんだよ。

4 南西諸島の自然と生活や産業

教科書の要点

1 南西諸島の自然環境と農業
◎ 自然…**亜熱帯の気候**で，**さんご礁**の美しい海が広がる
◎ 暮らし…**台風**の通り道で，強い風や暑さに備えた伝統的な住居
◎ 農業…さとうきび，菊やパイナップル，マンゴーの栽培がさかん

2 沖縄の歴史と観光業
◎ 歴史…**琉球王国**が栄えた。1972年までアメリカ軍の統治下
◎ 観光業…自然環境や独特な文化をいかした観光業がさかん

1 南西諸島の自然環境と農業

南西諸島は，一年中温暖な気候で，台風も多く通過する。

(1) 位置…九州から台湾に向かって連なり，多くの島々がある。

(2) 気候と自然…**亜熱帯の気候**。九州地方の中でも，気温が高く，一年を通して降水量も多い。**さんご礁**が広がる海，独特な植物など，日本の他の地域と異なる様子。
　→ ハイビスカス，マングローブ

(3) 伝統的な住居…**台風**による強い風や，暑さに備えた工夫がみられる ■1。最近は鉄筋コンクリートの住居が多い。

(4) 南西諸島の農業 ■2…日照りや台風にも強い**さとうきび**の栽培がさかんで，砂糖に加工される。近年は，菊，パイナップル，マンゴーなどの生産が増え，大都市へ出荷。
　→ 電灯を照らして出荷時期を調整

2 沖縄の歴史と観光業

古くからアジアとの交流の歴史があり，第二次世界大戦後にアメリカ軍の統治下に置かれ，1972年に日本へ復帰した。

(1) **琉球王国** ■■…中国や朝鮮半島，東南アジアと積極的に貿易を行い，独自の文化を築いていた。

■1 沖縄の伝統的な住居　強風から家を守るため，かわらをしっくいで固め，周りを石垣で囲んでいる。

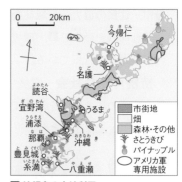

■2 沖縄島の土地利用

用語解説 琉球王国

　15〜19世紀にかけて沖縄で栄えた独立国。日本やアジアとの貿易で栄えたが，江戸時代に薩摩藩の支配を受け，明治時代の初期に日本に編入された。

(2) アメリカ軍の統治下

❶第二次世界大戦末期…沖縄にアメリカ軍が上陸，地上戦が行われ，県民に多くの犠牲者が出た。

❷戦後～返還…戦後は，アメリカ軍の統治下に置かれたが，1972年に日本に返還された。

❸現在…今も**アメリカ軍基地**が置かれ，沖縄に集中。軍用機の騒音や墜落事故などが問題になっている。

(3) **観光業**…日本への復帰後，国や県は観光開発に力を入れ，現在の年間の観光客数は1000万人近くに達している**3**。

❶第三次産業人口…観光業で働く人が多いので，第三次産業人口の割合がとくに高い**4**。
└→p.202

❷主な観光資源…さんご礁やビーチ**5**などの自然，琉球王国時代の史跡，豚肉や発酵させた豆腐などを使った沖縄料理，染物や織物，漆器，ガラス細工などの工芸品，組踊**6**や三線による民謡など。

■**5** 沖縄のビーチ　（ピクスタ）　■**6** 組踊　（フォト・オリジナル）

(4) 環境破壊…大型ホテルなどの**リゾート**施設，道路や空港の建設・整備や農地の開発の結果，赤土が海へ流出して，海のよごれが悪化。さんごが死滅する環境問題が発生した。

(5) 環境保全の取り組み

❶赤土の流出を防ぐ…1994年，県は土の流出を防止する条例を制定。農地の周囲にグリーンベルトをつくる。
└→植物を植える

❷**エコツーリズム**…環境保全を意識した観光の取り組み。沖縄の自然の観察・体験を通して環境学習もできるツアーなどが環境問題の解決につながっている（→p.289）。

└→p.202

（→p.289）

|重要|

参考 基地の経済効果

　沖縄にあるアメリカ軍基地の面積は，日本全体のアメリカ軍基地の，約4分の3を占める。沖縄県内の軍施設で働く県民も多く，基地に関する産業で大きな経済効果もみられる。

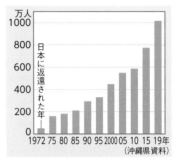

■**3** 沖縄県の観光客数の変化

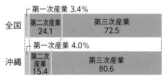

	第一次産業	第二次産業	第三次産業
全国	3.4%	24.1	72.5
沖縄	4.0%	15.4	80.6

(2017年)（2020年版「データでみる県勢」）

■**4** 全国と沖縄県の産業別人口

　まとまった強い雨が降ると，工事現場や農場から赤土が流れ出てしまうんだ。

発展 さんごの白化現象

　色とりどりのさんごが真っ白になり，やがて死滅してしまう現象のこと。地球温暖化による海水温の上昇，開発による土壌流出などが原因。

1 九州地方の自然環境と暮らし ～ 2 九州地方の農業

□(1) 九州地方の中央部にある阿蘇山には，世界最大級の〔　　　〕がある。

(1) カルデラ

□(2) 鹿児島湾にある〔　　　〕が噴火すると，その灰は対岸の鹿児島市にまで降り注ぐ。

(2) 桜島（御岳）

□(3) 九州地方には，火山活動で生じるエネルギーを電力に利用する〔　　　〕発電所が多い。

(3) 地熱

□(4) 筑紫平野では，稲を収穫したあとに，小麦や大麦を栽培する〔　　　〕が行われてきた。

(4) 二毛作

□(5) 火山灰が積もってできた，九州地方南部の〔　　　〕台地では，茶や野菜の栽培，畜産がさかんである。

(5) シラス

□(6) 冬でも温暖な宮崎平野では，きゅうりやピーマンの出荷時期を早める〔　　　〕がさかんである。

(6) 促成栽培

3 九州地方の工業の変化と環境保全 ～ 4 南西諸島の自然と生活や産業

□(7) 20世紀初め，現在の北九州市にある地域で〔　　　〕が操業を開始し，日本の近代的な重工業が始まった。

(7) 八幡製鉄所

□(8) 1970年代以降，高速道路や空港などの整備により，九州地方の各地に〔　造船所　IC（集積回路）工場　〕が進出した。

(8) IC（集積回路）工場

□(9) 北九州市の埋め立て地には，リサイクル工場を集めた〔　　　〕がつくられた。

(9) エコタウン

□(10) 熊本県〔　　　〕市では，かつて四大公害病の一つが発生した。

(10) 水俣

□(11) 南西諸島には，美しい〔　　　〕の海が広がっている。

(11) さんご礁

□(12) 沖縄には，かつて〔　　　〕という独立した王国が栄え，独自の文化を築いていた。

(12) 琉球王国

□(13) 沖縄県は〔　　　〕業がさかんなため，第三次産業で働く人の割合がとくに高い。

(13) 観光

132°

竹島
たけしま

132°

134°

島後
どうご

隠岐諸島
おきしょとう

日 本 海
に ほん かい

島前
どうぜん

36°

36°

松江
まつえ

出雲平野
いずも へいや

大山
だいせん
1729

鳥取
とっとり

鳥取県
とっとりけん

氷ノ山
ひょうのせん
1510

比婆山
ひばやま
1299

山

地

中

国

道後山
どうごやま

島根県
しまねけん

津山盆地
つやまぼんち

岡山県
おかやまけん

見島
みしま

広島県
ひろしまけん

江の川
ごうのかわ

岡山
おかやま

岡山平野
おかやまへいや

小豆島
しょうどしま

播磨灘
はりまなだ

秋吉台
あきよしだい

広島
ひろしま

広島平野
ひろしまへいや

高松
たかまつ

香川県
かがわけん

鳴門海峡
なると かいきょう

山口
やまぐち

山口県
やまぐちけん

徳島平野
とくしまへいや

34°

瀬戸内海
せとないかい

燧灘
ひうちなだ

讃岐平野
さぬきへいや

徳島
とくしま

紀伊水道
きいすいどう

34°

関門海峡
かんもんかいきょう

周防灘
すおうなだ

高縄半島
たかなわはんとう

剣山
つるぎさん
1955

松山
まつやま

石鎚山
いしづちさん
1982

四

国

山

地

徳島県
とくしまけん

松山平野
まつやまへいや

伊予灘
いよなだ

肱川
ひじかわ

高知
こうち

高知平野
こうちへいや

室戸岬
むろとざき

愛媛県
えひめけん

宇和海
うわかい

高知県
こうちけん

土佐湾
とさわん

四万十川
しまんとがわ

太 平 洋
たい へい よう

足摺岬
あしずりみさき

0   50   100km

132°

134°

1 中国・四国地方の自然環境

教科書の要点

1 地域区分と人口分布 ◎ 地域区分…**山陰・瀬戸内・南四国**の三つに分けられる

2 自然環境の特色 ◎ 山陰…冬の**季節風**の影響で雨や雪が多い，**日本海側の気候**

◎ 瀬戸内…年間を通じて降水量の少ない**瀬戸内の気候**

◎ 南四国…黒潮（日本海流）の影響で温暖，**太平洋側の気候**

1 地域区分と人口分布

中国・四国地方は，三つの地域に区分できる。

(1) 三つの地域区分 ■

❶山陰…中国山地より北，鳥取県や島根県。

❷瀬戸内…瀬戸内海沿岸。中国山地の南側は**山陽**。

❸南四国…四国山地より南側。

(2) 人口分布…人口や産業は，瀬戸内海沿岸の平野部に集中。

2 自然環境の特色

中国・四国地方は，二つの山地が東西に平行に連なり，山陰，瀬戸内，南四国で気候の特徴が異なる。

(1) 地形…比較的なだらかな**中国山地**，険しい**四国山地**が連なる，本州と四国の間に**瀬戸内海**が広がり，小豆島などの島々が点在する。

⚠重要 (2) 気候…中国山地や四国山地と，冬と夏の**季節風**は，中国・四国地方の三つの地域の気候に強い影響を与えている ■ ■。

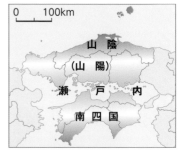

■ 中国・四国地方の地域区分

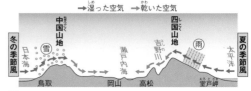

➡湿った空気　➡乾いた空気

■ 中国・四国地方の季節風の様子

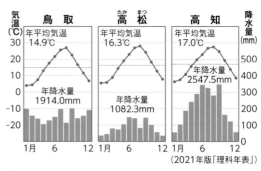

（2021年版「理科年表」）

■ 中国・四国地方各地の雨温図

（3）山陰の地形と気候

　❶地形…平野が狭く，面積の多くは山地。標高1000ｍ前後の山が多い中国山地が連なる。東部には**鳥取砂丘**などの砂浜海岸がみられる。p.175←

　❷気候…冬に**北西**から吹く季節風の影響で，雨や雪が多く降る**日本海側の気候**。

（4）瀬戸内の地形と気候

　❶地形…瀬戸内海は，古くから近畿地方と九州地方を結ぶ重要な海上交通路。入り江には「潮待ちの港」と呼ばれる港が多くあった。中でも広島県福山市の鞆の浦が有名❹。

> ⚠重要
> ❷気候…中国山地と四国山地が，夏と冬の季節風をさえぎるため，晴天の日が多く，年間を通して降水量が少ない**瀬戸内の気候**。夏には水不足になりやすく，讃岐平野では昔から農業用のため池❺や用水路がつくられてきた。

（5）南四国の地形と気候

　❶地形…標高2000ｍにせまる険しい山が多い四国山地が連なる。吉野川や四万十川が流れ，高知平野が広がる。

上流に早明浦（さめうら）ダム←　　　→最後の清流

　❷気候…**太平洋側の気候**。夏に南東から吹く季節風の影響や，台風により雨が多く降る。また，暖流の**黒潮（日本海流）**の影響で，冬でも比較的温暖。

（6）自然災害…近年，初夏から秋にかけて，集中豪雨や台風により土砂災害が多く発生している。

❹ 鞆の浦

❺ 讃岐平野のため池 （フォト・オリジナル）

発展　**潮待ちの港・鞆の浦**

　「潮待ちの港」と呼ばれ繁栄した広島県福山市にある鞆の浦は，江戸時代からの伝統的な町家や寺社，石垣，港湾施設などが一体となって残り，今では多くの観光客が訪れ，映画やアニメの舞台にもなっている。古い町並みをよく伝えている町として，国の重要伝統的建造物群保存地区（→p.275）に指定されている。

（ピクスタ）

Column　みんなで減災・防災教育

　近年，中国・四国地方では大規模な土砂災害が発生している。2014年の土砂災害，2018年の西日本豪雨で被害を受けた（→p.182）広島県では「災害に強い広島県」を目指して，2015年から「広島県『みんなで減災』県民総ぐるみ運動」という，県民・自主防災組織・事業者・行政などが一体となって減災に取り組む運動を始めている。災害から命を守るために取るべき行動などを，県民にわかりやすく情報発信している。

↑広島県「みんなで減災」はじめの一歩のウェブサイト

3章／日本の諸地域

2節／中国・四国地方

2 中国・四国地方の交通網の整備

教科書の要点

① 地方中枢都市・広島 … ◎ **広島市**…政令指定都市で中国・四国地方の**地方中枢都市**

② 交通網の整備 … ◎ 高速道路…東西に中国自動車道，山陽自動車道が結ばれる
◎ **本州四国連絡橋**…三つのルートで本州と四国を結ぶ

③ 生活の変化 … ◎ **ストロー現象**…大都市へ人が吸い寄せられる現象

1 地方中枢都市・広島

広島市は，中国・四国地方の中心的な役割をもつ。

(1) 発展の歴史…城下町として繁栄，第二次世界大戦末期に原子爆弾による被害を受ける。

(2) 中心都市…1980年に**政令指定都市**となり，国の
→ p.187
機関の支所や企業の支店が置かれるようになって，
中国・四国地方の**地方中枢都市**へと発展した。
→ p.187

1 本州四国連絡橋の三つのルート

2 交通網の整備

中国地方には，新幹線や高速道路が東西方向を中心に整備され，本州と四国地方を結ぶ連絡橋が開通した。

(1) 東西を結ぶ陸上交通網…1970年代に山陽新幹線や中国自動車道，1980年代に山陽自動車道が開通した。

重要

(2) 本州と四国を結ぶ交通網…1988年に**瀬戸大橋**が完成して**児島・坂出ルート**，1998年に**明石海峡大橋**が完成して**神戸・鳴門ルート**，1999年に**尾道・今治ルート**が開通し，**本州四国連絡橋**の三つのルートが整備された**1 2**。

(2点ともピクスタ)

2 瀬戸大橋　橋の上側に高速道路，下側に鉄道が通っている。

(3) 南北を結ぶ交通網…山陰と瀬戸内を結ぶ米子自動車道や浜田自動車道，瀬戸内と南四国を結ぶ高知自動車道が開通。中国山地や四国山地を越えての移動が活発になった。

3 生活の変化

　本州四国連絡橋の開通などで，交通手段が多様化し，人や物資の移動時間が短縮された一方で，さまざまな課題も出ている。

(1) 生活の変化…瀬戸内の島々で暮らす人々の変化。

　❶交通手段の変化…フェリーから自動車へ。

　❷不便な点…フェリーが減便や航路廃止となり，自動車をもたない人や高齢者は，かえって生活が不便になった。

(2) 結びつきの変化…他地域との結びつきに大きく影響。

　❶観光客の増加…本州四国連絡橋や高速道路を使って，近畿地方と中国・四国地方の各都市を結ぶ高速バスの路線が充実したことで，二つの地方を観光や買い物で行き来する人が増えた。

　❷農水産物の出荷…トラック輸送で四国地方の野菜や魚介類を，遠い大都市へ出荷できるようになった。

重要
(3) 交通網の整備による課題…交通が便利になったことで大都市へ人が吸い寄せられる**ストロー現象**📖がみられ，地方都市の経済が衰退してしまう問題も出ている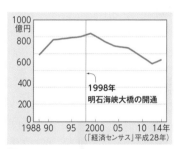。

	0	5000	10000	15000	20000台

1987年度　フェリー 7211

　　　　　-297

2016年度　橋　2万2002

（四国運輸局資料ほか）

❸ **瀬戸大橋開通前後の１日あたりの自動車通行量の変化**　開通前は，瀬戸内海の移動は，船（フェリー）が重要な交通手段であった。

📕用語 解説 **ストロー現象**

　都市間を橋やトンネルで結びつけたり，新幹線や高速道路などの高速交通網を整備したりすることで，**地方都市から大都市へ人口や産業がストローのように吸い寄せられる現象**のこと。

1998年
明石海峡大橋の開通

1988　90　95　2000　05　10　14年
（「経済センサス」平成28年）

❹ **徳島市の小売業の年間商品販売額の変化**　四国地方の都市から日帰りで，大阪市や神戸市に買い物に行く人が増えた。その影響で徳島市での小売業の売上が落ち込んでいることが読み取れる。

Column　平和記念都市・広島

　第二次世界大戦末期の1945年8月6日，広島市に原子爆弾が投下され，多くの死者を出した。広島市は1949年に国から平和記念都市に指定され，世界に平和の尊さと核兵器の悲惨さを訴えている。写真は，かつては広島県産業奨励館と呼ばれた建物で，爆心地に近い場所で形をとどめ，今は原爆ドームとして**世界文化遺産**に登録されている。毎年，国内各地から修学旅行生が訪れ，平和学習を行っている。

↑原爆ドーム

3 交通網が支える産業

教科書の要点

① 瀬戸内海の海運と工業

◎ **瀬戸内工業地域**…海運を利用して瀬戸内海沿岸に形成
◎ **石油化学コンビナート**…倉敷市や周南市に立地

② 交通網で市場が拡大する農業・水産業

◎ 農業・漁業…高知平野で野菜の**促成栽培**，広島県でかきの**養殖**
◎ 市場の拡大…高速交通網の整備で，遠い市場へも出荷

① 瀬戸内海の海運と工業

瀬戸内海沿岸では，海運を利用して，**石油化学工業**や**鉄鋼業**が発達した工業地域が形成された。

(1) **瀬戸内工業地域 ① ②**

❶ 工業地域の形成…第二次世界大戦後，塩田跡地や遠浅の海岸を埋め立てて，広大な工業用地を確保
⇨ 周辺から工場が移転し，新しい工業地域を形成。

❷ 海上輸送…タンカーや大型貨物船を使って，石油や鉄鉱石を輸入，重い工業製品を国内外へ輸送。

(2) **石油化学工業**…岡山県倉敷市の水島地区，山口県周南市，愛媛県新居浜市に**石油化学コンビナート**■■を形成。さまざまな石油製品を製造。
　→プラスチック，タイヤ，化学せんい，洗剤，医薬品など

(3) **鉄鋼業**…岡山県倉敷市，広島県福山市，呉市。

(4) 造船業…広島県尾道市，愛媛県今治市。

(5) **自動車工業**…広島県広島市とその周辺は，自動車関連工場が集まっている。

(6) 造船業から輸送機械工業へ…山口県下松市は，かつては造船業がさかんであったが，現在は新幹線や特急列車の車両をつくる輸送機械工業へ転換。海外へも輸出されている。
　→海外の高速鉄道の車両も製造

① 瀬戸内工業地域の主な工業

1960年 1.2兆円	金属 14.1%	機械 21.6	化学 27.3	食料品 10.8 せんい 10.3 その他

食料品 8.1

2017年 30.7兆円	金属 18.6%	機械 35.2	化学 21.9	せんい 2.1 その他

(2020/21年版「日本国勢図会」ほか)

② 瀬戸内工業地域の工業生産額の変化

用語解説 コンビナート

効率よく生産するために，原料・燃料・製品などで互いに関連のある工場が結びついて一貫して生産を行う工場群。石油関連の工場が結びついたものを石油化学コンビナートといい，互いにパイプラインでつながっている。

(7) 新たな製品開発…アジア各地で石油化学コンビナートの建
　設が進み，国内では石油化学製品の需要が減ったことから，
　医薬品や医療器具，電気自動車用の蓄電池など，高機能・高
　　└→山口県宇部市　　└→広島県竹原市
　性能な製品の開発を進める企業が増えている。

2　交通網で市場が拡大する農業・水産業

　瀬戸内や南四国では，温暖な気候をいかして，果物や野菜の
生産がさかん。瀬戸内では魚介類の養殖がさかん。本州四国連
絡橋や高速道路の開通により，大都市圏への出荷が増えている。
(1) 山陰の農業・水産業…鳥取県で**なし**，砂浜海岸でらっきょ
　う・すいかの栽培がさかん。鳥取県の**境港**は，日本有数の水
　　　　　　　　　　　　　　　└→境港（さかいみなと）市にある
　揚げ量のある漁港。とくに，ずわいがにの水揚げが多い。
(2) 瀬戸内の農業・水産業
　❶果樹栽培…日照時間が長く，降水量の少ない瀬戸内の気候
　　は，果物の栽培に適している。愛媛県では日当たりのよい
　　山の斜面で**みかん**❸，岡山県では**ぶどうやもも**の栽培が
　　さかんである。
　❷**養殖業**…広島県で**かき**❹，愛媛県で**ぶり・まだい**・真
　　珠・ひらめの養殖がさかん。
　　　　　　　　　　　　　かんきつ類の皮をえさに混ぜ
　　　　　　　　　　　　　た「みかんブリ」「みかん鯛」
　　　　　　　　　　　　　などの養殖魚がある

重要
(3) 南四国の農業…**高知平野**❺で，ビニールハウスを利用し
　た，**なすやピーマン**などの野菜の**促成栽培**がさかん。夏
　　　　　　　　　　　　　　　　　　　└→p.192
　が旬の野菜を，ほかの産地の出荷が少ない冬から春にかけ
　て出荷することで，高値で取り引きができる。

(4) 全国に出荷される農水産物
　❶輸送の変化…**本州四国連絡橋**や高速道路の整備により，輸
　　送時間が大幅に短縮された。また，保冷トラックの普及な
　　どで，新鮮な状態で運べるようになった。
　❷市場の拡大…輸送の変化により，東京や札幌などの遠い市
　　場へも鮮度を保って出荷できるようになった。

🚩発展　**伝統的な産業の今**

　瀬戸内海沿岸では，古くから綿織物の
生産がさかんで，各地にせんいの町が残
る。岡山県倉敷市児島地区は，アメリカ
生まれの**ジーンズ**を日本で初めて国産化
したことから，国産ジーンズの聖地と呼
ばれている。愛媛県今治市は，安い輸入
品に負けない地域ブランド「**今治タオ
ル**」をつくり，海外にも進出している。

(2018年)　(2020/21年版「日本国勢図会」)
❸ みかんの生産量の割合

和歌山 20.1%
静岡 14.8
愛媛 14.7
熊本 11.7
長崎 6.4
その他
計 77.4万t

🚩発展　**かんきつ類の栽培**

　愛媛県では，みかんのほかにも伊予か
ん，せとか，デコポンなどのかんきつ類
の栽培がさかん。広島県の生口島ではレ
モンをブランドとして特化した栽培を行
っている。

(2018年)　(2020/21年版「日本国勢図会」)
❹ 養殖かきの生産量の割合

広島 59%
岡山 9
宮城 15
その他
計 17.7万t

(Cynet Photo)

❺ 高知平野に広がるビニールハウス

233

4 過疎化と地域の活性化

1 過疎による地域の課題

山間部や瀬戸内海の島々の多くで，過疎化とともに高齢化が進行し，さまざまな課題を抱えている。

(1) 人口の変化❶…中国山地や四国山地の山間部，瀬戸内海の離島の多くでは，ほかの地域よりも早くから人口が著しく減少して，**過疎化**が進んでいる。

❶背景…高度経済成長期，若い人たちの多くが，進学や就職のため，山間部や離島から，工業が発達した瀬戸内の広島市や岡山市，さらに近畿地方の都市部へ転出した。

> **❷高齢化**…若い世代の流出が続いたことで，人口に占める65歳以上の高齢者の割合が高くなっている❷。

(2) 過疎による地域の課題（→p.187）

❶地域社会…学校の統廃合，公共交通機関の減便・廃止，商業施設の閉店，医療機関の閉院，市町村の税収減により公共サービスの提供が難しくなるなどの問題。

❷農林水産業…働く人が減ることで，森林や水田の管理や維持が難しくなり，**耕作放棄地**が拡大。

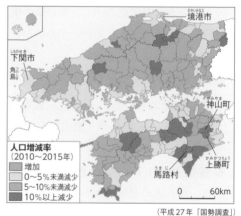

(平成27年「国勢調査」)

人口増減率
(2010〜2015年)
増加
0〜5%未満減少
5〜10%未満減少
10%以上減少

0   60km

❶ 中国・四国地方の市町村別人口増減率

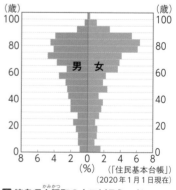

(「住民基本台帳」)
(2020年1月1日現在)

❷ 徳島県上勝町の人口ピラミッド
つぼ型よりもさらに高齢化が進行。

(3) 市町村合併…財政負担を減らすことなど行政の効率化を目
的に，人口減少が進むいくつかの市町村が合併された。
　　　　└→役所で働く人の人件費の削減など

2 交通網・通信網の整備と地域の活性化

　過疎化や高齢化が進む地域では，地域の資源をいかした産業
や観光資源を，交通網・通信網を活用して地域の活性化につな
げる取り組みを進めている。

（重要）

(1) **町おこし・村おこし（地域おこし）**…特産品のブラ
　ンド化，観光地の宣伝，**地産地消**📖の推進や**六次産業化**
　　　　　　　　　　　　　　　　　　　　　　　　└→p.193
　など，産業の振興と雇用の確保から地域の活性化をはかる
　取り組みが行われている。

(2) 交通網の整備で活性化した観光地
　❶鳥取県境港市…漫画に登場するキャラクターの銅像や記念
　　　　　　　　└→水木しげるの「ゲゲゲの鬼太郎」
　館を観光の目玉にし，空港や周辺の高速道路の整備と結び
　つけて，多くの観光客を呼び寄せることに成功した❸。
　❷山口県下関市角島…本州と島を結ぶ橋が完成したことで，
　観光客が増加。映画やコマーシャルの撮影に協力して，島
　の魅力を発信し，知名度を上げている。

(3) 通信網の整備を活用した産業振興
　❶徳島県神山町…高速で大容量の情報通信網の整備により，
　大都市圏のICT関連企業があいついでサテライトオフィ
　　　　　　　　　　　　　　　　└→本社から遠い場所に設置されたオフィス
　スを設置し，Ⅰターン移住者が増えた。アメリカのシリコ
　　　　　　　└→p.187
　ンバレーにならって「グリーンバレー」と呼ばれている。
　❷高知県馬路村…特産品のゆずを，ジュースやポン酢などの
　商品にして，インターネットを使った通信販売で，地域の
　ブランド化に成功。
　❸徳島県上勝町…木の葉や花を料理にそえる「つまもの」と
　　　　　　　　└→地元の資源である「葉っぱ」を商品化
　して商品化している❹。インターネットを使って高齢者も
　働き続けられる事業として注目されている。

📘くわしく **平成の大合併**

　1999年から「平成の大合併」と呼ば
れた市町村の合併が進められた。全国の
市町村数は大合併前の3229から1718
に減少した（2019年末現在）。

📖用語解説 **地産地消**

　地域生産・地域消費を略した言葉。地
域で生産された農林水産物を，**その地域
内で消費する**取り組み。

（朝日新聞社）

❸ 漫画のキャラクターで町おこし（鳥取県
境港市）

働く場所があれば，大都市
圏の人が過疎地域へ移住し
やすくなるね。

❹ 徳島県上勝町の「つまもの」ビジネス
　高齢者が，注文や売り上げをパソコン
やスマートフォン，タブレット端末を使
って確認する。

1 中国・四国地方の自然環境 ～ 2 中国・四国地方の交通網の整備

┌─── 解答 ───┐

□(1) 中国・四国地方は，中国山地の北側の〔　　　〕，瀬戸内海沿岸の瀬戸内，四国山地の南側の南四国に区分される。

(1) 山陰

□(2) 瀬戸内の気候は，二つの山地が季節風をさえぎるため，年間を通じて降水量が〔　多い　少ない　〕。

(2) 少ない

□(3) 南四国は，夏に降水量の多い〔　　　〕の気候である。

(3) 太平洋側

□(4) 広島市には，国の行政機関の支所や企業の支店が置かれ，中国・四国地方の〔　　　〕都市の役割を担っている。

(4) 地方中枢

□(5) 1988年，本州四国連絡橋の一つで，岡山県倉敷市児島地区と香川県坂出市を結ぶ〔　　　〕が開通した。

(5) 瀬戸大橋

□(6) 本州四国連絡橋が開通したことで，大都市へ人が吸い寄せられる〔　　　〕現象がみられるようになった。

(6) ストロー

3 交通網が支える産業 ～ 4 過疎化と地域の活性化

□(7) 瀬戸内工業地域の倉敷市水島地区には，パイプラインで結びついた石油化学〔　　　〕が形成されている。

(7) コンビナート

□(8) 広島市とその周辺は，〔　　　〕工業が発達している。

(8) 自動車

□(9) 瀬戸内海では，広島県で〔　　　〕，愛媛県でぶり・まだいの養殖業がさかんである。

(9) かき

□(10) 高知平野では，温暖な気候をいかして，なすやピーマンの出荷時期を早める〔　　　〕栽培がさかんである。

(10) 促成

□(11) 中国・四国地方の山間部や離島では，若い世代の人たちが都市部へ流出したことで〔　過密　過疎　〕化が進んでいる。

(11) 過疎

□(12) (11)が進んだ地域では，人口に占める65歳以上の高齢者の割合は〔　高く　低く　〕なっている。

(12) 高く

□(13) 町おこし・村おこしの一つとして，地元でとれた農林水産物を地元で消費する〔　　　〕の取り組みが行われている。

(13) 地産地消

3 節　近畿地方

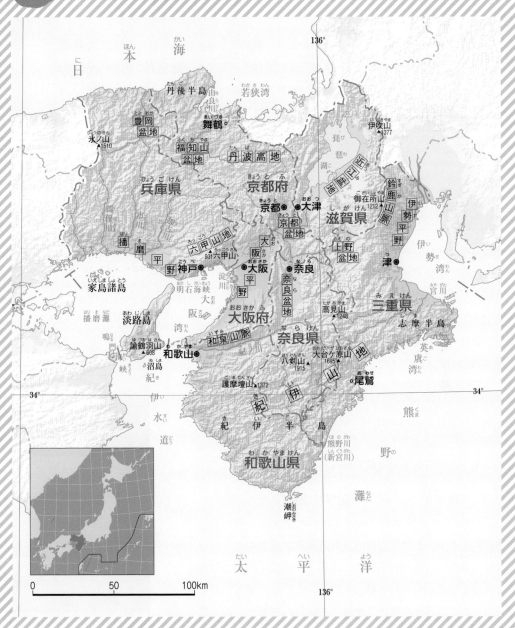

1 近畿地方の自然環境

1 自然環境の特色

◎ 地形…北部の若狭湾や南部の志摩半島に**リアス海岸**，中央部に日本最大の湖である**琵琶湖**，南部に**紀伊半島**

◎ 気候…北部・中央部・南部で異なる

2 中央部に集中する人口

◎ **大阪大都市圏**…京都市，大阪市，神戸市を中心に形成

◎ 大阪…江戸時代に「**天下の台所**」と呼ばれた

1 自然環境の特色

近畿地方は，北は日本海，西は瀬戸内海，南は太平洋に面している。北部・中央部・南部の三つの地域に分けられる。

(1) 地形…北部と南部は山地，中央部は平地が広がる。

❶北部…中国山地や丹波高地などのなだらかな山地が続く。日本海に面する**若狭湾**には海岸線が入り組んだ**リアス海岸**がみられる。
→p.175

❷中央部…日本最大の湖である**琵琶湖❶**から**淀川**が流れ出し大阪湾に注ぐ。近江盆地，京都盆地，奈良盆地，**大阪平野**や播磨平野などが広がる。瀬戸内海には淡路島があり，本州と**明石海峡大橋❷**で結ばれている。
→p.245
近畿地方で最大の島→

❸南部…**紀伊半島**には，険しい**紀伊山地**が連なる。紀ノ川（吉野川）から**志摩半島**にかけて，巨大な断層である**中央構造線**がある。志摩半島には**リアス海岸**が続いている。
→西日本を日本海側と太平洋側に分ける断層

(2) 気候…季節風と地形の影響で，北部・中央部・南部の各地域で異なる気候がみられる**❸**。

❶北部…冬に日本海から吹く**北西**の季節風の影響で，雨や雪が多く降る**日本海側の気候**。

（重要）

「畿」は，都を意味する言葉。古代の国家の中心であった，摂津・河内・和泉・大和・山城の５か国を「畿内」と呼んでいた。明治時代になると全国に府県が置かれ，「畿内に近い」周辺の２府５県を近畿地方と呼ぶようになった。

（ピクスタ）

❶ 琵琶湖

（ピクスタ）

❷ 明石海峡大橋 本州四国連絡橋の神戸・鳴門ルートにかかる橋の一つ。

❷中央部…年間を通して降水量の少ない瀬戸内の気候。内陸の盆地は，夏は暑く冬は冷え込む。

❸南部…太平洋を流れる暖流の黒潮（日本海流）の影響で温暖。南東の季節風が吹く。夏に降水量の多い太平洋側の気候。冬でも温暖な和歌山県では，みかんやうめの果樹栽培がさかん。

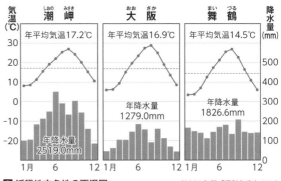

❸ 近畿地方各地の雨温図　　　　（2021年版「理科年表」ほか）

2　中央部に集中する人口

　近畿地方は中央部の平野や盆地に人口が集中し，大都市圏を形成している。山間部は人口が減少し過疎化が進む（→ p.244）。

重要
(1) **大阪大都市圏（京阪神大都市圏）…京都市・大阪市・神戸市**を中心に広がる。東京大都市圏に次いで人口が集中。

(2) 水の都・大阪…江戸時代，運河が張りめぐらされ船の行き来がさかんで，商業の中心地として栄えたため「**天下の台所**」と呼ばれた。明治時代以降も**卸売業**が発達した。

(3) 古都・京都…1000年以上，都が置かれた。現在は周辺で
→ p.243
都市向けに出荷される野菜を栽培する**近郊農業**がさかん。
→ 京野菜と呼ばれる伝統野菜も栽培

(4) 世界への窓口・神戸…江戸時代末に神戸港が開港，貿易都市として発展。**阪神・淡路大震災**で大きな被害を受けた。

（→p.244）

発展 **多雨地域の尾鷲**

　三重県の南部にある尾鷲市は，三方を山に囲まれ，黒潮の流れる熊野灘に面していることから，全国でも有数の多雨地域で，年間の降水量は約4,000mmにもなる。木の生育に適していることから古くから林業がさかんで，「尾鷲ひのき」という良質な木材を産出している（→ p.244）。

くわしく **「水の都」大阪**

　江戸時代の大阪中心部には，網の目のように流れていた堀川沿いに，各藩の蔵屋敷や倉庫が立ち並び，米や特産物が船で運びこまれていた。現在は，ほとんどが埋め立てられ，道頓堀川などが残るだけである。

Column　震災を語り継ぎ，防災を学ぶために

　1995年1月17日，淡路島北部沖を震源としてマグニチュード7.3，最大震度7に達する阪神・淡路大震災（兵庫県南部地震）が発生し，強いゆれで多くの建物が倒壊して，死者・行方不明者は6000人を超えた。

　神戸市の臨海部にある「人と防災未来センター」では，震災の記録や追体験ができる展示物があり，防災・減災のワークショップ，震災を経験した人がガイドとして体験を話すなど，防災の学びの場として震災を語り継ごうとしている。

（朝日新聞社）

↑阪神・淡路大震災

2 大都市圏の形成と阪神工業地帯

1 都市の成り立ちと郊外の広がり

◎ **大阪（京阪神）大都市圏**…大阪市を中心に広がる大都市圏
◎ **交通網**…都市の中心部と郊外は，JRや私鉄でつながっている

2 阪神工業地帯の変化

◎ **阪神工業地帯**…大阪湾の臨海部を中心に重工業が発達
◎ **再開発**…現在の臨海部は，テーマパーク，物流施設などに転換
◎ **内陸部の工業**…東大阪市などは，**中小企業**の町工場が多い

1 都市の成り立ちと郊外の広がり

近畿地方は，大阪を中心に周辺の京都，神戸，奈良などと鉄道で結ばれて大都市圏を形成している。

(1) **大阪大都市圏（京阪神大都市圏）**…三大都市圏の一つ。大阪湾の沿岸に大阪や神戸などの大都市が連なる。人やものの移動で強いつながりをもつ。

(2) 都市と郊外…郊外の住宅地から鉄道で都市の中心部へ通勤・通学する生活スタイルができあがった。

❶ 鉄道網の広がり…20世紀初めごろから，民間の鉄道会社（私鉄）が，大阪・京都・神戸と郊外を結ぶ鉄道路線を次々につくった。
> → 大正時代～昭和時代初めにあたる

❷ 私鉄による開発…乗客数を増やすために，私鉄は**ターミナル駅**に百貨店をつくり買い物客を集め，郊外に住宅地，遊園地，野球場などを開発した。
> → 鉄道の起終点駅のこと

❸ 人口移動…都市の中心部の地価は高いので，郊外の住宅地に住み，中心部の会社や学校に通勤・通学している人々が多くいる。そのため，中心部は**昼間人口**が多く，**夜間人口**は少ない❶。

重要

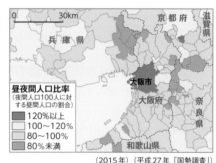

(2015年)（平成27年「国勢調査」）

❶ 大阪市とその周辺の昼夜間人口

用語 解説　昼間人口・夜間人口

・**昼間人口**…ある地域における昼間の人口。その地域に住んでいる人口に，周辺地域から通勤・通学のために来る人（流入人口）を足して，他の地域へ通勤・通学で出て行く人（流出人口）を引いた人口。

・**夜間人口**…その地域に住んでいる人口。

参考　甲○園のつく地名

大阪市から神戸市にかけての私鉄沿線には，甲子園，甲風園，甲東園，甲陽園など，甲○園という地名が多い。この中で甲子園は球場だが，ほかは住宅地である。

2 阪神工業地帯の変化

大阪湾の臨海部を中心に発達した阪神工業地帯は、時代とともにさかんな工業や、臨海部の土地利用に変化がみられる。

(1) 移り変わる**阪神工業地帯**

❶ 明治時代〜第二次世界大戦前…**せんい**、日用雑貨、食料品などの**軽工業**を中心に発達し、阪神工業地帯を形成。第二次世界大戦前までは日本最大の工業地帯であった。

❷ 高度経済成長期…内陸部に家庭電化製品を中心とする機械工業、臨海部の埋め立て地では鉄鋼業や石油化学工業などの**重化学工業**が発達。1960年代には、地盤沈下や大気汚染などの**公害**が深刻になる。
→地下水のくみ上げすぎが原因

❸ 1980〜1990年代…重化学工業が伸び悩み、臨海部の工場の閉鎖や他地域への移転が進む。工業生産額も減少。

❹ 2000年代以降…工場跡地にテレビの薄型液晶パネルの工場が進出したが、外国との競争で縮小。その後、臨海部の再開発が進み、大型の物流施設、テーマパーク、高層マンションなどが建設された。

(2) **中小企業**…大阪府の東部にある**東大阪市** ❸ や八尾市などには中小企業の町工場が多く、優れた技術を持ち、世界的なシェアを誇る製品をつくる工場もある。

(3) 環境問題への取り組み…工場の騒音や振動を条例で規制、工業用水のリサイクル、大規模太陽光発電設備の設置など。
→現在、ほとんどは下水を再処理したリサイクル水を利用

重要

		化学	食料品	
1960年 3.2兆円	金属 26.6%	機械 26.7	9.1 9.8	12.0 その他
2017年 33.1兆円	20.7%	36.9	17.0	11.0

せんい ─ 1.3

(2020/21年版「日本国勢図会」ほか)

❷ 阪神工業地帯の工業生産額の変化
金属・せんいの割合が減って、機械・化学の割合が増加している。

用語解説 中小企業

製造業において、資本金が3億円以下、または従業者数が300人以下の企業を中小企業という。

30〜299人 6.5 ─── 300人以上 0.2

事業所総数 5954

5〜29人 44.7

1〜4人 48.6%

(2016年)（東大阪市資料）

❸ 東大阪市の製造業の従業者数別割合

くわしく 世界へ進出する企業

京都市に本社を置く大企業が、セラミックスやコンピューターゲームの分野で活躍している。東大阪市にある中小企業は、「絶対にゆるまないねじ」を開発し、国内だけでなく海外でも高い評価を得ている。

Column 大阪で2025年日本国際博覧会

2025年、大阪市の臨海部の夢洲で日本国際博覧会（大阪・関西万博）が開催予定である。大阪府では1970年にも吹田市で大阪万博が開催された。今回のテーマは「いのち輝く未来社会のデザイン」。SDGs（持続可能な開発目標）の達成への貢献を目指し、未来社会の実験場として、世界中の人たちとさまざまなアイデアを出し合い、発信する場として期待されている。

提供：2025年日本国際博覧会協会

↑大阪・関西万博の会場イメージ

3 都市の開発と古都の景観保全

教科書の要点

1 ニュータウン建設と現在の課題
- ◎ **ニュータウン**…過密解消の対策として，郊外に住宅団地を建設
- ◎ 現在の課題…建物の老朽化，住民の少子高齢化など

2 古都の歩みと歴史的景観の保全
- ◎ **古都**の特色…京都や奈良の文化財や**世界遺産**に多くの観光客
- ◎ 景観保全…都市開発の中で，**歴史的な町並み**を保存する取り組み

1 ニュータウン建設と現在の課題

　近畿地方では，1960年代から都市部の過密解消のため，郊外にニュータウンが建設されたが，今では課題を抱えている。

重要

(1) **ニュータウン**の建設…都市の中心部に人口が集中し，住宅不足になる。1960年代以降，郊外の丘陵地に大規模な住宅団地(ニュータウン)を開発。

　❶大阪…丘陵地を切り開いて，**千里ニュータウン**🛈や泉北ニュータウンなどを建設した。

　❷神戸…六甲山地を削ってニュータウンを建設，そこから出た土砂を使って臨海部に**ポートアイランド**や六甲アイランドなどの埋め立て地を造成，人工島の**神戸空港**を建設🛈。

(2) ニュータウンの課題…開発から50年以上経ち，建物の老朽化，住民の少子高齢化が深刻な問題になった。建物の建て替え，介護や子育てのための環境整備が進む。
　→高齢者が安心して暮らせるまち，安心して子どもを産み育てられるまちづくり

2 古都の歩みと歴史的景観の保全

　歴史的な町並みが残る奈良や京都では，開発と古都の景観保全を両立するために，さまざまな取り組みが行われている。

🛈 千里ニュータウン (2014年)
(PPS通信社)

くわしく ― 大阪市周辺のニュータウン

　千里ニュータウンは，大阪府北部の吹田市と豊中市にまたがり，1960年から開発され，1962年に入居が開始された日本初の大規模住宅団地。泉北ニュータウンは，大阪府南部の堺市と和泉市にあり，1965年から開発された。ともに高度経済成長期の都市開発である。

🛈 ポートアイランドと神戸空港
(PPS通信社)

六甲山地
ポートアイランド
神戸空港

(1) 奈良・京都の歩み…8世紀以降，**平城京**（へいじょうきょう），**平安京**（へいあんきょう）の都が置かれ，長い間，日本の政治や文化の中心であった。

(2) 道路網（もうとくちょう）の特徴…平城京，平安京は，当時の中国（ちゅうごく）の都にならって，東西・南北の道路が直角に交わる**条坊制**（じょうぼうせい）をもとに造営された。京都では，今も碁盤目状（ごばんめじょう）の道路網がみられる。

(3) 歴史的都市の特色…奈良や京都には，多くの寺院があり，
　　　　　　　　　　　　　　　　　　　　→清水寺，東大寺など
国宝や重要文化財も多く，世界的な観光地となっている。

　❶**世界遺産**（いさん）…古都京都の文化財，古都奈良の文化財など，近畿地方には，国連教育科学文化機関（UNESCO（ユネスコ））が登録した6か所の**文化遺産**がある（2020年現在）。

　❷**国宝・重要文化財**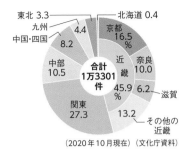…国内の約5割を近畿地方が占（し）め，とくに京都と奈良にある国宝・重要文化財が多い。

　❸**伝統的工芸品**…京都の西陣織（にしじんおり）・清水焼（きよみずやき），奈良の奈良墨（すみ）・奈良筆（ふで）などの生産がさかん。

　❹**伝統文化**…京都に本部のある流派が多い茶道（さどう）や華道（かどう）がさかん。京野菜，日本料理（和食）や和菓子（わがし）。京都の夏祭りの祇園祭（ぎおんまつり）。和食や祇園祭は，**ユネスコ**の**無形文化遺産**に登録。
　　　　　　　　　　　　　　　　　　　→p.274

(4) 観光客の増加…古都の町並み，文化財や伝統文化は，人々を引きつける重要な観光資源となっている。多くの観光客が訪れ，近年では外国人観光客に人気がある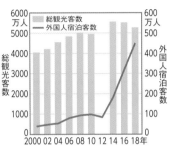。

重要

(5) 古都の景観保全…都市の発展にも配慮（はいりょ）した景観政策を実施。

　❶都市部の開発による変化…高層ビルの建設や，画一的な店舗の看板（かんばん）や屋外広告（てんぽ）などにより，歴史的な景観が損われる問題が起こった。

　❷町並みの保全…京都市では，建物の高さやデザイン，店の看板などを規制する**条例**（じょうれい）を制定。電線を地中に埋める
　　　　　　　　　　　　　　　　　　　通りから電柱や電線をなくす「無電柱化」←
ことで，さらに風情豊かな町並みを残そうとしている。

　❸町家（まちや）の保存・活用…奈良市では，伝統的な住居である**町家**を，現代の店舗や宿泊施設（しゅくはくしせつ）などに活用する取り組みが行われている。

東北 3.3─　　　　　─北海道 0.4
九州　　　　4.4
中国・四国　8.2
中部 10.5
　合計
　1万3301
　件
京都 16.5％
近畿 45.9％
奈良 10.0
滋賀 6.2
その他の近畿 13.2
関東 27.3

（2020年10月現在）（文化庁資料）
3 地方別の重要文化財数の割合

6000万人　　　600万人
5000　　■総観光客数
　　　　─外国人宿泊客数
4000
3000
2000
1000
総観光客数
外国人宿泊客数
2000 02 04 06 08 10 12 14 16 18年
※2012年は総観光者数の推計なし（京都市統計書）
4 京都市を訪れる観光客数の変化

京都市では，建物の高さを制限したり，建物の修理に補助金を出したりしているよ。

5 町家を改装した奈良市内のコンビニエンスストア　登録有形文化財に登録されている町家の外観を残して，看板も目立たないようにしている。

農山村の課題と環境保全

1 林業・漁業が抱える課題

◎ 課題…近畿地方の山間部や離島では，**過疎化**が進む

◎ **紀伊山地**…林業がさかんだったが，**高齢化**などで働き手が減少

◎ 活性化の取り組み…環境林の保全，水産資源の保護を進める

2 琵琶湖の環境保全

◎ **琵琶湖**…大阪大都市圏の飲料水や工業用水として利用

◎ 環境問題…**琵琶湖**の水質汚濁が深刻，水質改善の取り組みが続く

1 林業・漁業が抱える課題

　古くから紀伊山地は林業，近畿地方の沿岸部は漁業がさかんであったが，近年は過疎化などにより衰退している。資源を保全・保護する取り組みを行い，地域の活性化をはかっている。

(1) **過疎化**による農山村の課題…若い世代が都市部へ流出し，住民の高齢化が進む。農林水産業で働く人が減少することで，田畑や森林の管理・維持が困難になっている。

(2) **紀伊山地**の林業…温暖で雨の多い気候は，木の生育に
→ p.239
適しているため，日本有数の林業地域として発達した。

❶林業の特色…すぎやひのきの**人工林**。「**吉野すぎ❶**」，「**尾**
→奈良県
鷲ひのき」は，高品質な木材ブランドになっている。
→三重県

❷林業の衰退…安い外国産の木材輸入の増加や，高齢化による林業従事者の減少による。

❸林業の活性化…林業従事者への支援制度，公共施設で地元
→国や自治体が知識や技能の修得を支援
産の木材使用の推進もあり，近年は林業従事者は増加傾向。

❹環境林の保全…森林には地球温暖化を防ぐ「環境林」とし
→二酸化炭素を吸収する
ての役割がある。森林保全のための企業活動❷が行われたり，2024年度以降は森林環境税が導入される予定。
→森林を整備・管理する財源として，国民1人あたり年間1000円が個人の住民税に上乗せされる

❶ 吉野すぎの伐採作業　（朝日新聞社）

🌲 主な林業地域

京都 39
北山すぎ
兵庫 23
丹波高地
滋賀 14 (2011年)
大阪 36 (2010年)
奈良 2
三重 24 (2011年)
吉野すぎ
紀伊山地
和歌山 76
尾鷲ひのき

参加した企業数
50
10

0　50km

（主に2017年）（国土緑化推進機構資料）

❷ 近畿地方の「企業の森づくり活動」の事例数　企業の社員が植林などに参加したりする活動。

(3) 漁業の課題…魚介類の乱獲，養殖場でのえさの与えすぎによる水質汚濁が原因で，水揚げ量や生産量が減少している。

　　・水産資源の保護・回復への取り組み…日本海沿岸でとれるずわいがにについて，漁の時期を制限し，漁業規制で決められたサイズより小さいかには海にもどしている。

3章／日本の諸地域

3節／近畿地方

2 琵琶湖の環境保全

　滋賀県の面積の約6分の1を占める琵琶湖は，京阪神地域の水源として重要な存在であり，水質の改善・保全や生態系を守る取り組みが行われている。

(1) 琵琶湖・淀川水系…**琵琶湖**から流れ出る川は，大阪大都市圏（京阪神大都市圏）の約1700万人の飲料水・農業用水・工業用水を供給する役割を担っている。

(2) 琵琶湖の環境汚染

❶背景…高度経済成長期以降，琵琶湖周辺地域で工業団地や住宅地が開発され，工場の排水や，家庭の生活排水，農業排水が琵琶湖に流れ込んだ。

【重要】

❷水質の悪化…1970年代から，湖水の**富栄養化**が進み，**アオコ**や**赤潮（淡水赤潮）**が発生した。主な原因は，合成洗剤に含まれるりんであった。
　└海や川，湖の栄養分が増えすぎること

❸環境を守る取り組み…周辺地域の住民による粉石けん使用を呼びかける運動をきっかけに，1979年，りんを含む合成洗剤の販売・使用の禁止を決めた**条例**が制定された。また，県は下水道の整備や工場排水の規制にも取り組んだ。

❹環境保全…自然の力で水質浄化ができるとされるヨシ群落の復元活動が市民によって進められている。

(3) 近年の琵琶湖の水質…条例の制定や排水の規制などで水質は改善に向かったが，湖の南部周辺で人口が増え，工場や住宅開発が進んでいるため，再び水質が悪化している❸。
　└大津市，草津市，守山市など

発展　**近畿地方の漁業**

・兵庫県…日本海に面した香美町香住でずわいがにの水揚げ量が多い。

・滋賀県…琵琶湖で，あゆ，こいなどの淡水漁業。

・三重県…志摩半島の英虞湾は，真珠の養殖の発祥地で，現在も養殖がさかん。

楽器の琵琶の形に似ているから琵琶湖と名付けられたんだって。

くわしく　琵琶湖から流れ出る川

　琵琶湖から流れ出る川は一つしかない。滋賀県では瀬田川，京都府では宇治川，大阪府では淀川と名前が変わり，大阪湾へ注ぐ。

参考　赤潮

　川や湖などの淡水で発生する，水が赤くなる現象。湖の水が富栄養化し，プランクトンが異常発生することで起こる。

透明度(m)
- 2m未満
- 2m〜3m未満
- 3m〜4m未満
- 4m〜5m未満
- 5m〜6m未満
- 6m以上

（「琵琶湖の環境2018」ほか）

❸ **琵琶湖の水質の変化**　2008年から2018年の10年間で，とくに南部で透明度が低くなっている。

日本の世界遺産をおさえよう

世界には，数多くの世界遺産がある。日本の世界遺産にはどのようなものがあるだろうか。

1 世界遺産って何？

　UNESCO（国連教育科学文化機関）の世界遺産条約に基づき，人類の共通遺産として未来へ引き継ぐ必要があるとされた自然環境や文化財のことである。文化遺産，自然遺産，その両方の要素を兼ね備えた複合遺産に分類される。1978年に初めて12か所が登録されて以降，今では世界中に1100以上の世界遺産がある。

2 日本の世界遺産は？

　1993年に法隆寺地域の仏教建造物と姫路城が文化遺産に，白神山地と屋久島が自然遺産に登録された。それ以降，登録地は増えて，2021年現在，25件が登録されている。近畿地方には6か所（右の地図の⑩〜⑮）の文化遺産があり，平城京や平安京と関わりの深い寺社の多くが登録され，世界的な観光地として注目されている。

　ほかにも，日本各地の遺跡や建造物が，さらなる世界遺産登録へ向けて推薦されている。今後の世界遺産登録のニュースをチェックしておこう。

文 は文化遺産　　▤ は自然遺産　（2020年現在）

①知床（北海道2005年登録）▤
②白神山地（青森県・秋田県1993年登録）▤
③平泉-仏国土（浄土）を表す建築・庭園及び考古学的遺跡群-（岩手県2011年登録）文
④日光の社寺（栃木県1999年登録）文
⑤富岡製糸場と絹産業遺産群（群馬県2014年登録）文
⑥ル・コルビュジエの建築作品
　-近代建築運動への顕著な貢献（東京都 2016年登録）文
⑦小笠原諸島（東京都2011年登録）▤
⑧富士山-信仰の対象と芸術の源泉（山梨県，静岡県2013年登録）文
⑨白川郷・五箇山の合掌造り集落（岐阜県，富山県1995年登録）文
⑩古都京都の文化財（京都府，滋賀県1994年登録）文
⑪古都奈良の文化財（奈良県1998年登録）文
⑫法隆寺地域の仏教建造物（奈良県1993年登録）文
⑬紀伊山地の霊場と参詣道（三重県，奈良県，和歌山県2004年登録）文
⑭百舌鳥・古市古墳群
　-古代日本の墳墓群-（大阪府2019年登録）文
⑮姫路城（兵庫県1993年登録）文
⑯石見銀山遺跡とその文化的景観（島根県2007年登録）文
⑰原爆ドーム（広島県1996年登録）文
⑱厳島神社（広島県1996年登録）文
⑲明治日本の産業革命遺産 製鉄・製鋼，造船，石炭産業
　（福岡県，佐賀県，長崎県，熊本県，鹿児島県，山口県，岩手県，静岡県2015年登録）文
⑳「神宿る島」宗像・沖ノ島と関連遺産群（福岡県2017年登録）文
㉑長崎と天草地方の潜伏キリシタン関連遺産（長崎県，熊本県2018年登録）文
㉒屋久島（鹿児島県1993年登録）▤
㉓琉球王国のグスク及び関連遺産群（沖縄県2000年登録）文
㉔奄美大島，徳之島，沖縄島北部及び西表島（鹿児島県，沖縄県2021年登録）▤
㉕北海道・北東北の縄文遺跡群（北海道，青森県，岩手県，秋田県2021年登録）文

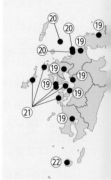

❸ 明治日本の産業革命遺産って何？

　九州地方の各県や山口県，静岡県や岩手県の8県11市にまたがる。幕末から明治時代にかけて，製鉄・製鋼，造船，石炭産業などの日本の重工業の発展の土台となった23の構成資産が登録されている。

　右の写真の反射炉とは，大砲などをつくるための溶解炉。このほか，歴史で学習する松下村塾や八幡製鉄所なども含まれている。
→p.222

(ピクスタ)
↑韮山反射炉（静岡県伊豆の国市）

(学研資料室)
↑大仙（大山）古墳（仁徳陵古墳）（大阪府堺市）
国内最大の前方後円墳。「百舌鳥・古市古墳群」として登録。

(学研資料室)
↑法隆寺（奈良県斑鳩町）

↑端島炭坑（軍艦島）（長崎県長崎市）（ピクスタ）

　上の写真の端島炭坑も，明治日本の産業革命遺産の一つである。長崎市にある島で，明治時代から1970年代半ばまで石炭の採掘が行われた。高層鉄筋コンクリートが立ち並び，海上から軍艦のようにみえるその姿から「軍艦島」とも呼ばれている。最盛期の1960年には，約5300人もの住民が暮らし，島には小中学校や娯楽施設もあった。今は，この島への上陸ツアーが長崎観光の目玉の一つになっている。

　世界遺産に登録されると，そこへ行ってみたいと思う観光客が増えて，経済効果も大きくなるね。でも，そこにある自然や建物を傷つけないようにする取り組みも必要なんだ。

1 近畿地方の自然環境 〜 2 大都市圏の形成と阪神工業地帯

□(1) 若狭湾や志摩半島には，海岸線が入り組んだ〔　　　〕がみられる。

(1) リアス海岸

□(2) 中央部にある日本最大の湖の〔　　　〕から淀川が流れ，大阪湾へ注いでいる。

(2) 琵琶湖

□(3) 南部の和歌山県は太平洋側の気候で，冬でも温暖なことから〔　りんご　みかん　〕の栽培がさかんである。

(3) みかん

□(4) 〔　大阪　神戸　〕市は，江戸時代末に港が開かれ，国際貿易都市として発展した。阪神・淡路大震災で被害を受けた。

(4) 神戸

□(5) 近畿地方には，日本で2番目に人口が集中する〔　　　〕大都市圏が形成されている。

(5) 大阪（京阪神）

□(6) 都市の中心部は，郊外から通勤・通学してくる人が多いので，〔　昼間　夜間　〕人口が多い。

(6) 昼間

□(7) 大阪湾の臨海部を中心に〔　　　〕工業地帯が発達している。

(7) 阪神

□(8) 東大阪市などには，従業員数が少ない〔　　　〕企業が多く，優れた技術をもつ町工場も多い。

(8) 中小

3 都市の開発と古都の景観保全 〜 4 農山村の課題と環境保全

□(9) 都市部の過密解消のために，郊外に〔　　　〕が建設された。

(9) ニュータウン

□(10) 近畿地方は歴史が古いことから文化財が多く，ユネスコの〔　　　〕に登録された地域が6か所ある（2020年現在）。

(10) 世界遺産（世界文化遺産）

□(11) 京都や奈良には，〔　　　〕と呼ばれる伝統的な住居があり，古都の景観保全と都市開発の両立に活用されている。

(11) 町家

□(12) 温暖で雨の多い〔　　　〕山地では，古くから林業がさかんである。

(12) 紀伊

□(13) 1970年代から，工場の排水や生活排水が流れ込んだ琵琶湖では，アオコや〔　　　〕が異常発生した。

(13)（淡水）赤潮

4節 中部地方

138°

140°

阿賀野川

信濃川

越後

38°

佐渡島

新潟

平野

越後山脈

能登半島

新潟県

黒部川

姫川

田野高平

上越

妙高山 2454

日本海

富山湾

立山

白馬岳 2932

飛騨

長野

長野盆地

浅間山 2568

金沢

富山神通川

富山

野平

富山県

立山 3015

檜ケ岳 3180

駒ケ岳 山 3190

松本地

松本盆地

36°

金沢

石川県

九頭竜川

福井

白山

2702 白山

穂高岳 乗鞍岳 3026

脈

松本 諏訪湖

木曽

ハ岳 2899

八ケ岳

関東山地

東山地

福井平野

福井

山地

御嶽山 3067

駒ケ岳 2956

曽山脈

北岳 3193

甲府

甲府盆地

福井県

伊吹山地

岐阜県

赤石山脈

山梨県

岐阜

濃尾平野

名古屋

3121 赤石岳

富士山 3776

静岡

伊勢湾

知多半島

愛知県

浜松

静岡県

富士川

伊豆半島

渥美半島

浜名湖

天竜川

駿河湾

御前崎

34°

0 50 100km

136°

138°

太平洋

140°

1 中部地方の自然環境

教科書の要点

1 地域区分　◎地域…中部地方は，**北陸・中央高地・東海**に区分

2 自然環境の特色　◎山地…中央部に**日本アルプス**，富士山などの火山も点在

◎平野・盆地…越後平野，甲府盆地，濃尾平野など

◎気候区分…北陸は**冬の季節風**の影響で雪が多い，中央高地は気温差が大きい内陸(性)の気候，東海は夏に雨が多い

1 地域区分

中部地方は，自然環境の違いから三つの地域に区分できる。

(1) 三つの地域区分 ■

❶**北陸**…日本海側の新潟県・富山県・石川県・福井県。

❷**中央高地**…内陸部にある山梨県・長野県・岐阜県北部。全体的に山がちな地域。

❸**東海**…太平洋側の静岡県・愛知県・岐阜県南部。交通の大動脈の東名高速道路が通る。

(2) 人口分布…東海や北陸の沿岸部に集中。

2 自然環境の特色

中部地方は，日本列島の中央部に位置し，三つの地域に山脈・山地と川がつくる盆地や平野があり，それぞれで異なる気候の特徴がみられる。

(1) 地形

❶北陸…新潟県と関東地方を分ける**越後山脈**。日本最長の**信濃川**の下流域に**越後平野**が広がる。福井県の若狭湾沿岸に**リアス海岸**が続いている。
└→p.175

■ **中部地方の区分**　東海に近畿地方の三重県を含むこともある。

参考　**北陸・東海の由来**

古代の律令制の行政区分であった五畿七道の東海道，東山道，北陸道，山陽道，山陰道，南海道，西海道のうちの二つの地域に由来する。北陸新幹線や東海道新幹線など，今も地域を指す名称として使われている。

くわしく　**名前が変わる信濃川**

全長367kmで日本一長い川だが，そのうち長野県を通る約214kmの部分は千曲川と呼ばれ，信濃川と呼ばれるのは新潟県を通る約153kmの長さの部分である。

❷中央高地…**日本アルプス**の山々がそびえ，**飛騨山脈，木曽山脈，赤石山脈**が連なる。浅間山や御嶽山などの活火山。山々の間には，**甲府盆地**や松本盆地などが広がる。
→p.173
→扇状地が広がる

❸東海…静岡県と山梨県の境に**富士山**。富士川，天竜川が太平洋へ注ぐ。木曽川・長良川・揖斐川の下流域に**濃尾平野**。

(2) 気候…季節風と地形の影響を受けている ❷（→p.178）。

❶北陸…**日本海側の気候**。冬に，ユーラシア大陸から日本海をわたって吹き込む冷たく湿った**北西の季節風**の影響で，雨や雪が多く降る。また，北陸は，世界有数の豪雪地帯で，雪に備えて，町ではさまざまな工夫がみられる❸。

❷中央高地…**中央高地〔内陸(性)〕の気候**。年間を通して降水量が少なく，夏は涼しく，冬の寒さが厳しい。昼と夜の気温差，夏と冬の気温差が大きい。

❸東海…**太平洋側の気候**。沿岸部は暖流の黒潮（日本海流）の影響で，冬でも比較的温暖。夏は南東の季節風の影響で降水量が多く，冬は晴れて乾燥した日が多い。

発展 日本アルプスの由来

明治時代に飛騨山脈を訪れたイギリス人が，ヨーロッパのアルプス山脈のように険しいことから，「日本アルプス」と命名した。「日本の屋根」ともいう。飛騨山脈を北アルプス，木曽山脈を中央アルプス，赤石山脈を南アルプスと呼ぶ。

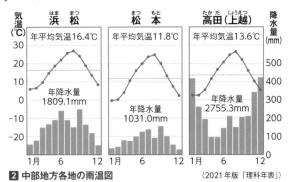

❷ 中部地方各地の雨温図　（2021年版「理科年表」）

(Cynet Photo)

流雪溝…側溝に雪を落とし，水路を通して河川まで流すしくみ。

(Cynet Photo)

融雪式アーケード…アーケードの上で雪がとけるので，雪を道路に落とす必要がない。

❸ 雪国の暮らし(新潟県十日町市)

Column 低い土地で暮らす工夫・輪中

濃尾平野には，揖斐川・長良川・木曽川が流れ，洪水を繰り返してきた。そこで「輪中」と呼ばれる堤防で囲んだ地域をつくり，洪水に備えた。

江戸時代，幕府の命令でこの地から遠い薩摩藩が治水工事を行った歴史がある。さらに明治時代に，お雇い外国人のデ・レーケが分流工事を行い，治水がゆきとどくようになった。

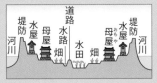

↑輪中のしくみ

（東阪航空サービス／PPS通信社）

↑木曽三川（揖斐川・長良川・木曽川）

2　東海のさまざまな産業

> **教科書の要点**
>
> **1 名古屋大都市圏** ◎ **名古屋大都市圏**…名古屋市と周辺の都市が結びつく
>
> **2 東海の工業** ◎ **中京工業地帯**…名古屋市，豊田市を中心に広がる
>
> ◎ **東海工業地域**…静岡県浜松市，富士市を中心に広がる
>
> **3 東海の農業・水産業** ◎ 農業…**茶，みかん**の栽培，渥美半島で**施設園芸農業**がさかん

1　名古屋大都市圏

東海には主要な交通路線が通り，名古屋市を中心に三大都市圏の一つが形成され，工業や商業が発展している。

(1) **名古屋市**…江戸時代から尾張藩の**城下町**として発展。**政令指定都市**で，国の出先機関や大企業の本社や支社が置かれ，商業施設も多い。周辺の都市と結びつき**名古屋大都市圏**を形成している。
→p.187

(2) 交通網…東海道新幹線，東名・名神高速道路や，中部国際空港など。リニア中央新幹線も開通予定。
→p.205

2　東海の工業

東海には，中京工業地帯と東海工業地域があり，日本でも有数の工業が発展した地域である。

重要

(1) **中京工業地帯 1 2**…名古屋市を中心に伊勢湾臨海部から内陸部に広がる。以前は**せんい工業**がさかんで，織物機械をつくる技術を土台に**自動車工業**が発達し，日本最大の工業地帯へ。
→綿織物や毛織物

くわしく　名古屋大都市圏と三重県

三重県の伊勢湾岸地域は，名古屋市への通勤・通学者が多いことから，名古屋大都市圏に含まれることが多い。

1960年 1.7兆円	金属 9.3%	機械 26.9	化学 13.2	食料品 8.9	せんい 29.7	その他 15.7

輸送用機械

せんい 0.8
食料品 4.7

2017年 57.8兆円	金属 9.4%	機械 69.4			化学 6.2	その他 9.5

輸送用機械 50.0

(2020/21年版「日本国勢図会」ほか)

1 中京工業地帯の工業生産額の変化 せんいの割合が減り，機械，とくに輸送用機械の割合が増加している。

凡例：🏭鉄鋼　✈航空機，航空機器　⚙自動車　🏢石油化学　⚙自動車部品　△化学　◆パルプ，紙製品　◆楽器　◆その他　--- 新幹線　━ 高速道路　━ 鉄道

2 中京工業地帯・東海工業地域の主な工業

❶自動車工業…愛知県**豊田市**は，1930年代から自動車生産
を開始し，第二次世界大戦後に大きく発展。周辺に関連工
場が立ち並ぶ。完成した自動車は，**名古屋港**などから出荷。
かつては挙母市，自動車会社の名をとり豊田市へ

❷石油化学工業…伊勢湾の臨海部の三重県**四日市市**に**石油化
学コンビナート**，愛知県東海市に製鉄所がある。
└→p.232

❸その他の工業…陶磁器生産がさかんな愛知県**瀬戸市**や岐
阜県多治見市ではファインセラミックス産業が発展。

(2) **東海工業地域❷❸**…静岡県の沿岸部に形成。**浜松市**で
オートバイや楽器の生産，**富士市**で製紙・パルプ工業が発
達している。
└→富士山の豊富なわき水を利用

3章／日本の諸地域

4節／中部地方

参考 企業城下町

　豊田市のように，住民のほとんどが一
つの企業に直接・間接的に関わって生活
している町を企業城下町という。ほかに
茨城県の日立市などがある。

❷ 静岡県でさかんな主な工業製品の生産額の割合

製品	生産額	内訳
ピアノ	182億円	静岡 100%
パルプ・紙・紙加工品	7兆4432億円	静岡 11.2% / 愛媛 7.7 / 北海道 5.3 / 埼玉 6.5 / 愛知 5.7 / その他

（2017年）（2020年版「データでみる県勢」）

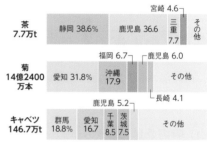

❹ 茶・菊・キャベツの生産量の割合

品目	生産量	内訳
茶	7.7万t	静岡 38.6% / 鹿児島 36.6 / 三重 7.7 / 宮崎 4.6 / その他
菊	14億2400万本	愛知 31.8% / 沖縄 17.9 / 福岡 6.7 / 鹿児島 6.0 / 長崎 4.1 / その他
キャベツ	146.7万t	群馬 18.8% / 愛知 16.7 / 千葉 8.5 / 茨城 7.5 / 鹿児島 5.2 / その他

（茶は2019年，ほかは2018年）
（2020/21年版「日本国勢図会」ほか）

3 東海の農業・水産業

　東海では，生産性が高く先進的な農業経営がみられ，茶や
みかんの栽培や園芸農業が行われている。また，遠洋漁業の
代表的な漁港もある。

(1) **茶の栽培❹**…静岡県の**牧ノ原**は，明治時代に開墾が行わ
れた。霜が降りにくく水はけのよい土地の利点をいかし，国
内有数の茶の産地となる。近年は緑茶の輸出に力を入れる。

(2) **みかんの栽培**…駿河湾沿いの丘陵地でさかん。

(3) **園芸農業**…愛知県の渥美半島や静岡県でさかん。

❶用水路の整備…かつては水不足に悩んでいた渥美半島に
豊川用水，知多半島に愛知用水という大規模な**かんがい
用水**が引かれたため，農業が発展した。

❷渥美半島の農業…温室やビニールハウスで，メロン，**電
照菊❹**の施設園芸農業が行われている。

(4) **遠洋漁業の基地・焼津港**…日本有数の水揚げ量を誇る漁港
の一つ。世界各地の漁場で漁をする**遠洋漁業**の基地として，ま
└→p.193
ぐろやかつおの水揚げ量が多い。漁港の周辺には，水揚げさ
れた魚を缶詰やかまぼこなどに加工する**食品工業**が発達。
└→水産加工業

重要

用語 解説 園芸農業

　都市向けに野菜や花を栽培する農業。
ビニールハウスや温室などを使って行わ
れる施設園芸農業，トラックやフェリー
を使って出荷する輸送園芸農業などがあ
る。

用語 解説 電照菊

　菊は日照時間が短くなると開花する。
普通は秋に開花するが，温室の中で夜間
に照明をあて続けることで開花時期を遅
らせる工夫をしている菊を電照菊と呼
ぶ。**抑制栽培**（→P.192）の一つで，秋
から冬にかけて出荷し，高い値段で売る
ことができる。

3 中央高地の産業の移り変わり

教科書の要点	
1 中央高地の農業	◎ **甲府盆地**…養蚕用のくわの栽培からぶどう・もものの栽培へ ◎ **高原野菜**…八ケ岳や浅間山のふもとでレタスやキャベツの栽培
2 中央高地の工業	◎ 工業の変化…**製糸業**が衰退，**精密機械工業**が発達，高速道路網の整備が進み，**電気機械工業**の工場が進出
3 中央高地の観光業	◎ 観光資源…旧街道沿いの宿場町，白川郷の合掌造り集落など

1 中央高地の農業

　内陸部の中央高地は，山あいの盆地や高原で，時代の変化とともに土地の特色をいかした農業が行われてきた。

重要

(1) **甲府盆地**の農業の変化…**扇状地**が広がり，水田には適さない土地であった。
→p.174

❶ くわの栽培…明治時代から昭和時代にかけて，周辺で**製糸業**がさかんで，**養蚕**■用のくわが栽培されていた。

❷ 果樹栽培…製糸業の衰退から，昼と夜の気温差が大きい気候や，水はけのよさをいかして，**ぶどう**❶やももの栽培がさかんになる。ぶどうを原料にしたワインの生産も開始，観光用農園やワイナリーに多くの観光客が訪れる。
→ ワインの生産工場

(2) 長野盆地・松本盆地…**りんご**の栽培がさかん。

(3) 高原の農業…八ケ岳のふもとの**野辺山原**，浅間山の周辺，
→p.268，群馬県嬬恋村

菅平などの高原は，第二次世界大戦後に開拓され，**レタス**や**キャベツ**などの**高原野菜**の栽培がさかんになる。涼しい気候をいかして**抑制栽培**を行い，ほかの地域からの出荷が少ない夏に，東京などの大消費地に向けて出荷している❷。
→p.192

用語解説 養蚕

　蚕のえさであるくわを栽培し，蚕からせんい原料のまゆを生産する農業。かつて中央高地で広く行われ，まゆから生糸をつくり絹を生産する製糸業もさかんであった。

（2018年）（2020/21年版「日本国勢図会」）
❶ ぶどうの生産量の割合

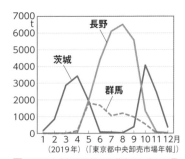

（2019年）（「東京都中央卸売市場年報」）
❷ 東京都中央卸売市場に入荷するレタスの量

2 中央高地の工業

　内陸にある長野県の諏訪湖周辺では，時代とともに主要な工業が変わり，交通網の整備によって工業の広がりがみられる。

(1) 製糸業…明治時代，養蚕を行い生糸をつくる**製糸業**が発達し，諏訪湖周辺には多くの製糸工場があった。昭和時代の初めに生産量が減り，衰え始めた。
→ 世界恐慌の影響で，アメリカへの輸出にたよっていた日本の製糸業は打撃を受けた

(2) 精密機械工業…第二次世界大戦中，空襲を避けるため，東京などの機械工場が諏訪湖周辺の製糸工場の跡地へ移転した。戦後，これらの工場の技術をいかして，**時計やカメラのレンズ**をつくる**精密機械工業**が発達した。
→ 諏訪湖周辺のきれいな水や空気が，精密機械部品の洗浄に適していた

(3) 電気機械工業…1980年代以降，高速道路の整備が進んだことにより，松本盆地や伊那盆地などの，製品の輸送に便利な高速道路沿いに，**電子部品**やプリンタ，産業用ロボットなどの**電気機械工業**の工場が進出した❸。

3 中央高地の観光業

　中央高地は観光資源が豊富で，大都市圏から多くの観光客が訪れている。

(1) 観光地…旧街道沿いの宿場町，世界遺産の白川郷や五箇山の合掌造り集落❹，軽井沢の避暑地，温泉やスキー場など。
→ 中山道（なかせんどう）

(2) 持続可能な地域づくり…観光業と環境保全を両立させる取り組みが行われている。

発展　**近代工業は製糸業から**

　明治維新後，新政府が進めた殖産興業により，群馬県の富岡製糸場などの官営工場がつくられた。生糸は重要な輸出品であり，長野県の岡谷市も製糸業のまちとして栄えた。

近代の日本の歴史と関連づけて中央高地の工業の変化をとらえよう。

情報通信機械 16.6%

電子部品 12.3

生産用機械 11.5

食料品 9.1

はん用機械 7.0

その他

総額 6.2兆円

（2017年）（2020年版「データでみる県勢」）

❸ 長野県の工業生産額の割合

❹ 白川郷の合掌造り集落　　（ピクスタ）

Column　持続可能な地域づくりとは何？

　自然環境が観光資源となっている中央高地では，自家用車で来る観光客の増加で美しい自然環境が破壊されないかという不安を抱えている。そこで，上高地や乗鞍高原では，自家用車で観光地へ乗り入れられないようにマイカー規制を設けた。途中に設置した場所に自家用車を駐車して，低公害車両のシャトルバスで現地へ行く**パークアンドライド**のシステムを取り入れている。

（ピクスタ）

↑低公害シャトルバスで上高地へ

特色ある北陸の産業

1 雪解け水をいかした農業
◎稲作…北陸は**水田単作**地帯，**越後平野**は日本有数の米の産地
◎関連産業…米を原料とした餅，日本酒などの食品工業も発達

2 雪国の伝統産業
◎**雪解け水の利用**…**水力発電所**，アルミニウム工業が発達
◎**伝統産業**…冬の農家の副業が産業として発展
◎**地場産業**…福井県鯖江市の眼鏡枠（フレーム）生産など

1 雪解け水をいかした農業

北陸は，古くから稲作が重要な産業で，土地改良や銘柄米の開発により，日本有数の米の産地となっている。

(1) **土地改良**…北陸の平野は水は豊富だが，用水路や排水施設の整備が必要であった。1950年代から，国が土地改良事業を行い，日本を代表する水田地帯となった。

重要

(2) **水田単作**■■…北陸は積雪期間が長いので，冬の農業は難しく，春から夏には雪解け水が豊富なことから，一年を通して稲作だけを行う農業が中心である■。北陸では，耕地のおよそ9割が水田である。

❶地域…**越後平野**，金沢平野などは**早場米**■■の産地。

❷**銘柄米の生産**…北陸では銘柄米のコシヒカリの品種が多く栽培され，中でも新潟県の「魚沼産コシヒカリ」は，地域ブランドとして人気がある。
　→特定の産地の米の品種のうち，優れた品質をもつものとして商品化されている米。ブランド米ともいう

❸**米に関連した産業**…新潟県では，米を原料にしたせんべいなどの米菓や餅，日本酒の製造が行われている。

(3) その他の農業…富山県や新潟県で**チューリップの球根**栽培，石川県の砂丘で野菜栽培がさかんである。

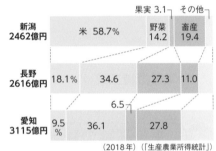

1 新潟県・長野県・愛知県の農業生産額割合

	米	野菜	果実	畜産	その他
新潟 2462億円	58.7%	14.2	3.1	19.4	
長野 2616億円	18.1%	34.6	27.3	11.0	
愛知 3115億円	9.5%	36.1	6.5	27.8	

(2018年)（「生産農業所得統計」）

中部地方の各地域の農業の特色を読み取ることができる。北陸は稲作，中央高地は果樹栽培と野菜栽培，東海は野菜栽培がさかんである。

用語 解説 **水田単作**

一年に一回，同じ耕地で米だけをつくること。

用語 解説 **早場米**

早い時期に栽培・出荷される米。秋の長雨を避けるため，北陸では，秋の早い時期に米を収穫，出荷する。

② 雪国の伝統産業

北陸は，冬場の農家の副業として発達した伝統産業や地場産業がさかんである。また，雪解け水は工業にも利用されている。

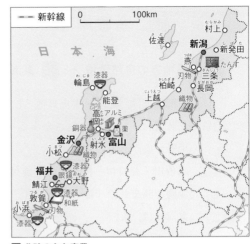

2 北陸の主な産業

凡例 新幹線 0 100km

重要

(1) **発達の背景**…冬の間，雪によって農作業ができないので，屋内で作業ができる工芸品づくりの副業が行われていた。また，江戸時代の藩の特産品から発展した工芸品もある。

(2) 北陸の主な工業…**金属・化学工業**が発展②。

❶ **水力発電**…中央高地の山地から流れ出る豊富な雪解け水を利用して，黒部川流域には多くの水力発電所が立地。

❷ **アルミニウム工業**…富山県で発達。現在は，輸入したアルミニウムをファスナーやサッシに加工する工業へ発展。

(3) **伝統産業**📖…織物，漆器，陶磁器など②。

❶ 北陸の主な伝統的工芸品…輪島塗（石川県），加賀友禅（石川県），越前和紙（福井県），高岡銅器（富山県），小千谷縮（新潟県）など。

❷ 現在の課題…後継者不足，海外製品との競争など。産地のブランド化や現代的な用途にあった製品づくりに挑戦している（→p.278）。
　　　└→ 東北地方の伝統産業でも同じ動きがみられる

(4) **地場産業**📖…伝統産業でつちかわれた技術をいかし，現在では地元に密着した産業として発展している。

❶ **福井県鯖江市**…冬の内職として**眼鏡枠（フレーム）**づくりが始まった❸。現在は中小企業が作業工程を分担して製造し，国内生産の約90%，世界生産の約20%を占める。

❷ **新潟県燕市**…くぎづくりの金属加工技術をいかして，スプーンなどの食器，自動車部品などの金属製品を製造。

❸ **富山県**…江戸時代に薬売り（売薬）の商人が活躍。現在も製薬会社が多くある。
　　　└→ 富山の商人が各地へおもむき，つくった薬を各家庭に置いてもらい，使った分だけ代金をとるという「配置薬」システムを確立した

思考 なぜ北陸でアルミニウム工業?

アルミニウムの精錬には，大量の水と電力が必要である。北陸では豊富な水資源と水力発電をいかしてアルミニウム工業が発達した。

用語解説 伝統産業・地場産業

地元でとれる原材料と伝統的な技術をいかして発展した産業で，地域との結びつきが強い産業を**地場産業**という。

その中でも，織物・漆器・陶磁器などの工芸品をつくる産業を**伝統産業**という。伝統産業の振興のために，経済産業大臣が優れた工芸品を**伝統的工芸品**に指定する制度がある。

（朝日新聞社／Cynet Photo）

3 眼鏡枠（フレーム）の生産

1 中部地方の自然環境 ～ 2 東海のさまざまな産業

□(1) 中部地方は，北陸・中央高地・〔　　　〕に区分される。

□(2) 北陸では，日本一の長さがある〔　　　〕川の下流域に越後平野が広がっている。

□(3) 木曽川・長良川・揖斐川の下流域に〔　　　〕平野が広がり，堤防で囲まれた「輪中」がある。

□(4) 東海には，〔　　　〕市を中心に三大都市圏の一つが形成されている。

□(5) 中京工業地帯は日本最大の工業地帯で，〔　四日市　豊田　〕市では自動車工業がさかんである。

□(6) 静岡県の牧ノ原は，国内有数の〔　　　〕の産地で，静岡県の生産量は全国の約40％を占めている。

□(7) 愛知県の渥美半島では，温室やビニールハウスを使って，メロンや菊を栽培する〔　　　〕農業がさかんである。

3 中央高地の産業の移り変わり ～ 4 特色ある北陸の産業

□(8) 山梨県の〔　松本　甲府　〕盆地は，かつてくわ畑だったところが果樹園となり，ぶどうの栽培がさかんである。

□(9) 八ケ岳のふもとの野辺山原では，涼しい気候をいかしてレタスやキャベツなどの〔　　　〕を栽培して，夏に出荷している。

□(10) 諏訪湖周辺は，1980年代以降に高速道路の整備が進んだことで，〔　製糸　電気機械　〕工業の工場が進出した。

□(11) 北陸の越後平野などは，冬に雪が多いため一年を通して稲作だけを一度行う水田〔　　　〕地帯となっている。

□(12) 黒部川流域には，多くの〔　水力　地熱　〕発電所がある。

□(13) 福井県鯖江市の眼鏡枠（フレーム）づくり，富山県の売薬や製薬など，〔　　　〕産業がさかんである。

解答
(1) 東海
(2) 信濃
(3) 濃尾
(4) 名古屋
(5) 豊田
(6) 茶
(7) 施設園芸
(8) 甲府
(9) 高原野菜
(10) 電気機械
(11) 単作
(12) 水力
(13) 地場

5節 関東地方

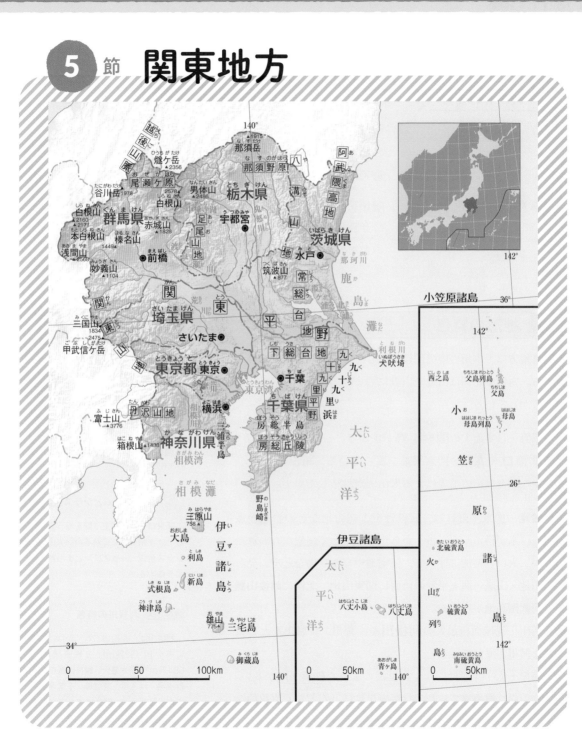

越後山脈
燧ケ岳 ▲2356
尾瀬ケ原
谷川岳 1978
那須岳 1915
那須野原
阿武隈高地
八溝山地
男体山 ▲2486
白根山
栃木県
宇都宮
白根山 ▲2160 ▲2171
本白根山
赤城山 ▲1828
群馬県
足尾山地
茨城県
水戸
那珂川
榛名山 1449
前橋
筑波山 ▲877
常総
鹿島灘
浅間山 ▲2568
妙義山 ▲1104
関東
三国山 1834
▲2475
甲武信ケ岳
関東
埼玉県
荒川
さいたま
東
平
台
野
下総台地
利根川
九十九里浜
犬吠埼
東京都
東京
九十九里平野
丹沢山地
千葉
横浜
三浦半島
千葉県
富士山 ▲3776
箱根山 ▲1438
神奈川県
房総半島
相模湾
房総丘陵
野島崎
相模灘
太平洋
三原山 758
大島
伊豆諸島
利島
式根島
新島
神津島
雄山 775
三宅島
御蔵島

小笠原諸島
西之島
父島列島
父島
小笠原
母島列島
母島
笠原
26°
諸島
北硫黄島
火山列島
硫黄島
島
南硫黄島
142°

伊豆諸島
太平洋
八丈小島
八丈島
青ケ島

0 50 100km
0 50km
0 50km

140°

1 関東地方の自然環境

1 地形の特色

◎ **関東平野**…日本最大の平野，**関東ローム**に覆われている

◎ 山地…西部に関東山地，北部に越後山脈や阿武隈高地が連なる

◎ 河川…流域面積が日本最大の**利根川**や，荒川，多摩川が流れる

2 気候の特色

◎ 関東地方の気候…**太平洋側の気候**，冬に**からっ風**が吹く

◎ 伊豆諸島・小笠原諸島…一年中温暖な気候

◎ 都市の中心部…**ヒートアイランド現象**がみられる

1 地形の特色

　関東地方は，本州の中央部に位置し，広い地域を関東平野が占める。西側や北側は山地や山脈に囲まれ，台地や川沿いに低地が広がっている。

(1) 平野…日本最大の**関東平野**が広がる。

❶関東ローム❶…関東平野を覆っている，箱根山や富士山などの火山の噴火による火山灰が堆積した赤土。

❷台地…関東平野には，武蔵野や下総台地などの台地が多い。水が得にくく，古くから畑作地として開墾が行われたが，人口の増加に伴って，住宅地やゴルフ場などを開発。

(2) 山地・山脈…関東平野の西側に**関東山地**，北側に**越後山脈**や**阿武隈高地**が連なる。

(3) 河川…流域面積最大の**利根川**や，荒川，多摩川などの大きな河川が流れている。

(4) 海岸…太平洋岸は，九十九里浜のような**砂浜海岸**が多い。
→p.175
東京湾岸は埋め立てられ，自然海岸はほとんどなく直線的な**人工海岸**が続き，埋め立て地は工業用地などに利用されている。
→p.175

(Cynet Photo)

1 関東ローム　約1〜2万年前の，大昔の年代の地層が形成されている。

テストで注意 関東ロームとシラス台地

　関東ロームは関東平野を覆う赤土のことで，九州南部に広がる白い火山灰地のシラス台地（→p.221）とまちがえないようにする。

くわしく　利根川の特色

　利根川は，信濃川に次いで日本で2番目に長い川（322km）。流域面積は，1万6842km²で日本最大。越後山脈を源流に，群馬県，埼玉県，茨城県，千葉県を流れて太平洋へ注ぐ。関東地方の各地に飲料水・農業用水・工業用水を供給している。

② 気候の特色

　関東地方の大部分は太平洋側の気候であるが，内陸部と沿岸部では違いがみられる。また，太平洋上の伊豆諸島や小笠原諸島は，一年中温暖である。都市の中心部ではヒートアイランド現象がみられる。

(1) 関東地方の気候 ②…夏に雨が多く，冬は晴天の日が多く乾燥する**太平洋側の気候**。
　　→ p.179

❶ 北関東（内陸部）…冬は，**からっ風**と呼ばれる冷たい北西
　　日本海側に雪を降らせた季節風が越後山脈を越えて乾いた風となる
　　の季節風が吹き，乾燥 ❸。夏は，湿度が高く蒸し暑くなり，山沿いで雷雨が発生しやすい。埼玉県熊谷市では，毎年高温を観測している。

❷ 南関東（沿岸部）…黒潮（日本海流）の影響で，房総半島
　　　　　　　　　　　→ p.175
　　の南部や三浦半島は冬でも温暖。

(2) 小笠原諸島の気候…沖縄県とほぼ同緯度にあり，南西諸島と同じく一年中温暖。

(3) 特有の現象…近年都市化によって特有の現象がみられる。

❶ **ヒートアイランド現象**…高層ビルが立ち並ぶ都市の中
　　→ エアコンや自動車からの排出熱，アスファルト舗装の放射熱などで熱がたまっておこる
　　心部で，気温が周辺地域よりも高くなる傾向がみられる。夏の猛暑日や熱帯夜の原因となっている。
　　→ 猛暑日…最高気温35℃以上の日，熱帯夜…夜間の最低気温25℃以上のこと

❷ 局地的な集中豪雨（ゲリラ豪雨）…近年，夏の高温が続く関東地方の各地で発生している。

Column 東洋のガラパゴス・小笠原諸島

　小笠原諸島は，東京都心から約1000kmも離れた太平洋上にあるが，東京都に属している。空港はなく，都心から船で約1日かけて一般住民が暮らしている父島と母島へ行くことができる。大陸と地続きになったことがないため，独自の進化をとげた動植物が多く「東洋のガラパゴス」と呼ばれ，世界遺産（自然遺産）に登録されている。
　　　　　　　　　　　　　　　　　　　　　→ p.141

雨温図

気温
(℃)

父島（小笠原）
年平均気温23.2℃
年降水量
1292.5mm

東京
年平均気温15.4℃
年降水量
1528.8mm

前橋
年平均気温14.6℃
年降水量
1248.5mm

降水量
(mm)

❷ 関東地方各地の雨温図

（2021年版「理科年表」）

🚩 **発展　防風林の「屋敷森」**

　北関東の内陸部では，冬の北西の季節風から家を守るために，家の北側と西側に樹木を植えている。この樹林が防風林の役割を果たし，「屋敷森」と呼ばれている。

❸ 屋敷森　　　　　　　　　　（悠工房）

📖 **参考　ゲリラ豪雨**

　正式な気象用語は，局地的大雨。突発的に短時間に狭い範囲で発生する予測しにくい集中豪雨を報道するときに使われる。

↑小笠原諸島の美しい海　（ピクスタ）

2 首都・東京

> **教科書の要点**
>
> ① **中心都市・東京**
> ◎ **首都**…東京には，国の政治の中枢機能や企業の本社などが集中
> ◎ **一極集中**…企業・文化施設など，さまざまなものが東京に集中
> ◎ **世界都市**・Tokyo…東京は世界有数の国際都市
> ◎ **情報通信産業**…情報を扱う産業が東京に集中
>
> ② **交通網の拠点・東京**
> ◎ **交通網**…東京は，世界と日本を結ぶ拠点となっている
> ◎ **成田国際空港**…日本の「空の玄関口」で国内最大の貿易港

1 中心都市・東京

東京は日本の首都で，政治・経済の中心地であり，文化や情報の発信地としての役割も担っている。また，消費活動が活発で情報が集まる東京では，商業やサービス業がとくに発達している。

重要

(1) **東京**…東京の中心部は，23の特別区（23区）からなる。日本の中での東京への**一極集中**が進んでいる。
 ←各区が市町村と同じような権限をもつ

❶ **政治の中心**…日本の**首都**として，国会・中央省庁・最高裁判所❶などの国の政治の中枢機能が集中。

❷ **経済の中心**…日本銀行や大きな銀行の本店，東京証券取引所，大企業の本社などが集中。

❸ **文化・情報の発信地**…美術館や劇場などの文化施設や大学❷などの教育機関，テレビ局や新聞社，出版社，広告会社などが集中。コンサートやショーなどのイベントも多い。

❶ 霞が関にある官庁街 （ピクスタ）

面積	人口	年間商品販売額
東京都 0.6% / 37万7974 km² (2019年)	東京都 11.0% / 全国 1億2617万人 (2019年)	東京都 34.1% / 544兆8359億円 (2016年)

国内銀行預金残高	外資系企業	大学生
東京都 34.8% / 789兆円 (2016年)	東京都 67.4% / 3217社 (2016年)	東京都 26.0% / 291万人 (2018年)

（2020／21年版「日本国勢図会」ほか）

❷ 東京都への集中 東京都の面積は，全国のわずか0.6％だが人口は約1割も占める。

(2) 世界都市・Tokyo

❶世界都市…東京は，アメリカ合衆国のニューヨークやイギリスのロンドンなどと並んで，世界各地から人・物・お金・情報が集まる重要な中心地の一つ。金融・貿易などの国際的な活動を24時間行っている。

❷増加する外国人…各国の大使館が東京に置かれ，外資系企業❷も東京に集中するため，仕事のため長期間東京で暮らす外国人も多い❸。

(3) **第三次産業の発達**…たくさんの情報と人が集まる東京では，第三次産業の中でもとくに**サービス業**が発達している。また，活発な消費活動を支える**商業**もさかんである。

❶サービス業…政治や経済のニュース，ファッション，音楽，グルメなどの流行まで，膨大な情報が東京に集まり，それを発信する**情報通信技術（ICT）関連産業**が東京に集中❹。また，東京ディズニーリゾートや浅草など，観光地が，東京には多くあり，娯楽を扱う産業も発達している。

❷商業…日本最大の消費地でもあることから，卸売業や小売業の販売額に占める東京都の割合も高くなっている❷。中心部には電気街の秋葉原，若者が集まる原宿など個性的な商業地があり，郊外には交通網の発達により，大型ショッピングセンターやアウトレットモールが進出している。

❸ 在留外国人数の割合

東京 20.2%
愛知 9.6
8.7 大阪
8.0 神奈川
6.7 埼玉
5.7 千葉
その他
293万人
（2019年12月）（「在留外国人統計」）

❹ 情報通信業の事業所数の割合

東京 34.5%
大阪 9.2
5.9 神奈川
5.3 愛知
福岡 4.2
その他
事業所数 63574
（2016年）（2020年版「データでみる県勢」）

■参考 アウトレットモールとは

メーカー品や高級ブランド品を低価格で販売する店舗が集まったショッピングセンターのこと。高速道路のインターチェンジの近くなど，自動車でのアクセスが便利な場所に立地している。

 なぜ，東京近郊で大きなイベントが開かれるのだろう？

東京，千葉，横浜では，企業の見本市（展示会），ゲームショウ，コミックマーケット，ファッションショーなどの大型イベントが開催されている。これは，コンベンションセンターと呼ばれる大型の会議場が多いためである。

また，インターネット関連，ゲーム，映像，アニメ，漫画などを制作する会社や事務所も，東京都内に拠点を置くことが多く，技術と独創性が必要とされるこれらのコンテンツは，世界中から注目されている。

世界都市・東京は，新しい文化の発信地としての役割を果たしている。

↑日本最大級のコンベンションセンター(幕張メッセ)
（ピクスタ）

↑東京ゲームショウ
（朝日新聞社）

2 交通網の拠点・東京

　東京は，日本各地を結ぶ交通網の拠点である。東京国際空港（羽田空港）や成田国際空港は，国内だけではなく世界各地ともつながり，貿易もさかんである。

(1) 日本各地とのつながり…東京を起点として，新幹線や高速道路網が放射状に日本各地へのびている。航空路線は，東京国際空港（羽田空港）が国内線の中心である。

(2) 世界各地とのつながり…港（空港）では，旅客輸送だけでなく貨物輸送もさかんである（→ p.204）。

5 成田国際空港 （東阪航空サービス／PPS 通信社）

> **重要**
>
> ❶ 空港…日本の「空の玄関口」である千葉県の**成田国際空港5**の貿易額は国内最大で**6**，国際的な交通網の拠点。東京都の**東京国際空港（羽田空港）**も国際線の発着が多い。
>
> ❷ 海港…東京湾の沿岸にある**東京港6**・**横浜港6**・千葉港・川崎港などが「海の玄関口」の役割を果たしている。

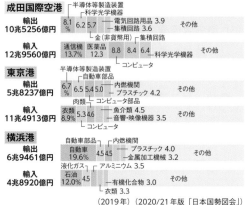

成田国際空港
輸出 10兆5256億円：半導体等製造装置 8.1% ／ 科学光学機器 6.2 ／ 5.7 ／ 電気回路用品 3.9 ／ 集積回路 3.6 ／ 金（非貨幣用） ／ その他
輸入 12兆9560億円：通信機 13.7% ／ 医薬品 12.3 ／ 8.8 ／ 8.4 ／ 6.4 ／ 集積回路 ／ 科学光学機器 ／ コンピュータ ／ その他

東京港
輸出 5兆8237億円：半導体等製造装置 6.7% ／ 自動車部品 6.5 ／ 6.5 ／ 4.5 ／ 4.0 ／ 内燃機関 ／ プラスチック 4.2 ／ コンピュータ部品 ／ その他
輸入 11兆4913億円：衣類 8.9% ／ 肉類 5.3 ／ 4.6 ／ 魚介類 4.5 ／ 音響・映像機器 3.5 ／ コンピュータ ／ その他

横浜港
輸出 6兆9461億円：自動車 19.6% ／ 自動車部品 4.5 ／ 4.5 ／ 内燃機関 ／ プラスチック 4.0 ／ 金属加工機械 3.2 ／ その他
輸入 4兆8920億円：石油 12.0% ／ 液化ガス 4.5 ／ アルミニウム 3.5 ／ 有機化合物 3.0 ／ 衣類 3.3 ／ その他

(2019年)（2020/21年版「日本国勢図会」）

6 関東地方の主な港（空港）の貿易品目　東京港は周辺に大消費地があるので衣類や食料品の輸入割合が高い。

Column　東京を中心に結ばれる航空交通網をながめてみよう

　日本にはたくさんの空港があり，その中心となっているのが，東京国際空港(羽田空港)である。
　旅客数が多い路線は，東京～札幌，東京～福岡間など，東京と遠距離の都市を結ぶ路線に集中している。

　　700万人以上
　　300～700万人
　　105～300万人
　　✈ その他の主な空港（東京便，大阪便のどちらかが運行）
（2018年度）

↑主な国内航空路線と旅客数

（2020/21年版「日本国勢図会」）

3　東京大都市圏

教科書の要点

1 **東京大都市圏の拡大**
◎ **東京大都市圏**…日本の人口の約4分の1を占める最大の都市圏
◎ **都心部の人口**…**昼間人口**が多く，**夜間人口**が少ない

2 **都市問題の解決**
◎ **過密**問題…通勤・通学ラッシュ，交通渋滞の問題など
◎ 都市機能の分散…都心の**再開発**，筑波研究学園都市や新都心の開発

1　東京大都市圏の拡大

　東京への人口集中が進み，東京から放射状にのびる鉄道に沿って住宅地の開発が進み，郊外・都心間の通勤・通学の往来が増加したことで東京大都市圏が拡大した。

（1）関東地方の人口…日本の総人口の約3分の1が住む。

重要
（2）**東京大都市圏**…日本の総人口の約4分の1の人口が集中（都心から50〜70km圏内に約3400万人），**三大都市圏**の中で最大。横浜市・川崎市・さいたま市・千葉市・相模原市の五つの**政令指定都市**がある。
　└→p.187

❶人口集中の背景…高度経済成長期に，進学や就職のために地方から東京へ移り住む人が多くなった（→p.186）。

❷大都市圏の拡大…東京は住宅地不足で地価が高くなり，鉄道沿線沿いの郊外に住宅地を開発。東京への通勤・通学で結びつきが深い東京大都市圏がさらに広がった。

❸都心・副都心📖…オフィス街や商業地区である東京駅周辺は都心，ターミナル駅の新宿**1**・池袋・渋谷などは副都心。
　└→p.240

❹郊外…住宅地不足解消のために，1970年代以降，東京の多摩や千葉の海浜などに大規模なニュータウンを形成。
　└→p.242

東京，名古屋，大阪にある三大都市圏を，ここでまとめてみよう。

用語解説 **都心・副都心**

　政治や経済の中心的な役割を果たしている大都市の中心部を都心，都心の周辺にあり，都心の機能を分担する地区を副都心という。東京湾岸の再開発により埋め立てが進んだ地域には，臨海副都心が形成されている。

（ピクスタ）

1 高層ビルが建ち並ぶ新宿

(3) 東京大都市圏の人口移動…大阪大都市圏と同じく，都心と郊外の人口移動の特徴がみられる（→p.240）。

❶ 東京の交通網…都心部から郊外へ放射状に鉄道や高速道路が延びる。

❷ 通勤・通学の様子…郊外や周辺の県から都心へ通勤・通学する人が多い❷。

❸ 昼間・夜間人口の特徴…都心の千代田区や副都心の新宿区は，**昼間人口**が多く，**夜間人口**は少ない。逆に郊外や周辺の県は，昼間人口が少なく，夜間人口が多い❸。

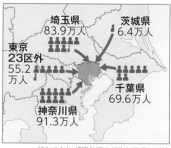

（2015年）（「国勢調査報告」平成27年）

❷ 東京23区への通勤・通学者

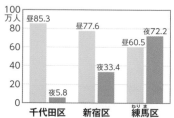

（2015年）（「国勢調査報告」平成27年）

❸ 東京の主な区の昼間人口と夜間人口の差

2 都市問題の解決

(1) **都市問題**とその対策…**過密**によるさまざまな問題が発生。
  →p.187

❶ 交通量の増加…朝夕の時間帯で通勤・通学ラッシュ，交通渋滞が深刻な問題。対策としては，時差通勤の推奨，東京外環自動車道や圏央道などの建設が進んでいる。
  →中心部を通らずに郊外の都市を結ぶ

❷ ニュータウンの問題…住民の少子高齢化や建物の老朽化が課題。対策としては，若い世代の呼び込み，古い建物の再生をはかっている（→p.242）。

(2) 防災を考えた都市の再開発…災害に強いまちづくり。

❶ 都市型の水害…アスファルトの舗装道路は，雨水が地下にしみ込みにくく，集中豪雨などで浸水被害が発生しやすい。

❷ 取り組み…雨水を一時的に貯める地下調節池や放水路を建設❹。

(3) 都市機能の分散…都心に集中する機能を周辺に分散。

❶ **筑波研究学園都市**…東京から大学や研究機関を移転。
  →茨城県つくば市

❷ 都心の**再開発**…臨海部の埋め立て地や鉄道施設跡地に，大型商業施設や高層マンションを建設（→p.187）。

❸ 新都心の開発…横浜「みなとみらい21」地区❺，幕張新都心，さいたま新都心の開発が進み，会社や商業施設が移転。

（Cynet Photo）

❹ **首都圏外郭放水路** 埼玉県から千葉県にかけて地下50mに建設された巨大な放水路。

（東阪航空サービス／PPS通信社）

❺ **横浜「みなとみらい21」地区** 商業施設や国際会議場がある。

4 関東地方の産業

1 関東地方の農業

◎ **近郊農業**…大消費地である東京大都市圏向けに農作物を出荷

◎ さかんな農業…野菜以外に果物，牛乳，鶏卵，食肉の生産など

◎ **高原野菜**の栽培…群馬県の嬬恋村などでさかん

2 関東地方の工業

◎ 臨海部…東京湾岸に**京浜工業地帯**や**京葉工業地域**が広がる

◎ 内陸部へ移る工業…高速道路網の整備とともに，内陸部へ工場移転が進み，**北関東工業地域**が形成

1 関東地方の農業

　関東地方では，東京大都市圏に住む多くの人々の食生活を支えるために，近郊農業が発展した。また，東京から離れた群馬県嬬恋村では，高原野菜の栽培がさかんである。

重要

(1) **近郊農業**…関東平野の畑作地域では，都市の住民向けに新鮮な野菜を出荷する農業がさかん（→p.192）。

(2) 関東地方の農業の利点…食料の大消費地である東京大都市圏に近いので，輸送時間や費用を抑えることができる。野菜のほかにも，新鮮さが要求される花，果物，牛乳，鶏卵，食肉などの生産もさかんである。 →p.221

(3) 関東地方の各県の主な農畜産物 **1 2**…茨城県や千葉県は，いろいろな野菜の生産量で全国上位を占めている。

❶ 茨城県…はくさい，鶏卵など。

❷ 千葉県…ねぎ，ほうれんそう，鶏卵など。冬でも暖かい房総半島南部では花の栽培がさかん。

❸ 栃木県…いちご，乳牛の飼育，工芸作物のかんぴょう。
→「とちおとめ」　　　　　　→原料として使われることを目的につくられる作物

❹ 群馬県…工芸作物のこんにゃくいも。

1 関東地方の主な野菜の栽培地域

はくさい 89.0万t	茨城 26.5%	長野 25.4	その他

ねぎ 45.3万t	千葉 13.8%	埼玉 12.3	茨城 11.0	群馬 4.3	北海道 4.3	その他

ほうれんそう 22.8万t	千葉 11.2%	埼玉 10.6	群馬 9.4	茨城 7.8	その他

鶏卵 262.8万t	茨城 6.9	鹿児島 8.5%	千葉 6.4	岡山 4.9	広島 4.9	その他

（2018年）（2020/21年版「日本国勢図会」ほか）

2 主な野菜・畜産物の生産割合

(4) **高原野菜**██の栽培…浅間山の山ろくにある**群馬県嬬恋村**では，夏でも涼しい高原の気候をいかして，キャベツの栽培がさかん（→p.254）。保冷トラックを利用して，東京や全国各地へ出荷している。

(5) 関東地方の山間部の課題…箱根，尾瀬などの観光地が多い。いっぽうで農林業は衰退し，高齢化と過疎化が課題。地域の再生をはかる取り組みが進む。

用語解説　高原野菜

標高1000～1200mくらいの高原で，夏の冷涼さ，昼と夜の温度差などの気候条件をいかして栽培される野菜。代表的な生産地としては，群馬県嬬恋村，長野県の八ヶ岳のふもとの野辺山原などがある。出荷時期を遅らせることから，抑制栽培にあたる。

東京 15.5%
埼玉 14.2
大阪 9.3
愛知 6.3
京都 4.6
その他
計 5兆2378 億円
(2017年)（2020年版「データでみる県勢」）

3 印刷業の工業生産額割合

2　関東地方の工業

関東地方の工業は，東京湾岸の埋め立て地に，重化学工業の大工場が進出し，京浜工業地帯や京葉工業地域が形成された。高速道路の整備が進んだことで，内陸部への工場移転が進み，北関東工業地域が形成された。

(1) 臨海部の工業地域…船舶を利用した海上輸送によって，工業原料や燃料の輸入と製品の輸出に便利な東京湾岸の埋め立て地に，鉄鋼，石油化学，電気機械などの大工場が進出。

❶**京浜工業地帯**…東京湾岸の東京から横浜にかけて形成された工業地帯。

・特色…新聞社や出版社が多く，多くの情報が集まる東京都で**印刷業**❸がとくにさかん。ほかに食品工業や，<u>靴や婦人服の製造</u>などもさかん❹。
→ファッション性の高い流行の製品

・機械工業…電気機械などの下請け工場も多いが，技術力の高い中小企業の町工場も多い❹。
→東京都の大田区など

・近年の動き…過密化で工業用地が不足し，また公害問題などが起こったため，機械工業の工場が東京の郊外や周辺の県へ移転した。全国の工業生産額に占める京浜工業地帯の割合は低下した❺。

食品　石油製品
印刷　業務用機械
化学　電子部品
鉄鋼　情報通信機械　輸送機械

0　50km

4 関東地方の主な工業都市

❷**京葉工業地域**…東京湾岸の千葉県側の工業地域。

・主な工業都市…市原や袖ケ浦などに，大規模な**石油化学コンビナート**が立ち並ぶ❹。

└→p.232

・特色…機械工業の割合より化学工業や金属工業の割合が高い。

❸臨海部の変化…工業化が進むアジアの国々との競争で，工場の閉鎖が増え，跡地が再開発されている。

(2) 内陸部の工業地域

❶工場進出の背景…工業用地が不足した東京湾の臨海部から，地価が安くて用地が確保しやすい北関東の内陸部へ工場の移転が進んだ。

重要

❷**北関東工業地域**…栃木県・群馬県・茨城県に形成。

・広がり…高速道路のインターチェンジ付近に，県や市町村が**工業団地**をつくり工場を誘致❻。

・特色…部品のトラック輸送に向いている，電気機械や自動車の組み立て工場が多い。

❸外国人労働者の雇用…工場で多くの労働力が必要となり，外国人や外国籍の**日系人**も働くようになった。

❹交通網の発達…以前は東京港や横浜港へ製品を輸送して輸出していたが，2011年の北関東自動車道の全線開通により，茨城港からも製品を輸出できるようになった。

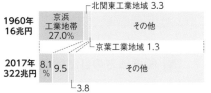

1960年 16兆円	京浜 工業地帯 27.0%	北関東工業地域 3.3	その他
2017年 322兆円	8.1 %	9.5 京葉工業地域 1.3 3.8	その他

(2020/21年版「日本国勢図会」ほか)

❺ **関東地方の工業地帯・地域の全国に占める工業生産額の割合の変化** 京浜工業地帯は，かつて日本最大の工業地帯であった。近年は，北関東工業地域の割合が増加している。

(東阪航空サービス／PPS通信社)

❻ **内陸部へ広がる北関東工業地域**

用語解説 日系人

日本から外国に移住した人々とその子孫のこと。明治時代以降，多くの日本人が南アメリカのブラジルやペルーなどに移住した。

Column 群馬県**大泉町**が目指す多文化共生社会とは?

おおいずみまち きょうせい

群馬県大泉町の人口のうち10人に1人がブラジル人である（2020年現在）。大泉町には，自動車関連工場が多く，日系ブラジル人が働き，家族とともに暮らしている。町にはブラジルの食材を売る店があり，町は小・中学校に日本語学級を設置したり，ごみの分別などの広報案内を多言語で表示したりするなど，<u>多文化共生社会</u>をつくる取り組みを進めている。

└→異なる文化をもつ
人々がともに暮らし
しやすい社会

(アフロ)

↑**日系ブラジル人向けのスーパーマーケット**

(群馬県大泉町)

↑**大泉町のポルトガル語で書かれたごみ分別の案内**

1 関東地方の自然環境 ～ 2 首都・東京

□(1) 日本最大の平野である関東平野は，火山灰が堆積した赤土の〔　　　〕で覆われている。

(1) 関東ローム

□(2) 関東平野を流れる〔　　　〕川の流域面積は日本最大である。

(2) 利根

□(3) 都市の中心部では，周辺地域よりも気温が高くなる〔　　　〕現象がみられる。

(3) ヒートアイランド

□(4) 東京は，国会や中央省庁，最高裁判所などの国の政治の中枢機能が集中する日本の〔　　　〕である。

(4) 首都

□(5) 東京は情報や娯楽を扱う産業が発達し，これらは第三次産業の中でも〔　商　サービス　〕業に分類される。

(5) サービス

□(6) 千葉県にある〔　　　〕は，日本最大の貿易港である。

(6) 成田国際空港

3 東京大都市圏 ～ 4 関東地方の産業

□(7) 三大都市圏の中で最大の東京大都市圏は，日本の総人口の約〔　2分の1　4分の1　〕が集中している。

(7) 4分の1

□(8) 都心や副都心は，郊外や周辺の県からの通勤・通学者が多いので，〔　昼間　夜間　〕人口が多い。

(8) 昼間

□(9) 横浜「みなとみらい21」地区などの〔　　　〕の開発が進み，会社や商業施設が都心から移転している。

(9) 新都心

□(10) 関東地方では，大消費地である東京大都市圏向けに，新鮮な野菜を栽培する〔　　　〕農業がさかんである。

(10) 近郊

□(11) 群馬県嬬恋村では，夏の涼しい気候をいかして，高原野菜の〔　キャベツ　ねぎ　〕の栽培がさかんである。

(11) キャベツ

□(12) 東京都では，〔　化学工業　印刷業　〕がさかんである。

(12) 印刷業

□(13) 東京湾岸の千葉県側には〔　　　〕工業地域が広がっている。

(13) 京葉

□(14) 京浜工業地帯の工業用地の不足から，北関東の〔　臨海部　内陸部　〕へ工場移転が進み，北関東工業地域が形成された。

(14) 内陸部

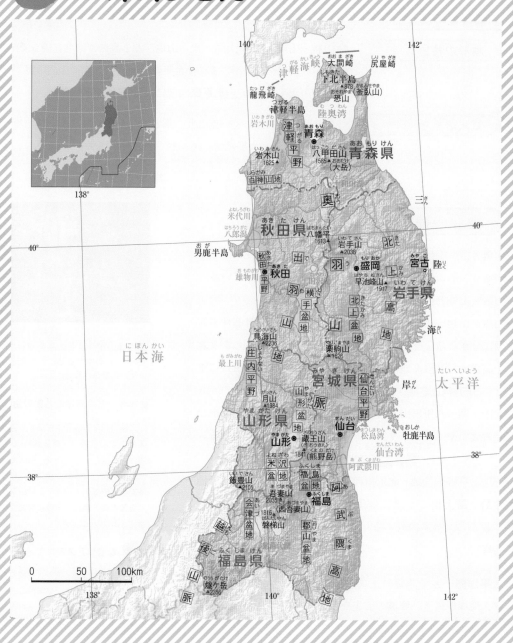

1 東北地方の自然環境

教科書の要点

1 地形の特色

◎ 山脈・山地…**奥羽山脈**，出羽山地，北上高地が南北に連なる

◎ 河川と平野…北上川下流に仙台平野，最上川下流に庄内平野

◎ 海岸…太平洋側の**三陸海岸**南部には**リアス海岸**が続く

2 気候の特色

◎ 特色…比較的涼しく，南と北，東と西で気候が異なる

◎ **やませ**…夏，太平洋側に吹くと，**冷害**になりやすい

1 地形の特色

　東北地方は，本州の北部に位置し，南北に連なる長い山脈や山地があり，その間を川が流れ，盆地や平野を形成している。

(1) 山脈・山地と火山・湖

　❶山脈・山地…中央部の**奥羽山脈**を境に太平洋側と日本海側に分かれる。その西側に**出羽山地**，東側になだらかな**北上高地**や阿武隈高地が南北に連なる。青森県と秋田県にまたがる**白神山地**❶は**世界遺産（自然遺産）**に登録されている。
　　　　　p.246〜247

　❷火山・湖…八甲田山，岩手山，鳥海山，蔵王山，磐梯山などの火山や，カルデラ湖の十和田湖や田沢湖などがある。
　　　　└→ カルデラに水がたまってできた湖　　└→ 日本で最も深い湖
　　　　　　阿蘇山のカルデラ→p.218
　　　　　　北海道の洞爺湖→p.282

(2) 河川と平野・盆地…北上川の上流には**北上盆地**，下流に**仙台平野**。**最上川**の上流には**山形盆地**など，下流に**庄内平野**。ほかに，会津盆地，郡山盆地，秋田平野など。

(3) 海岸

重要
　❶**太平洋側**…太平洋側の**三陸海岸**南部は，入り組んだ**リアス海岸**が続き，**津波**の被害を受けやすい。
　　└→p.175　　　　　└→p.180

　❷日本海側…単調な海岸線が続く砂浜海岸が多い。
　　　　　　　　└→p.175

（ピクスタ）

❶白神山地　ぶなの原生林が広がる。1993年に日本で最初に世界遺産（自然遺産）に登録された。

参考 三陸海岸の名前の由来

　三陸海岸は青森県南東部から宮城県北東部にかけて続く，総延長約600kmの海岸。三陸という名前は，旧国名で青森県が陸奥国，岩手県が陸中国，宮城県が陸前国と呼ばれていたことに由来する。

　三陸海岸一帯は，三陸復興国立公園に指定されている。

思考 なぜリアス海岸で津波が？

　リアス海岸は岬と湾が入り組んだ海岸地形で，その中でも，Ｖ字型の切り込みが深い湾の奥に津波が入り込むと，狭い両岸にはより高い波が到達し，被害が大きくなる。

② 気候の特色

東北地方の気候は，冷涼である。南北に長いため，北へいくほど寒さが厳しくなる。また，奥羽山脈を境に太平洋側と日本海側で気候が異なる。

(1) 南北で異なる気候…青森県から福島県まで南北で約500〜600kmの長さがあるため，北部と南部の年平均気温は約2〜3℃の差がある。

(2) 東西で異なる気候…地形と季節風の影響を強く受けている②③。

❶ 日本海側…冬は北西の**季節風**が暖流の**対馬海流**の上を通り，湿った空気を含むため，雨や雪が多く降る。夏は奥羽山脈から吹きおろす風で高温になる日もある。

❷ **太平洋側**…冬の積雪が比較的少なく，晴天の日が続く。初夏から夏にかけて**やませ**と呼ばれる冷たく湿った北東風が吹くことがある。やませが吹くと，曇りや霧の日が続き，日照不足と低温から**冷害**が発生しやすくなる。
└→p.180

重要

❷ 東北地方の地形と風の様子

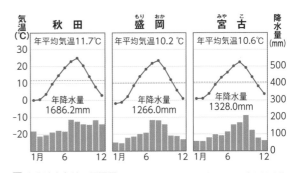

❸ 東北地方各地の雨温図

(2021年版「理科年表」)

■参考 **フェーン現象**

東北地方の日本海側でみられる。太平洋側から奥羽山脈を越えた風が日本海側に吹きおろすとき，高温で乾いた風になる。この現象をフェーン現象といい，山形市で40.8℃の高温を記録したことがある。

Column 震災の記憶の継承，震災を乗り越えて未来へ向けてできることは？

過去，三陸海岸は繰り返し津波の被害を受け，それは歴史の記録や地層で知ることができる。2011年3月11日，三陸沖を震源とした東日本大震災（東北地方太平洋沖地震）（→p.180）もその一つで，巨大津波により東北地方は大きな被害を受けた。人々は，地域の復興とともに，震災の記憶を後世の人へ引き継ごうとしている。

● 教訓を受け継ぐ

1933年の昭和三陸地震の津波被害のあとに建てられた石碑には「ここより下に家を建てるな」と刻まれ，過去の津波被害を教訓として伝えている。

（朝日新聞社／Cynet Photo）

↑岩手県宮古市姉吉地区にある石碑

● 災害に強いまちづくり

海沿いの低地から高台へ住宅地を造成・移転し，道路や堤防の強度を高めるなど，「よりよい復興」を目指したまちづくりが行われている。防災・減災の意識・関心を高めることも重要である。

（朝日新聞社／Cynet Photo）

↑復興するまち（宮城県東松島市）

2 東北地方の伝統・文化とその変化

教科書の要点

1 東北の伝統行事と
祭り・文化

◎ 伝統的な行事…**民俗行事**，農業と関わりの深い**伝統行事**
◎ 伝統的な祭り…青森ねぶた祭，秋田竿燈まつり，仙台七夕まつり
など。伝統文化をいかし，観光資源になっている

2 生活・文化の拠点の
仙台市

◎ **仙台市**…江戸時代の城下町から発展，**政令指定都市**
◎ 結びつき…仙台市から東北の各都市への新幹線や高速バスの交通網

1 東北の伝統行事と祭り・文化

　東北地方の各県には，それぞれの地域の自然や生活，文化が反映された民俗行事や伝統行事，祭りが今も受け継がれ，現在はこれらの観光化が進んでいる。

(1) 民俗行事・年中行事…地域の自然や生活，文化が強く反映され，長い年月にわたって民間に受け継がれてきた行事。

・男鹿半島（秋田県）のなまはげ**1**…正月をむかえるための年中行事で，いましめと祝いの民俗行事でもある。「男鹿のナマハゲ」として国の**重要無形民俗文化財**■に指定。**ユネスコの無形文化遺産**にも登録され，保護されている。

(2) **伝統行事**…農業がさかんな東北地方には，農業と関わりの深い行事や祭りが多い。

❶信仰…古くから「田の神」や「山の神」の存在が信じられ，米の豊作を祈る祭りや儀礼などが行われてきた。

❷農作業に合わせた年中行事…福島県会津美里町の「御田植祭」や，宮城県仙台市秋保町の「田植踊」など，田植えのときに行われる行事や，収穫を祝って感謝する秋祭りなどが東北各地で行われている。近年，少子化や生活の変化で，これらの行事の後継者の確保が難しくなっている。

(Cynet Photo)

1 男鹿半島のなまはげ　大みそかの夜に鬼にふんした住民が「なまけ者はいねが，泣く子はいねが」と声をかけて家々をまわる。

用語解説 **重要無形民俗文化財**

　無形文化財とは，演劇や音楽，工芸技術など，形のないものを指す。年中行事などの風俗慣習，民俗芸能も含まれる。とくに重要なものを，文化財保護法に基づいて国が重要無形民俗文化財に指定する。

発展 **ユネスコの無形文化遺産**

　有形の文化財を対象とした世界遺産に対して，儀式や祭礼などの無形のものを対象とし，日本では能楽や歌舞伎などの舞台芸能，和食といった食文化が登録されている。東北地方では，秋保の田植踊，新庄まつりの山車行事，男鹿のナマハゲなどが登録されている。

(3) 東北の祭りと観光業の発展…8月上旬のほぼ同じ時期に，東北各県で大規模な夏祭りが行われている。

❶主な夏祭り…東北三大祭りである「青森ねぶた祭❷」「秋田竿燈まつり❸」「仙台七夕まつり❹」。ほかに山形花笠まつり❺，福島わらじまつりなど。
→提灯を米俵に見立てて豊作を祈る

東北の祭りは，地域活性化の重要な観光資源となっているよ。

❷ 青森ねぶた祭　(Cynet Photo)

❸ 秋田竿燈まつり (Cynet Photo)

❹ 仙台七夕まつり (Cynet Photo)

❺ 山形花笠まつり (Cynet Photo)

❷観光業の発展…高速道路や新幹線などの高速交通網の整備により，東北の祭りをめぐる観光客が増えて，観光資源としての役割が強くなってきている。

(4) 伝統的な景観…武家屋敷や宿場町の景観を残す町には，重要伝統的建造物群保存地区に選ばれたところもある。また，母屋と馬屋を合わせた南部曲家❻などの民家も残る。
→土間を隔てて母屋（おもや）と馬屋がL字型につながる

(5) 東北の食文化…保存食としてさまざまな漬け物がつくられてきた。秋田県では，だいこんを囲炉裏のけむりでいぶして，米ぬかや塩でつけた「いぶりがっこ」が有名である。

2 生活・文化の拠点の仙台市

仙台市は，東北地方の中心的な役割をもつ地方中枢都市。

(1) 仙台市…江戸時代の城下町から繁栄し，東北地方で唯一，人口が100万人を超える政令指定都市で，国の出先機関や企業の支店，大型商業施設が集まっている。また，仙台に本拠地を置くプロスポーツチームも多い。
→p.187
→野球，サッカー，バスケットボール

(2) 都市圏…東北の各都市と結ぶ新幹線や高速バスの本数も多く，仙台市を中心にした都市圏が形成されている。

発展　重要伝統的建造物群保存地区

城下町，宿場町，門前町など全国各地に残る歴史的な集落・町並みの中で，とくに価値が高いと国が判断したものを文化財保護法に基づいて選定している。東北地方で選ばれている地区としては，江戸時代の武家屋敷が残る秋田県仙北市角館，宿場町の景観を残す福島県下郷町の大内宿などがある。

❻ 南部曲家　　　　　　（ピクスタ）

参考　伊達政宗と杜の都・仙台

仙台市は，約400年前に戦国大名として名をはせた伊達政宗が，仙台藩の初代藩主となり築いた城下町である。城下の武家屋敷に植林を行い，緑豊かな町になったことから，今では「杜の都・仙台」と呼ばれている。

東北地方の農業・水産業

教科書の要点

1 稲作・畑作の工夫や努力
◎ 稲作…日本の**穀倉地帯**，**やませ**の影響で**冷害**が起こりやすい
◎ 工夫や努力…冷害に強い品種や**銘柄米**を開発

2 果樹栽培の工夫や努力
◎ 果樹栽培…津軽平野で**りんご**，山形盆地で**さくらんぼ**の栽培
◎ 工夫や努力…地域ブランドづくりに力を入れ，輸出も行う

3 水産業の営み
◎ **潮境(潮目)**…寒流と暖流がぶつかる三陸海岸の沖合は好漁場
◎ **養殖業**…三陸海岸の入り江や陸奥湾でさかん

1 稲作・畑作の工夫や努力

　東北地方は稲作がさかんで，冷涼な気候の下で農業を発展させるために，さまざまな工夫が行われている。

(1) 米の生産量…全国の米の生産量の約3割を占める**1**，日本を代表する**穀倉地帯**である。

(2) さかんな地域…**秋田平野**，**庄内平野**，**仙台平野**など。

重要
(3) 稲作の工夫と努力…太平洋側は，**やませ**が吹くと，**冷害**
→ p.273
が起こり，不作となることがある。

❶品種の開発…**寒さに強い品種**を開発。
→宮城県で開発された「ひとめぼれ」など
❷農作業の工夫…ビニールハウスでの苗づくり，早めに田植えをして，霜が降りる前に収穫する工夫など。

重要
(4) 農業を取りまく環境の変化
❶**減反政策**…米の消費量が減り，余るようになったため，米の生産量を減らす政策が続けられた。

❷**転作**…大豆や麦などのほかの作物を栽培するようになった。
→ p.286

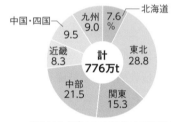

(2019年)（2020/21年版「日本国勢図会」）
1 米の生産量の地方別割合

用語解説 冷害

　異常低温などによって，農作物が育たないこと。東北地方では，稲の成長期にあたる6〜8月にやませが吹くと，夏でも低温になり，霧が発生して日照時間が短くなるため，稲が十分に育たなくなり，生産量が減少してしまう。

くわしく 減反政策の廃止

　1970年ごろから実施されてきたが，2018年産より廃止された。これは，貿易交渉によって増加する安価な輸入米に対抗するため，国産米の競争力を高めるねらいがある。

❸**銘柄米**<ruby>銘<rt>めい</rt></ruby><ruby>柄<rt>がら</rt></ruby><ruby>米<rt>まい</rt></ruby>の開発…消費者に喜ばれる，よりおいしく，東北の各県を代表する銘柄米の開発が進んでいる。

(5) 畑作・<ruby>酪農<rt>らくのう</rt></ruby>…やませが吹き込む太平洋側で，<u>**ほうれんそう**</u>
　　└→岩手県久慈（くじ）地方
などの畑作。<u>乳牛の飼育などの酪農もさかん</u>。
　　　　　└→岩手山の山ろくに巨大な農場（小岩井農場）がある

🔍**くわしく** ─ 主な銘柄米

　青森県の「まっしぐら」「つがるロマン」，秋田県の「あきたこまち」，山形県の「つや姫」「はえぬき」など。

❷ りんごの収穫の様子　　（ピクスタ）

2 果樹栽培の工夫や努力

東北地方の平野や<ruby>盆地<rt>ぼんち</rt></ruby>などで，果樹栽培がさかんである。

(1) 果樹栽培のさかんな地域…<u>水はけがよく，日当たりがよい</u>
<ruby>扇状地<rt>せんじょうち</rt></ruby>などに果樹園が広がっている。

重要

❶**<ruby>津軽<rt>つがる</rt></ruby>平野**…**りんご**❷の栽培。青森県の生産量は，全国の半分以上を占めている❸。

❷**山形盆地**…**さくらんぼ**の栽培。山形県の生産量は，全国の70％以上を占めている❸。**西洋なし**の栽培もさかん❸。

❸**福島盆地**…**もも**❸の栽培がさかん。

(2) 輸入農産物との競争…<u>**貿易の自由化**</u>や農業のグローバル化
　　　　　　　　　　　└→2018年に農産物を含む貿易の自由化を進める協定(TPP)に調印
に対応して，**地域ブランドづくり**をし，<u>りんごなどは輸出</u>
　　　　　　　　　　　　　　　　　　　　　　　└→中国や台湾へ
にも力を入れている。

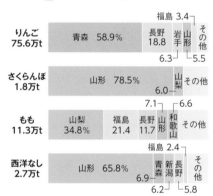

りんご 75.6万t	青森 58.9%		長野 18.8	岩手 6.3	山形 5.5	福島 3.4	その他
さくらんぼ 1.8万t	山形 78.5%				山梨 6.0		その他
もも 11.3万t	山梨 34.8%	福島 21.4	長野 11.7	山形 7.1	和歌山 6.6		その他
西洋なし 2.7万t	山形 65.8%		青森 6.9	新潟 6.2	長野 5.8	福島 2.4	その他

(2018年)（2020/21年版「日本国勢図会」）
❸ 主な果物の生産量の割合

3 水産業の営み

　東北地方の太平洋側は，天然の良港や好漁場にめぐまれているため，漁業がさかんである。

重要

(1) <ruby>潮境<rt>しおざかい</rt></ruby>（<ruby>潮目<rt>しおめ</rt></ruby>）…<ruby>三陸<rt>さんりく</rt></ruby>海岸の<ruby>沖合<rt>おきあい</rt></ruby>は，**寒流の<ruby>親潮<rt>おやしお</rt></ruby>（<ruby>千島<rt>ちしま</rt></ruby>海流）と暖流の<ruby>黒潮<rt>くろしお</rt></ruby>（日本海流）**がぶつかる海域（→p.175）。たくさんの種類の魚が集まる好漁場で，<ruby>八戸<rt>はちのへ</rt></ruby>や<ruby>気仙沼<rt>けせんぬま</rt></ruby>などの水<ruby>揚<rt>あ</rt></ruby>げ量の多い漁港が多い❹。

(2) <ruby>養殖<rt>ようしょく</rt></ruby>業…リアス海岸が続く三陸海岸の入り江や<ruby>陸奥湾<rt>むつわん</rt></ruby>で，**かき，わかめ，こんぶ，ほたて**などの養殖がさかん。

❹ 東北地方の主な漁港と養殖業

4 東北地方の工業の発展と変化

> **教科書の要点**
>
> **1 伝統産業の変化**
> ◎ **伝統産業**…地元の資源と結びついて発達，**伝統的工芸品**もある
> ◎ 変化…現代風のデザインや，現代の生活に合った製品づくり
>
> **2 交通網の整備と工業の発展**
> ◎ **工業団地**…高速交通網の整備で，高速道路沿いなどに工場が進出
> ◎ **再生可能エネルギー**の導入…東北地方は，風力発電所や地熱発電所などが多い

1 伝統産業の変化

　東北地方では，冬の農家の副業として，地元の資源を利用した工芸品がつくられ，伝統産業として発展した。近年は，新しい発想を取り入れた取り組みもみられる。

(1) **伝統産業**…古くから伝わる技術をいかして，地元の森林資源を利用した木工品や漆器，石材や砂鉄などの鉱産資源を利用した硯や鉄瓶などの工芸品がつくられてきた。

(2) 歴史…北陸と同じく，冬の農家の副業として行われ，現在は**伝統産業**として国の**伝統的工芸品**に指定されたものや，**地場産業**に発展したものもある（→ p.257）。
　└→ 福島県会津若松市では16世紀ごろから漆器づくりや酒づくりが地場産業として行われてきた

重要 (3) 東北地方の主な伝統的工芸品**1**…**津軽塗**（青森県），**南部鉄器**（岩手県），**会津塗**（福島県）など。

(4) 伝統産業の変化

❶ 新たな取り組み…大量生産の安い製品におされ，生産量は一時減少した。そこで現代風なデザイン**2**にするなど，時代に合った製品づくりに取り組み，海外へ出荷をしている伝統的工芸品もある。
　└→ ガスコンロやIH調理器など，現代の生活環境に対応

❷ 職人の高齢化…後継者を育成するため，訓練校を開校。

1 東北地方の主な伝統的工芸品

（株式会社岩鋳）

2 輸出向けの南部鉄器　カラフルで工夫を凝らしたデザイン。

2 交通網の整備と工業の発展

東北地方の工業は，かつては食料品工業が中心だった。高速交通網の整備により，電子部品や電気機械の工場が進出した。

(1) 昔の工業…釜石の製鉄業以外の工業は，地元でとれる原材料を使った食料品工業や木材加工業などだった。高度経済成長期に，関東地方へ集団就職や，農業ができない冬の間だけ出稼ぎに行く人が増加した。

(2) 交通網の整備…1970〜1980年代に，東北自動車道や東北新幹線が開通し，関東地方との結びつきが深まった。その後，東北地方の東西方向を結ぶ高速道路や新幹線が整備された。
　　→山形自動車道や山形新幹線・秋田新幹線など

重要

(3) 東北地方の工業の発達…交通の便がよい高速道路沿いに**工業団地**を造成❸して工場を誘致し，関東地方の企業の工場移転が進んだ。

❶工場の進出…電子部品，電気機械，情報通信機械などの工場が進出。

❷働き方の変化…働く場所が増えたことで，出稼ぎはほぼなくなり，地元の工場で働く人が増えた。

❸新たな工業の発展…1990年代以降，岩手県や宮城県の高速道路のインターチェンジ付近に自動車組み立て工場や部品の関連工場が進出。現在は，ハイブリッドカーなどの生産拠点として，自動車工業が発展している。
　　→ガソリンと電気など二つ以上の動力をもった車

(4) 環境に配慮したエネルギーの導入…東北地方では東日本大震災での原子力発電所事故をきっかけに，原子力に代わって，**風力**❹，**地熱**，**太陽光**，**バイオマス**などの**再生可能エネルギー**を導入する動きが活発になっている。
　　→p.180
　　→福島第一原子力発電所事故
　　→p.189
　　→p.189

東北地方の海沿いや高原に，たくさんの風力発電所がつくられているよ。

参考　鉄の町・釜石

昔の東北地方の重工業といえば，岩手県釜石市の製鉄業ぐらいであった。その歴史は，江戸時代末期にさかのぼる。洋式高炉がつくられ，明治時代以降に製鉄業が発展し，日本の近代製鉄業発祥の地となった。このときの施設が橋野鉄鉱山（橋野高炉跡及び関連遺跡）として，世界遺産（文化遺産）の「明治日本の産業革命遺産　製鉄・製鋼，造船，石炭産業」の構成資産の一つとして登録されている（→p.247）。

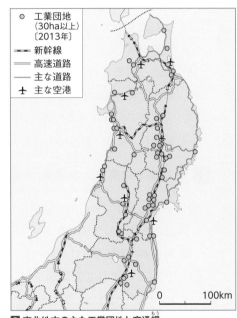

　○　工業団地
　　　（30ha以上）
　　　〔2013年〕
　　　新幹線
　　　高速道路
　　　主な道路
　✈　主な空港

0 ──── 100km

❸ 東北地方の主な工業団地と交通網

（朝日新聞社／Cynet Photo）

❹ 風力発電所（郡山布引高原風力発電所）

279

1 東北地方の自然環境 ～ 2 東北地方の伝統・文化とその変化

□(1) 東北地方のほぼ中央部に〔　　　〕山脈が南北に連なり，これを境に太平洋側と日本海側に区分される。

(1) 奥羽

□(2) 最上川の上流には山形盆地が広がり，下流には〔　　　〕平野が広がっている。

(2) 庄内

□(3) 太平洋側の〔　　　〕海岸の南部は，入り組んだリアス海岸が続いている。

(3) 三陸

□(4) 東北地方の太平洋側は，夏に〔　　　〕と呼ばれる冷たい北東風が吹くと，冷夏になり冷害が発生することがある。

(4) やませ

□(5) 東北三大祭りの一つである「青森〔　　　〕祭」には，多くの観光客が訪れている。

(5) ねぷた

□(6) 宮城県の県庁所在地である〔　　　〕市は，東北地方の中心的な役割をもつ都市である。

(6) 仙台

3 東北地方の農業・水産業 ～ 4 東北地方の工業の発展と変化

□(7) 東北地方は，米の生産量が，全国の約3割を占めることから，北陸とならんで日本の〔　　　〕地帯と呼ばれている。

(7) 穀倉

□(8) 青森県の津軽平野は，〔　　　〕の栽培がさかんである。

(8) りんご

□(9) さくらんぼの生産量が全国の70%以上を占めている県は，〔　福島　山形　〕県である。

(9) 山形

□(10) (3)の海岸の沖合は，寒流と暖流がぶつかる〔　　　〕と呼ばれる海域で，好漁場となっている。

(10) 潮境（潮目）

□(11) 岩手県の伝統的工芸品に，〔　南部鉄器　会津塗　〕がある。

(11) 南部鉄器

□(12) 東北地方の高速交通網が整備されたことにより，高速道路沿いなどに〔　　　〕が形成された。

(12) 工業団地

□(13) 東北地方では，東日本大震災以降，風力発電や地熱発電などの〔　　　〕エネルギーの導入が活発になっている。

(13) 再生可能

7 節 北海道地方

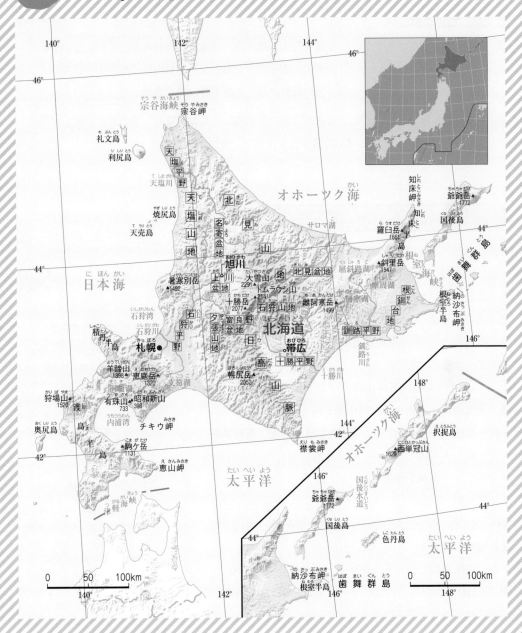

- 宗谷海峡
- 宗谷岬
- 礼文島
- 利尻島
- 天塩川
- 焼尻島
- 天売島
- 天塩平野
- 北見山地
- 名寄盆地
- 見山
- オホーツク海
- サロマ湖
- 知床岬
- 知床半島
- 爺爺岳 1772
- 国後島
- 羅臼岳 1661
- 天塩山地
- 旭川
- 大雪山 2291
- 上川盆地
- 著寒別岳 1492
- 石狩川
- 十勝岳 2077
- 石狩湾
- 積丹半島
- 石狩平野
- 札幌
- 夕張山地
- 羊蹄山 1898
- 恵庭岳 1320
- 狩場山 1520
- 有珠山 733
- 昭和新山 398
- 内浦湾
- チキウ岬
- 駒ケ岳 1131
- 奥尻島
- 渡島半島
- 恵山岬
- 津軽海峡
- 日本海
- ムラウシ山
- 北見盆地
- 屈斜路湖
- 斜里岳 1547
- 雌阿寒岳 1499
- 摩周湖
- 阿寒湖
- 根室海峡
- 釧路台地
- 釧路平野
- 釧路川
- 根釧台地
- 根室半島
- 納沙布岬
- 北海道
- 帯広
- 富良野盆地
- 石狩山地
- 日高山脈
- 幌尻岳 2052
- 十勝平野
- 十勝川
- 襟裳岬
- 太平洋
- オホーツク海
- 択捉島
- 西単冠山 1629
- 爺爺岳 1772
- 国後水道
- 国後島
- 色丹島
- 納沙布岬
- 根室半島
- 歯舞群島
- 太平洋

0 50 100km

0 50 100km

1 北海道地方の自然環境

教科書の要点

1 地形の特色

◎ 位置…日本の最北端，日本の総面積の5分の1以上を占める

◎ 山地・火山・湖…北見山地，日高山脈，有珠山，洞爺湖

◎ 平地…**石狩平野，十勝平野，根釧台地**

2 気候の特色

◎ 特色…冷帯（亜寒帯）の気候に属し，冬の寒さが厳しい

◎ 濃霧…太平洋側で，夏に発生する霧

1 地形の特色

北海道地方は，日本の最北端に位置し，本州との間に津軽海峡がある。面積は九州や四国よりも大きく，火山が多くあり，特色ある景観の中には国立公園に指定されている地域もある。

(1) 北海道の大きさ…北海道と**北方領土**などの島々からなる。
  →p.50
  日本の総面積の5分の1以上を占める。

(2) 中央部～北部の地形

  ❶山脈・山地…中央に**石狩山地**がそびえ，北側には**北見山地**，**天塩山地**，南側には**日高山脈**が南北に連なる。

  ❷平野・盆地…**石狩川**の上流に**上川盆地**，下流に**石狩平野**。

  ❸火山・湖…大雪山，十勝岳，有珠山などの火山。支笏湖や洞爺湖などの**カルデラ湖**がある。
    →p.272

(3) 東部の地形

  ❶平野・台地…火山灰が厚く積もった**十勝平野**，釧路平野，**根釧台地**が広がる。

  ❷半島…**知床半島**と根室半島がオホーツク海に突き出る。

(4) **国立公園**…火山などによってつくられた美しい景観は国立公園に指定され，観光資源となっている。

北海道の面積は九州の約2倍，四国の4倍以上の大きさだよ。

参考 石狩川の長さ

石狩川の現在の長さは268kmで，信濃川，利根川に続く日本第三位の長さである。元々は蛇行している部分が多く，信濃川と同じくらいの長さがあった。明治時代に大規模な改修工事が行われて約100kmも短くなり，現在の長さになった。

くわしく 自然遺産・知床

日本の世界遺産（→p.246～247）のうち，自然遺産は，屋久島，白神山地，知床，小笠原諸島の四か所である。

登録された知床の範囲は，知床半島の中央部から先端にかけての陸地とその周辺の海域。原始のままの自然が残り，ヒグマやオオワシなどの貴重な生物が生息し，豊かな生態系が育まれていることから，世界遺産に登録された。

2 気候の特色

北海道地方は、冷帯（亜寒帯）に属する。冬は最高気温が0℃を超えない真冬日が続く。

- (1) **冷帯（亜寒帯）の気候**…夏は冷涼で、とくに冬の寒さが厳しく、はっきりとした梅雨はみられない（→p.179）。【重要】

- (2) 各地の気候の違い **1**…内陸部、南北に連なる山地を境にした日本海側と太平洋側で、気候が異なる。
  - ❶内陸部…冬には最低気温が−20〜−30℃になることもある。
  - ❷日本海側…暖流の対馬海流の上を通ってきた湿った北西の季節風が吹いてくるため、山沿いで積雪が多くなる。

- ❸太平洋側…夏に南東から吹く水分の多い季節風が、寒流の親潮（千島海流）で冷やされることで濃霧が発生する **2 3**。夏でも晴れの日は少なく、気温は低い。【重要】

- (3) **流氷**…オホーツク海沿岸は、冬に氷の固まりである流氷が押し寄せ、春先まで港が閉ざされる。観光資源にもなっている（→p.289）←

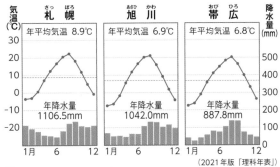

1 北海道地方各地の雨温図

札幌　年平均気温 8.9℃　年降水量 1106.5mm
旭川　年平均気温 6.9℃　年降水量 1042.0mm
帯広　年平均気温 6.8℃　年降水量 887.8mm

（2021年版「理科年表」）

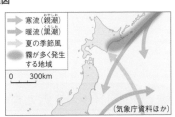

寒流（親潮）
暖流（黒潮）
夏の季節風
霧が多く発生する地域
0　　300km
（気象庁資料ほか）

2 濃霧を発生させる海流と季節風

3 濃霧（釧路市）　（ピクスタ）

Column 大地の公園・ジオパークから考える自然との共生とは?

ジオパークとは、「地球・大地（ジオ：geo）」と「公園（パーク：park）」の二つの言葉を組み合わせたもので、「大地の公園」という意味。大地（ジオ）の上に生態系（エコ）が広がり、その中で私たち（ヒト）が暮らし、歴史や文化をつくりあげたという、地球と人間の関わりを学ぶことができる。さらにSDGs（持続可能な開発目標）の達成の観点から、未来に自然環境を引き継ぐ場でもある。

●洞爺湖有珠山ジオパーク

日本国内に9か所あるユネスコ世界ジオパークの一つ。繰り返される火山活動によって変動する大地の姿を体感でき、雄大な景観や温泉などの「火山のめぐみ」を受けつつも、次の火山災害に備えた「減災文化」の活動により、自然との共生を学ぶ場として活用されている。

火山のめぐみ
カルデラの景観、活火山の迫力、温泉など

減災文化
語り部などの民間主体の減災教育

↑洞爺湖有珠山ジオパークの特徴

↑火山マイスターによる防災教育
各地域認定の火山マイスターが火山防災知識の普及・啓発を行う。

（朝日新聞社）

1 開拓の歴史と都市の発展

◎先住民族…古くから**アイヌの人々**が暮らしてきた

◎開拓…明治時代に**開拓使**が置かれ，**屯田兵**が開拓を進めた

◎**札幌市**…人口は，北海道全体の3分の1以上を占める

2 冬の暮らしの工夫

◎雪や寒さに備える…二重とびらの玄関，**ロードヒーティング**の道路

◎**利雪**…雪を利用する取り組みが進められている

1 開拓の歴史と都市の発展

　北海道は，江戸時代まで蝦夷地と呼ばれ，先住民族のアイヌの人々が暮らし，自然に根ざした生活・文化を確立してきた。明治時代から開拓が進み，中心地として札幌市が発展した。

重要

(1) **アイヌの人々**…古くから北海道と周辺地域に住む。
→アイヌ民族

❶自然との共生…土地の自然に根ざした生活をし，自然を崇拝する独特の文化を築いていた。独自の言語をもち，
→すべてのものに神（カムイ）が宿る
北海道の地名はアイヌ語に由来するものが多い。

❷文化の尊重…明治時代以降にアイヌの風習などが禁じられた。現在は，アイヌの人々を北海道とその周辺の先住民族
→アイヌ施策推進法（アイヌ民族支援法）が2019年に制定
と明記する法律が制定されている。

(2) 開拓の歴史…明治時代の初め，蝦夷地は**北海道**と改称された。札幌に**開拓使**という役所が置かれ，兵士と農家の役割を
　　　　　　か
兼ねた**屯田兵**や移住者によって大規模な開拓が行われた。

(3) **札幌市**…開拓の中心地として，計画的につくられた都市。中心部の街路は，碁盤の目のように区画されている。現在，北海道の**地方中枢都市**であり，札幌市の人口は北海道全体の
→p.187
3分の1以上を占めている。

ヤムワッカナイ
（冷たい飲み水の川）

オタウシナイ
（流域に砂地の多い川）

サッポロペッ
（乾いた大きな川）

オタルナイ
（砂浜の中の川）

モベツ
（流れの静かな川）

フラヌイ
（においがするところ）

オペレペレケプ
（河口がいくすじにも分かれている川）

ブウルペツ
（にごった川）

モルエランニ
（小さい坂）

トマコマナイ
（奥にある川）

1 アイヌ語に由来する主な地名

参考 **ウポポイ（民族共生象徴空間）**

　2020年，北海道白老町にオープンしたアイヌの文化や歴史を学べる施設。アイヌ語で「（おおぜいで）歌うこと」を意味する。国立アイヌ民族博物館などの施設がある。アイヌ民族の世界観や自然観などを学び，アイヌ文化を伝承・共有する拠点となっている。

発展 **北海道の名前の由来**

　1869年，江戸時代末期に活躍した探検家の松浦武四郎が名付けた。蝦夷地に代わる6つの名称を提案。「北加伊道」が選ばれ，「加伊」を「海」に変更し，「北海道」となったとされている。

2 冬の暮らしの工夫

北海道の気候は，冬の寒さが厳しく，地域によっては積雪が多いところもあるので，寒さや雪に備えた住居や，町における生活の工夫がみられる。

(1) **北海道の降雪日数**❷…内陸部や日本海側の都市では，年間120〜150日も雪が降る。真冬日が多いため，雪
　　└→最高気温が0℃未満の日
が降り積もる。

(2) 寒さや雪に備えた生活の工夫

❶**住宅の工夫**❸…雪が積もりにくいように屋根の傾きを工夫している。最近では，太陽光などの再生可能エネルギーを利用して雪をとかす構造の屋根も導入されている。また，寒さを防ぐために，玄関や窓を二重にしたり，厚い断熱材の壁や床，暖房設備などで，寒い冬でも快適に過ごせる室内にしている。

❷**町の工夫**…道路の下に電熱線や温水パイプを入れて凍結を防ぐ**ロードヒーティング**や，雪が積もりにくい縦型の信号機もみられる。積雪量の多いときでも道路の端がわかるように，路肩に標識が設置されている❹。

❸**除雪（雪かき）**…高齢化により，住宅の敷地の雪かきは，ボランティアなどによる支援で行うこともある。除雪車による除雪は，朝の通勤・通学時間帯を避けて深夜から行われる。

(3) 雪のめぐみをいかす取り組み

❶**利雪**…雪を利用して生活に役立てる取り組み。石狩平野北部にある沼田町では，雪を貯蔵庫に集めて（雪室），その冷気で貯蔵した米を「雪中米」という銘柄米で出荷。この雪冷房システムは北海道内の各地で活用されている。
　　└→新千歳空港や公共施設など

❷**イベントにいかす**…大量に降る雪でつくる雪像をかざる「さっぽろ雪まつり」などのイベントがある（→p.289）。

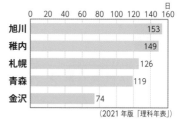

❷ 主な都市の年間降雪日数の平均

	日
旭川	153
稚内	149
札幌	126
青森	119
金沢	74

（2021年版「理科年表」）

傾斜のついた屋根…雪が滑り落ちることで，雪下ろしをしなくてすむ工夫。
（Cynet Photo）

無落雪屋根…中央部に向かって勾配がある。雪がとけて中央の溝から流れる。
（Cynet Photo）

・**二重とびらの玄関**…家の玄関の手前には全面ガラスがあり，一段高くなったところにスライド式の入り口がある。

・**灯油タンク**…屋外に灯油を保管。屋内の暖房設備に配管がつながっている。
（アフロ）

❸ 寒さや雪への工夫がされた北海道の住宅

（ピクスタ）

❹ 路肩を指す標識（矢羽根） 道路脇に矢印つきポールがあり，積雪地帯で道路の端を示す役割がある。

参考 沼田町の雪の利活用

北海道沼田町では，利雪以外にも，学校で雪を通してさまざまなことを学ぶ「学雪」，雪に親しむ「親雪」のイベントなどの取り組みをすすめている。

285

3 北海道の農業・漁業

教科書の要点

1 自然や社会の変化を乗り越える農業

◎ 稲作…**客土**により，**石狩平野**は日本有数の米の産地になった

◎ 畑作…**十勝平野**で畑作と酪農を組み合わせた大規模農業

◎ 酪農…寒冷な**根釧台地**で経営の大規模化

2 北海道の漁業の転換

◎ 北洋漁業…**排他的経済水域**の設定で衰退

◎ 持続可能な漁業…**養殖業**や**栽培漁業**で資源管理

---

1 自然や社会の変化を乗り越える農業

　北海道地方では，明治時代以降の開拓によって厳しい自然条件を克服し，現在では大規模農業がさかんである。

(1) **北海道の農業の特色**…広大な耕地を大型機械で耕作する大規模農業が行われている。北海道の農家一戸あたりの耕地面積は約29ha（2019年）で，都府県の平均の10倍以上。

(2) 拡大する**稲作地域**…**石狩平野**などで稲作がさかん。

1 北海道の土地利用図

田／畑／牧草地／その他

0　100km

> **重要**
>
> ❶ **土地改良**…かつての石狩平野は，土の栄養分が少ない湿地（**泥炭地**■）が広がり，稲作には不向きな土地であった。明治時代以降の開拓で，ほかの場所から稲作に適した土を運び込む**客土**を繰り返して土地改良を行い，排水施設も整備した。

❷ **品種改良**…稲は本来暖かい地方の作物で，冷涼な北海道では生育に不向きであったが，寒さに強く，短期間で実る品種をつくったことで，稲作が可能な範囲は北へ広がった。現在は，味のよい**銘柄米**を全国へ出荷している。
　　→北海道の銘柄米は「ゆめぴりか」「ななつぼし」

❸ **農家の変化**…**減反政策**で**転作**■を行い，稲作から大豆などの畑作に変える農家も増えた**2**。
　　→p.276

用語解説　泥炭地

　沼地に積もった草やこけ類が，低温のため分解されないで炭化し，堆積した湿地や沼地。

1970年 89万ha	田 31.1%	畑※ 68.3	
			その他
2019年 114万ha	19.4 %	80.3	

※畑には牧草地を含む。　　（農林水産省資料）

2 北海道の農地面積の変化

用語解説　転作

　同じ耕地で，それまでつくってきた農作物にかえて別の種類の農作物を栽培すること。

(3) 広い土地をいかす**畑作**…**十勝平野**などでさかん**1**。

❶開拓…かつて，十勝平野は火山灰が積もった栄養分の乏しい土地であったが，開拓で原生林を切り開き，堆肥などを用いて**畑作**に向いた豊かな土壌をつくり上げた。

❷大規模農業…北海道の中でも十勝地方は，農家一戸あたりの耕地面積はさらに大きく**3**，広大な畑で**大型の農業機械**を使って，効率のよい**大規模農業4**が行われている。

❸主な農作物と工夫…寒さや乾燥に強い**てんさい**，**じゃがいも**，豆類や小麦など**5**を栽培。土地の栄養が落ちるのを防ぐために**輪作**■■を行っている。
→砂糖をとるために栽培される工芸作物

重要

(4) 寒冷な気候をいかす**酪農**…牧草などの飼料を生産し，乳牛を飼育する。十勝平野や**根釧台地**でさかん**1**。

❶根釧台地の大規模な酪農…厚い火山灰に覆われ，夏も濃霧の影響で低温のため稲作や畑作には不向き。1950年代から国の事業で**経営の大規模化**が進められた。
→パイロットファーム（実験農場）を建設し，1973年から新酪農村の建設が始まった

❷特色…**乳牛**の飼育頭数は北海道が全国一。北海道の生乳は，バターやチーズなどの乳製品に加工される割合
→しぼりたての乳
が高い**6**。近年は，保冷技術の進歩で飲用の出荷も増加。

十勝地方 37.8ha	北海道 23.8ha	北海道以外の都府県の平均 1.6ha

(2015年) (農業センサス)

3 日本の農家一戸あたりの耕地面積

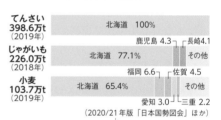

4 十勝平野の大規模農業 （アフロ）

用語解説 **輪作**

同じ耕地で数種の作物を年ごとに一定の順序で栽培する方法。

てんさい 398.6万t (2019年)　北海道 100%

じゃがいも 226.0万t (2018年)　北海道 77.1%　鹿児島 4.3　長崎 4.1　その他

小麦 103.7万t (2019年)　北海道 65.4%　福岡 6.6　佐賀 4.5　その他　愛知 3.0　三重 2.2

(2020/21年版「日本国勢図会」ほか)

5 主な農産物の生産量に占める北海道の割合

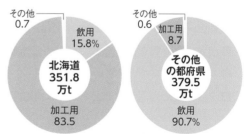

北海道 351.8万t — その他 0.7／飲用 15.8%／加工用 83.5

その他の都府県 379.5万t — その他 0.6／加工用 8.7／飲用 90.7%

(2019年)(「牛乳乳製品統計」)

6 加工用に出荷される生乳の割合

2 北海道の漁業の転換

海に囲まれた北海道は漁業がさかんで，水揚げ量は全国一。北洋漁業から「育てる漁業」へ転換。

(1) **北洋漁業**…ベーリング海やオホーツク海で，**さけやすけとうだら**をとる北洋漁業がさかんであった。世界各国の**排他的経済水域**の設定以降，衰退。
→p.193

(2) **持続可能な漁業**を目指して…「とる漁業」の沿岸漁業や沖
→SDGsの目標14「海の豊かさを守ろう」
合漁業から，水産資源の管理を行う**「育てる漁業」**の**養殖業**や**栽培漁業**への転換が進んでいる。北海道では，**ほたて・うに・こんぶ**などの養殖がさかんである。

参考 **海のエコラベル**

持続可能な漁業を目指して，海洋管理協議会というNPOが，水産資源と環境に配慮した漁業でとられた水産物に「海のエコラベル」を認証している。

自然をいかした北海道の産業

1 地域の資源を活用する工業

◎工業…地元でとれる原材料を加工する食品工業，水産加工業，製紙・パルプ工業などが早くから発達した

2 観光業と環境保全

◎観光業…自然環境や気候が重要な観光資源，外国人観光客が増加

◎北海道の交通…空の玄関は**新千歳空港**，新幹線は函館まで開通

◎**エコツーリズム**…観光と環境保全の両立を目指している

1 地域の資源を活用する工業

北海道では，地元で生産される豊富な農畜産物や魚介類を加工する食料品工業が発達している。

> **重要**
> (1) 北海道の工業の特色…農林水産業がさかんな北海道では，地域ごとの中心になっている都市で，地元でとれる**原材料を加工する工業**が発達している**1 2**。

(2) 主な都市と工業**1**

❶帯広…生乳からチーズなどの乳製品を生産する**食品工業**。

❷根室…魚介類を缶詰などに加工する**水産加工業**。

❸苫小牧…豊富な森林をいかして発達した製紙・パルプ工業。

❹夕張…炭鉱の開発で発展したが，閉山後は人口減少。

1 北海道の工業

その他

輸送用機械 5.8
鉄鋼 5.9
パルプ・紙 6.4

総額 6.2兆円

食料品 35.3%

石油・石炭製品 14.8

(2017年)(2020年版「データでみる県勢」)

2 北海道の工業生産額の割合

2 観光業と環境保全

北海道は，雄大な自然をいかした観光業が発達している。地域の発展と環境保全を両立させる社会づくりが求められている。

(1) 北海道の観光業…歴史的な建造物のほかに，美しい自然や景色，貴重な動植物，新鮮な食べ物も観光資源である。

> 観光業がさかんということは，第三次産業で働く人も多いね(→p.202)。

❶気候と観光…冬の**流氷**を観察**❸**，雪をいかした「**さっぽろ雪まつり**」**❹**，夏の涼しい気候と美しい花畑の景色**❺**など，気候も貴重な観光資源になっている。

❷歴史的な町並み…江戸時代末に開港した**函館**や，港町として栄えた**小樽❻**などがある。

❸ オホーツク海の流氷　（ピクスタ）

❹ さっぽろ雪まつり　(Cynet Photo)

❺ 富良野のラベンダー畑　（ピクスタ）

❻ 小樽運河　（ピクスタ）

(2) 外国人観光客の増加**❼**…近年は外国人を中心に観光客が増えた。とくにスキーが人気である。

(3) 交通網の整備…**新千歳空港**が北海道の空の玄関口で，東京国際空港（羽田空港）と結ぶ路線の利用客も多い。新函館北斗駅まで開通した**北海道新幹線**も，札幌まで延びる予定である。

(4) 観光による地域の活性化と課題

❶地域の活性化…宿泊施設・ガイド・みやげ物店など，観光に関する産業がさかんになり，北海道の経済を支えている。

❷課題…観光客の増加による環境破壊が問題となっている。観光業を通して，環境保全と地域開発を両立させる持続可能な社会づくりを目指している。

> **重要**
>
> **❸エコツーリズム**📖…自然との関わり方を学びながら観
> └→ エコツアー
> 光も楽しむという新しい取り組み**❽**。

🔍くわしく **オーストラリアからの観光客**

南半球では夏にあたる12月から2月は，日本では冬のスキーシーズンである。南半球にあるオーストラリアからの観光客にとっては，夏に日本へ旅行することで冬のスキーやスノーボードを楽しむことができる。とくにパウダースノーと呼ばれる北海道の水分の少ない雪質は外国人観光客に人気で，世界屈指のスキー場となっている北海道のニセコ町には，外国資本の別荘開発も進んでいる。

中国 24.3%

計 214万人

（ホンコン）7.3

（台湾）20.0

韓国 17.9

その他

（2019年度）（「北海道観光入込客数調査報告書」）

❼ 北海道を訪れるアジアからの観光客の出身国・地域の割合

用語解説 エコツーリズム

美しい自然環境や伝統的な文化に直接ふれ，その価値や大切さを理解して，環境保全にも関心や責任をもたせようとする観光のこと。農業・林業・漁業体験等の滞在型の活動を，グリーンツーリズム，アグリツーリズムともいう。

（ピクスタ）

❽ 高架木道が整備された知床　世界遺産（自然遺産）の知床の植物を守るため，観光客が踏み荒らさないように配慮している。

深掘り Column

日本のジオパークを知ろう！

これまで学習してきた日本の各地域を振り返り、自然環境と私たちの暮らしが共生するためには、どのようなことを意識していったらよいだろうか。「大地の公園」のジオパークについて知っていこう。

1 ユネスコ世界ジオパークと日本ジオパーク

UNESCO（国連教育科学文化機関）が認定する世界ジオパークとは、地球の貴重な自然を守るために、教育やツーリズムを活用しながら、自然と人間の共生と持続可能な開発を実現することを目的にした地域である。国内でもユネスコとは別に43地域の日本ジオパークがあり、そのうち9地域がユネスコの世界ジオパークに認定されている（2020年現在）。

洞爺湖有珠山ジオパークの火山マイスター（→p.283）のように、各ジオパークには、その魅力を伝えてくれるガイドがいる。雄大な景色をながめるだけでなく、ガイドからその地域の自然や科学、歴史などの話を聞くことで、地球と人間との関わりをより深く学ぶことができる。

また、ジオパークに認定された地域は、次世代へ自然環境を残すために、動植物や岩石の採取をしないように呼びかけている。

> 九州地方から北海道地方まで、自然環境を勉強してきたね。興味をもった地域のジオパークを調べてみよう。

(J・Sフォト)
⬆山陰海岸ジオパーク（京都府・兵庫県・鳥取県）
日本最大級の砂丘である鳥取砂丘も含まれる。

(akifoto／PPS通信社)
⬆阿蘇ジオパーク（熊本県）
世界有数の巨大なカルデラがあり、今も噴煙を上げる火口の様子をみることができる。周辺には大草原や温泉がある。

(アフロ)
⬆糸魚川ジオパーク（新潟県）
フォッサマグナ西端の大きな断層（糸魚川-静岡構造線）の境目をみることができる。これを境に西日本と東日本で地質が分かれる。

（後藤昌美／PPS通信社）

↑洞爺湖有珠山ジオパーク（北海道）

★ユネスコ世界ジオパーク
●日本ジオパーク
（2020年現在）

① 白滝
② とかち鹿追
③ 三笠
④ アポイ岳（★）
⑤ 洞爺湖有珠山（★）
⑥ 下北
⑦ 八峰白神
⑧ 男鹿半島・大潟
⑨ 三陸
⑩ 鳥海山・飛島
⑪ ゆざわ
⑫ 栗駒山麓
⑬ 磐梯山
⑭ 筑波山地域
⑮ 銚子
⑯ 下仁田
⑰ 秩父
⑱ 箱根
⑲ 伊豆大島
⑳ 伊豆半島（★）

㉑ 佐渡
㉒ 苗場山麓
㉓ 糸魚川（★）
㉔ 浅間山北麓
㉕ 南アルプス
㉖ 立山黒部
㉗ 白山手取川
㉘ 恐竜渓谷ふくい勝山
㉙ 南紀熊野
㉚ 山陰海岸（★）
㉛ 隠岐（★）
㉜ 島根半島・宍道湖中海
㉝ 萩
㉞ Mine秋吉台
㉟ 室戸（★）
㊱ 四国西予
㊲ おおいた姫島
㊳ おおいた豊後大野
㊴ 阿蘇（★）
㊵ 島原半島（★）
㊶ 霧島
㊷ 桜島・錦江湾
㊸ 三島村・鬼界カルデラ

（日本ジオパークネットワーク資料より作成）

0　　　　　300km

1 北海道地方の自然環境 ～ 2 北海道の歩みと雪と暮らす生活

□(1) 北海道は日本の最北端に位置し，面積は，日本の総面積の約
〔　3分の1　5分の1　〕を占めている。

(1) 5分の1

□(2) 北海道の気候は，とくに冬の寒さが厳しい〔　　　〕に属し
ている。

(2) 冷帯（亜寒帯）

□(3) 北海道の東部は，季節風と寒流の親潮（千島海流）の影響で
〔　　　〕が発生し，夏でも日照時間が短く，気温が低くなる。

(3) 濃霧

□(4) 北海道では，先住民族の〔　　　〕の人々が暮らしてきた。

(4) アイヌ

□(5) 明治時代の初め，〔　　　〕に開拓使が置かれ，大規模な開拓
が行われた。現在は，北海道の地方中枢都市となっている。

(5) 札幌

□(6) 北海道の住宅では，冬の厳しい寒さに備えて，家の窓や玄関
を〔　　　〕にしている。

(6) 二重

3 北海道の農業・漁業 ～ 4 自然をいかした北海道の産業

□(7) 客土によって土地改良が行われた〔　　　〕平野は，北海道
を代表する稲作地域である。

(7) 石狩

□(8) 十勝平野の畑作では，栽培する作物を毎年かえる〔　　　〕
が行われている。

(8) 輪作

□(9) 砂糖をとるために栽培される〔　さとうきび　てんさい　〕
の生産量は，北海道が100%を占めている。

(9) てんさい

□(10) 〔　　　〕台地は，夏は霧の日が多く，低温になるため，作物
の栽培には不向きなことから，酪農がさかんである。

(10) 根釧

□(11) 帯広市では，生乳からチーズやバターなどの乳製品を生産す
る〔　　　〕工業がさかんである。

(11) 食品

□(12) 知床では，自然との関わり方を学びながら観光することで，
環境保全を目指した〔　　　〕という取り組みが行われている。

(12) エコツーリズム

定期テスト予想問題 ⑥

時間 50分　**解答** p.315　得点 ／100

1 　九州地方と中国・四国地方について，次の各問いに答えなさい。　【(2)は6点，他は3点×6】

(1)　次の文にあてはまる火山を，地図中の**ア〜エ**から１つず
つ選び，記号と火山の名前を答えなさい。（完答）

①　今も噴火を繰り返し，対岸の鹿児島市内に灰が降るこ
とがある。　〔　　・　　〕

②　世界最大級のカルデラがあり，その中には水田や畑，
牧草地，いくつかの町が広がっている。

〔　　・　　〕

思考(2)　右の雨温図にあてはまる都市を，地図中の@〜©から１
つ選び，記号で答えなさい。また，この地域の降水量が少
ない理由を，「季節風」の語句を用いて，簡潔に答えなさい。
（完答）　〔　　　〕

〔　　　　　　　　　　　　　　　　　　　　　　　　　　　　〕

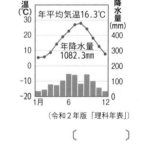

年平均気温16.3℃
年降水量1082.3mm
（令和2年版「理科年表」）

(3)　次の文にあてはまる地域を，地図中の**A〜D**から１つずつ選び，記
号で答えなさい。

①　かつては温暖な気候を利用した米の二期作がさかんであったが，
現在はビニールハウスを使った野菜の促成栽培がさかんである。　〔　　　〕

②　稲作地帯として有名で，米の裏作に麦を栽培する二毛作が行われてきた。現在は，都市向け
にいちごや野菜の栽培もさかんである。　〔　　　〕

(4)　地図中の**X**の都市は，中国・四国地方の中心的な役割を果たしています。このような都市をと
くに何といいますか。　〔　　　〕

(5)　地図中の**Y**の県について述べた文として<u>誤っているもの</u>を，次の**ア〜エ**から１つ選び，記号で
答えなさい。　〔　　　〕

ア　かつて琉球王国が栄え，1972年まではアメリカ軍の統治下にあった。

イ　亜熱帯の気候で，夏から秋にかけて台風の通り道となっている。

ウ　工業が発達しているので，第二次産業人口の割合がとくに高い。

エ　さとうきび，パイナップル，菊の栽培がさかんである。

2 近畿地方と中部地方について，次の各問いに答えなさい。

【(5)は5点，他は2点×9】

(1) 地図中のA～Cの山脈名を，次のア～エから1つずつ選び，記号で答えなさい。　A〔　　　〕

ア　赤石山脈　　イ　木曽山脈　　B〔　　　〕

ウ　飛驒山脈　　エ　越後山脈　　C〔　　　〕

(2) A～Cの3つの山脈を合わせて何といいますか。

〔　　　　　　　〕

(3) 地図中のX・Yの工業地帯名をそれぞれ答えなさい。

X〔　　　　　〕　Y〔　　　　　〕

(4) 次の文にあてはまる都市を，地図中のⓐ～ⓒから1つずつ選び，記号で答えなさい。

① 自動車工業がさかんである。〔　　　〕

② 中小企業の町工場が多い。〔　　　〕

③ 江戸時代末期に開港した貿易港がある。〔　　　〕

思考 (5) 右の写真は，地図中のZにある町家を改装したコンビニエンスストアです。看板を目立たないようにしているのはなぜか，その理由を簡潔に書きなさい。

〔　　　　　　　　　　　　　　　　　　　　　　　　　　　　〕

3 関東地方について，次の各問いに答えなさい。

【(2)は5点，他は3点×3】

(1) 関東平野を覆う，富士山などの噴火による火山灰が堆積した赤土のことを何といいますか。〔　　　　　〕

思考 (2) 資料1について，千代田区や新宿区では夜間人口より昼間人口が多い理由を，簡潔に書きなさい。

〔　　　　　　　　　　　　　　　　〕

(3) 関東地方でさかんな，都市向けに新鮮な野菜を出荷する農業を何といいますか。〔　　　　　〕

(4) 資料2について，北関東工業地域の割合が増えた理由として最も適切なものを，次のア～エから1つ選び，記号で答えなさい。〔　　　〕

ア　新幹線の開通　　イ　高速道路の整備

ウ　空港の開港　　　エ　連絡橋の開通

資料1　東京の主な区の昼夜間人口の差

昼85.3　夜5.8　（2015年）
昼77.6　夜33.4
夜72.2　昼60.5

千代田区　新宿区　練馬区

（平成27年「国勢調査」）

資料2　全国に占める関東地方の工業地帯・地域の工業生産額の割合の変化

1960年　京浜工業地帯27.0%　北関東工業地域3.3　その他　京葉工業地域1.3
16兆円

2017年　8.1%　9.5　3.8　その他
322兆円

（2020/21年版「日本国勢図会」ほか）

4 東北地方と北海道地方について，次の各問いに答えなさい。

(1) 初夏から夏に地図中の**X**の方向に吹く，冷たく湿った風を何といいますか。　〔　　　　　〕

(2) 地図中の2つの★の地域は，ユネスコの何に登録されていますか。　〔　　　　　〕

(3) 次の文にあてはまる地域を，地図中の**A〜C**から1つ選び，記号とその地域名を答えなさい。
〔　　　　〕〔　　　　　　〕

かつては泥炭地が広がり，稲作に不向きな土地であったが，客土による土地改良や排水施設の整備によって稲作がさかんな地域になった。

(4) 右の**ア〜ウ**のグラフは，小麦，てんさい，米の生産量に占める北海道の割合を表しています。てんさいにあてはまるものを1つ選び，記号で答えなさい。〔　　　　〕

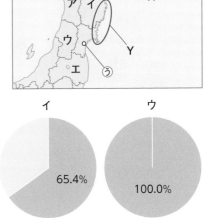

ア ⌐7.6%

イ 65.4%

ウ 100.0%

(2019年)（2020/21年版「日本国勢図会」）

(5) 地図中の**Y**の海岸にみられる入り組んだ海岸地形を何といいますか。また，この地域でさかんに養殖されているものを，次の**ア〜エ**から2つ選び，記号で答えなさい。

地形名〔　　　　　〕　記号〔　　　〕〔　　　〕

ア 真珠　　イ かき　　ウ わかめ　　エ まだい

(6) 次の伝統的工芸品が生産されている県を，地図中の**ア〜エ**からそれぞれ選び，記号で答えなさい。
① 南部鉄器　〔　　　　〕　② 天童将棋駒　〔　　　　〕

(7) 次の祭りが行われている都市を，地図中の**あ〜う**からそれぞれ選び，記号で答えなさい。

①
（Cynet Photo）
〔　　　　〕

②
（Cynet Photo）
〔　　　　〕

③
（Cynet Photo）
〔　　　　〕

定期テスト予想問題 ⑦

時間 50分
解答 p.315

得点
/100

---

1 各地方の農業について，次の各問いに答えなさい。

【(3)は6点，他は4点×8】

(1) **資料1**のア～エは，肉牛，豚，肉用若鶏，採卵鶏の飼育頭数(羽数)の都道府県別割合を表しています。豚と肉用若鶏のグラフを，ア～エから1つずつ選び，記号で答えなさい。

豚〔　　　　〕　肉用若鶏〔　　　　　〕

資料1

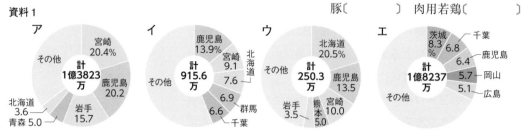

※単位は，肉牛・豚は頭，肉用若鶏・採卵鶏は羽。(2019年)(2020/21年版「日本国勢図会」)

(2) **資料2**は，主な果物の生産量の都道府県別割合を表しています。A～Dにあてはまる都道府県を，次のア～カから1つずつ選び，記号で答えなさい。

A〔　　　〕 B〔　　　〕
C〔　　　〕 D〔　　　〕

ア　山形県　　イ　青森県　　ウ　鳥取県
エ　山梨県　　オ　愛媛県　　カ　栃木県

資料2 主な果物の生産量の都道府県別割合

みかん 77.4万t	和歌山 20.1%	静岡 14.8	A 14.7	熊本 11.7	長崎 6.4	その他
りんご 75.6万t	B 58.9%			長野 18.8	岩手 6.3	C 5.5 / 福島 3.4 / その他
ぶどう 17.5万t	D 23.9%	長野 17.8	C 9.2	岡山 8.8	その他	
さくらんぼ 1.8万t	C 78.5%				D 6.0 / その他	

(2018年)(2020/21年版「日本国勢図会」)

(思考) (3) **資料3**のア～ウは長野県，茨城県，群馬県のレタスの入荷量のいずれかを表しています。長野県にあてはまるものを1つ選び，記号と選んだ理由を，簡潔に書きなさい。(完答)〔　　　　〕

〔　　　　　　　　　　　　　　　　　　　　〕

(4) 次の文中の□にあてはまる語句を答えなさい。

①〔　　　　〕 ②〔　　　　〕

愛知県の　①　半島では，温室で菊を育てて，夜間に照明をあてて開花時期を遅らせる工夫をする　②　農業が行われている。

資料3 東京都中央卸売市場に入荷するレタスの量

(2019年)(「東京都中央卸売市場年報」)

2 各地方の工業について，次の各問いに答えなさい。

【(3)②は6点，他は3点×9】

(1) **資料1**について，次の問いに答えなさい。

① 20世紀初め，福岡県につくられた官営の製鉄所を何といいますか。〔　　　　　　　　〕

② **資料1**から読み取れる内容として適切なものを，次の**ア～エ**から2つ選び，記号で答えなさい。
〔　　　　　〕〔　　　　　〕

ア 山間部にIC工場が進出している。

イ 高速道路沿いにIC工場が進出している。

ウ 福岡県では自動車工業がさかんである。

エ 長崎県では鉄鋼業がさかんである。

(2) 瀬戸内工業地域の岡山県倉敷市水島地区にある，効率よく生産するために石油関連の工場が結びついたものを何といいますか。〔　　　　　　　　　　〕

資料1　九州地方の主な工業の分布

思考 (3) **資料2**は，北海道・長野県・東京都の工業生産額の内訳を表しています。次の問いに答えなさい。

① **A～C**にあてはまる工業を，次の**ア～カ**から1つずつ選び，記号で答えなさい。

A〔　　　　〕 B〔　　　　〕 C〔　　　　〕

ア 電子部品　　イ 飲料・飼料　　ウ 印刷

エ 金属製品　　オ 窯業・土石　　カ 食料品

資料2　北海道・長野県・東京都の工業生産額割合

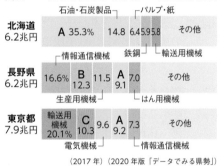

(2017年)(2020年版「データでみる県勢」)

② 東京都で**C**の工業がさかんな理由について，「情報」の語句を用いて，簡潔に答えなさい。

〔　　〕

(4) 中部地方の工業について述べた文として誤っているものを，次の**ア～オ**から2つ選び，記号で答えなさい。〔　　　　　〕〔　　　　　〕

ア 中京工業地帯には，三重県の四日市市も含まれている。

イ 中京工業地帯の中心である豊田市は，映像やゲームのコンテンツ産業がさかんである。

ウ 中京工業地帯で生産された工業製品の多くは，関西国際空港から海外へ出荷される。

エ 陶磁器生産がさかんな瀬戸市や多治見市は，ファインセラミックスの生産へ転換を進めている。

オ 東海工業地域の浜松市では，オートバイや楽器の生産がさかんである。

3 各地方の課題について，次の各問いに答えなさい。

〔(5)は5点，他は3点×8〕

(1) 地図中の**A**と**J**の地域では，自然との関わり方を学びながら観光も楽しむ取り組みが進んでいます。このような観光のあり方を何といいますか。

〔　　　　　　　　　〕

(2) 地図中の**B**の有珠山（うすざん）は，ユネスコの世界□□□に登録されています。「大地の公園」を意味する□□□にあてはまる語句を答えなさい。

〔　　　　　　　　　〕

(3) **資料1**は，地図中の**C**にある発電所です。この発電方法を，次の**ア**〜**エ**から1つ選び，記号で答えなさい。　〔　　　〕

ア 地熱　　**イ** 風力　　**ウ** 水力　　**エ** 太陽光

(4) 地図中の**D**と**F**には，60〜50年ほど前から，都心部の過密の解消のために，住宅団地が開発されました。これを何といいますか。また，現在のこの住宅団地の課題を，次の**ア**〜**エ**から2つ選び，記号で答えなさい。

〔　　　　　　　　　〕 記号〔　　　〕〔　　　〕

ア 住民の少子高齢化（こうれい）　　**イ** 地価の上昇（じょうしょう）　　**ウ** 建物の老朽化（ろうきゅう）　　**エ** 交通渋滞（じゅうたい）

(5) **資料2**は，地図中の**G**町の人口ピラミッドを表したものです。次の文中の（　　　　）にあてはまる内容を，簡潔（かんけつ）に書きなさい。　〔　　　　　　　　　〕

　　G町は四国地方の山間部にあり，**資料2**の人口ピラミッドをみると，20歳代の（　　　　）ことと，人口に占める65歳以上の高齢者（こうれい）の割合が高くなっていることが読み取れる。

(6) 地図中の**H**では，埋め立て地に廃棄物（はいきぶつ）をリサイクルする工場をつくるなどして，環境保全（かんきょう）に取り組んでいます。この事業を何といいますか。　〔　　　　　　　　　事業〕

(7) 地図中の**I**で1950〜60年代に表面化した，四大公害病の1つを何といいますか。　〔　　　　　　　　　〕

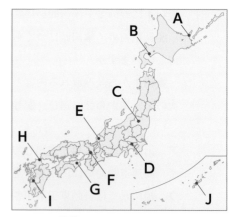

資料1

（東阪航空サービス／ Cynet Photo）

資料2　**G**町の人口ピラミッド

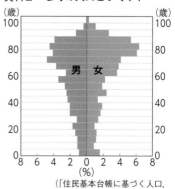

（「住民基本台帳に基づく人口，人口動態及び世帯数」）

（2020 年 1 月 1 日現在）

中学生のための 勉強・学校生活アドバイス

生活のスケジュールを見直そう

「部活があるから，毎日勉強する時間が取れないんですよね」

「たしかに部活に励（はげ）んでいる中学生は忙（いそが）しいよね。でも**本当に時間がないかどうか，ふだん起きてから寝（ね）るまでの時間を書き出してみたらどうかな？**」

「学校から帰って一息ついて，ご飯を食べてからお風呂（ふろ）に入るまでゆっくり過ごして…ってあれ？　けっこうダラダラしてる時間がありました」

「書き出してみると，意外と時間があるのがわかるんですね」

「でもダラダラも大事なリフレッシュタイムなんですよ」

「それはその通り。だから，時間を決めてダラダラすれば，メリハリがつくわよ」

「わかりました。勉強って毎日どれくらいやればいいんですか？」

「決まった時間はないけれど，**目安として，学校の宿題をする時間以外に，自主勉強の時間を平日は30分〜1時間，土日は1〜2時間ぐらいはとるといいと思うわ。**」

「そんなにやってませんでした…」

「**平日は，次の日の授業の予習をして，土日は復習や，翌週の授業の予習にあてれば，**それくらいの時間になるはずよ。学校の授業中の時間をムダにしないためにも頑張ってね」

「生活のスケジュールを見直せそうです。サッカーを観（み）る時間も決めてみます！」

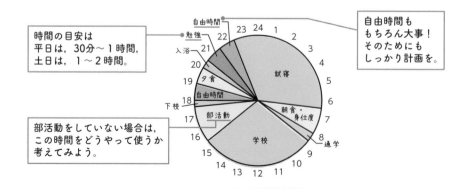

時間の目安は
平日は，30分〜1時間，
土日は，1〜2時間。

自由時間も
もちろん大事！
そのためにも
しっかり計画を。

部活動をしていない場合は，
この時間をどうやって使うか
考えてみよう。

4章

地域のあり方

1 | 地域のあり方の追究

教科書の要点

1 追究する手順

◎ 地域のあり方…全体の課題を振り返り，今後の方向性を考える

◎ 課題の要因の**考察**…項目を整理して，影響や原因を探る

◎ 解決に向けての**構想**…課題の解決に向けてできることを考える

1 追究する手順

　日本の地域の特色を振り返り，地域が抱えている課題をみつけて，**地域のあり方**（今後の方向性）を考える。

(1) 追究するテーマの決定…ここでは，**「持続可能な社会」**の視点から**SDGs（持続可能な開発目標）**と日本の各地方の課題を関連づけて，地域の在り方を考える対象地域を選ぶ。

80〜81ページのコラムでSDGsについて，読み返してみよう！

九州地方		**SDGs ゴール7　ターゲット7ー2** 　2030年までに，エネルギーをつくる方法のうち，再生可能エネルギーの割合を大きく増やす。
		●自然を利用する暮らし…九州地方には多くの火山があり，地熱発電に活用している（→p.219）。 **テーマ「再生可能エネルギーである地熱発電の利用を増やすために，何が必要だろうか。」**
中国・四国地方		**SDGs ゴール9** 　強靭なインフラを整備し，包摂的で持続可能な産業化を推進するとともに，技術革新の拡大をはかる。
		●通信網の整備…過疎化や高齢化の進む地域で，通信網の活用で地域の活性化をはかる（→p.235）。 **テーマ「ICTの整備により，過疎化や高齢化の進む地域でどのような変化がみられるのだろうか。」**
近畿地方		**SDGs ゴール14**　海洋と海洋資源を持続可能な開発に向けて保全し，持続可能な形で利用する。 **SDGs ゴール15**　森林の持続可能な管理方法の割合を大きく増やす。
		●林業・漁業が抱える課題…資源を保全・保護する取り組みを行っている（→p.244〜245）。 **テーマ「海の環境を豊かにするために，山林の植林を進めるのはなぜだろうか。」**
中部地方		**SDGs ゴール13** 　気候変動とその影響に立ち向かうため，緊急対策をとる。
		●東海の工業…中京工業地帯では，自動車工業が発達している（→p.252〜253）。 **テーマ「自動車工業では，環境に配慮するためにどのような技術開発を行っているのだろうか。」**

関東地方		SDGsゴール10 国内および国家間の格差を是正する。
		●世界都市・東京，多文化共生社会…日本で働く外国人が増えている（→p.263，269）。 **テーマ「日本で暮らす外国人とともに，多文化共生社会を築くために考えることは何か。」**
東北地方		SDGsゴール11 だれもがずっと安全に暮らせて，災害にも強いまちをつくる。
		●震災を乗り越えて未来へ向けてできることは？…東日本大震災から復興するまち（→p.273）。 **テーマ「安心・安全なまちづくりとともに，災害の教訓をどのように伝えていくべきか。」**
北海道地方		SDGsゴール12　ターゲット12-b 地域に仕事を生み出したり，地方の文化や特産品を広めるような持続可能な観光業に対して，持続可能な開発がもたらす影響をはかるための方法を考え，実行する。
		●観光資源と環境保全…北海道は自然をいかした観光業が発達している（→p.288～289）。 **テーマ「エコツーリズムを広めることで，持続可能な観光業は発展できるだろうか。」**

↑日本の各地方において持続可能な社会の実現に向けて考えた課題　SDGsには17の目標と169のターゲットがある。地域の課題の解決方法を，SDGsの視点から考えた例。

> **重要**
> ・追究するテーマの表現…「なぜ，〜だろうか」や「どうすれば，〜できるだろうか」など。

課題を
みつける → 追究するテー
マを決める → 情報を集める → 要因を
考察する → 対策を
考える → 発表・将来像
の提案

↑地域の課題を追究する流れ

(2) 地域の実態を知る…課題の現状を知るために，「身近な地域の調査」と同じような手順で課題を調査する　（→p.160～166）。

(3) 要因を考察する…課題を具体的にとらえ，影響や原因を**考察**する。類似した課題がある他の地域と比べたり**1**，交通・通信などの結びつきと関連づけたり，さまざまな角度から考える。

(4) 解決策を構想する…ほかの地域の取り組みを参考にするなどして，より効果的な解決策を考える。

(5) 発表・将来像の提案…これまでの調査結果や課題の考察を踏まえて，提案や発信を行う。

追求するテーマ	参考になる地域
近畿地方 海と山林の環境	→ 北海道地方の 持続可能な漁業（p.287）
東北地方 災害に強いまちづくり	→ 近畿地方の阪神・淡路大震災を語り継ぐ（p.239）
北海道地方 持続可能な観光業	→ 中部地方の中央高地の観光業（p.255）

1 類似した課題のある地域　共通する課題をみつけて，解決に向けて参考になりそうな内容をまとめるとよい。

> **くわしく▶ 提案・発信での注意点**
>
> 調査した資料や情報の出典は明確にしたうえで，「事実」と，自分の「意見」は区別して提案する。

4章／地域のあり方

技能 Column

思考ツールの活用

思考ツールと呼ばれる図や表を使って整理すると，頭の中の考えを視覚的に表すことができるのでより効果的に理解を深めることができる。いくつかの思考ツールを紹介しよう。

1 ベン図－共通点や相違点をみつける

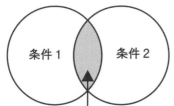

円を重ねた図で，ベン図と呼ばれる。複数の情報や属している項目の領域を図示するときに使う。

共通する項目の整理や，異なる項目から共通した要素をみつけるときに役立つ。

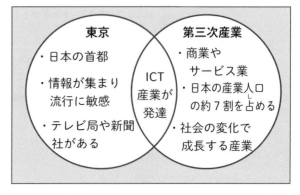

↑ベン図を使った整理の例 「東京」と「第三次産業」の円の中に，関連する項目を書き，共通する内容を重なっている部分に書く。

2 クラゲチャート－主張や結果に対する理由や原因をまとめる

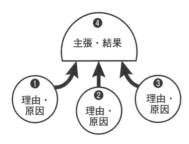

クラゲの足の先❶～❸に理由や原因，頭の部分❹に主張や結果を書き出す。論理的に説明したいときや，相手に理解してもらうときに役立つ。

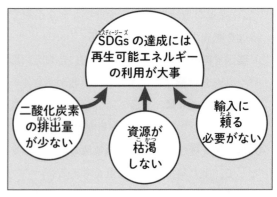

↑クラゲチャートを使った整理の例 「再生可能エネルギーの利用が大事」という主張に対して，足の先にいくつかの理由を示している。

❸ Yチャート－多面的・多角的に分類する

三つの観点・視点に分類することで，それぞれ対応する情報を書き出し，さらに思考を発展させて考えることができる。

➡Yチャート　紙の上に「Y」の字を書き，三つの視点を枠の中に書き，それぞれの項目を分類する。

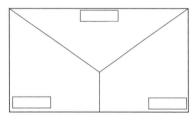

中部地方の農業の特色

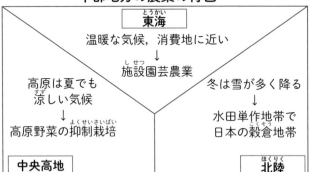

東海
温暖な気候，消費地に近い
↓
施設園芸農業

高原は夏でも
涼しい気候
↓
高原野菜の抑制栽培

冬は雪が多く降る
↓
水田単作地帯で
日本の穀倉地帯

中央高地　**北陸**

⬅「中部地方の農業の特色」をYチャートで示した例
中部地方の「東海」「中央高地」「北陸」の地域で分類する。Yチャートで書き出したことから読み取れる内容を，【まとめ】で文章にまとめる。

【まとめ】

中部地方では，自然環境や立地の特色をいかした農業が各地域で行われている。

❹ ウェビングマップ－アイデアをつなげて思考を整理する

中央にキーワードを一つ書いて，そこから思いつく言葉を次々とつなげて書き出し，くもの巣状のマップをつくる。思考が広がることから，考えの整理に役立つ。

ウェビングマップは，イメージマップともいうよ。

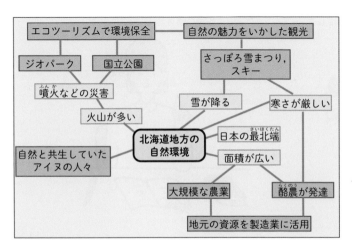

エコツーリズムで環境保全
自然の魅力をいかした観光
ジオパーク　国立公園
さっぽろ雪まつり，スキー
噴火などの災害
雪が降る　寒さが厳しい
火山が多い
北海道地方の自然環境
日本の最北端
自然と共生していたアイヌの人々
面積が広い
大規模な農業　酪農が発達
地元の資源を製造業に活用

⬅「北海道地方の自然環境」の言葉から書き出したウェビングマップの例　思いつく言葉をいくつか書き出し，その言葉に関係のあることがらを近くに書いて線で結んでいく。

中学生のための
勉強・学校生活アドバイス

勉強を始めやすい環境（かんきょう）を作ろう

「昨日，勉強しようと思ったら，友達からメッセージが来て，やり取りしていたら結局勉強できませんでした…」

「そういうの，あるよね。最近オレは，『すぐに返事できなくてゴメン！』って友達に伝えてるよ。勉強してるときは集中したいからね！」

「なかなかそれが言いにくくて…」

「もし自分で言いにくかったら，『最近，勉強の時はスマホを親に預けなきゃいけないんだ』とか言ってもいいんじゃない？」

「それなら言えるかも」

「**勉強するときはスマホとかマンガは，目に入らないところに移動させるのもいいわよ。**机の上を整理整頓（せいとん）して，勉強モードにしようね」

「オレ，机の上が片付いていないから片付けなきゃ」

「勉強に関係ないものは片付けてもいいけど，筆記用具や参考書は，いつでも手の届く場所に置いておいてもいいかもね」

「えっ，片付けなくていいの？」

「人それぞれだと思うけど，**勉強に関するものが目に見えるところにあれば，筆記用具や参考書を出す手間が省けて，すぐに勉強しようと思うかもしれないわね**」

「あ，その気持ちわかるかも。最初のひと手間がめんどくさいんですよね」

「まずは，勉強を始める前に，自分が集中して勉強できる環境づくりから始めてみようと思います！」

入試レベル問題

1 右の地図A〜Eは，世界の6大陸のうち5大陸を表しています。これをみて，次の各問いに答えなさい。

(1) 6大陸のうち，地図A〜Eで描かれていない大陸の名を答えなさい。

〔　　　　　　　　　〕

(2) 地図A〜Eのうち，赤道が通る大陸をすべて選び，記号で答えなさい。

〔　　　　　　　　　〕

(3) 地図A〜Eのうち，大西洋に面していない大陸を1つ選び，記号で答えなさい。

〔　　　　　　　〕

(4) 地図A〜E中のア〜エのうち，日本からみて地球上の正反対にあたる場所を1つ選び，記号で答えなさい。〔　　　　　　〕

(5) 地図A〜Eの▢は，ある気候帯の分布を表しています。この気候帯を次のア〜エから1つ選び，記号で答えなさい。

ア　温帯　　　イ　熱帯　　〔　　　　　〕
ウ　乾燥帯　　エ　冷帯

(6) 地図C中のXの都市は，日本が1月10日午前10時のとき，1月9日午後8時です。この都市の経度は何度ですか。東経，西経のいずれかを用いて書きなさい。

〔　　　　　　　　　〕

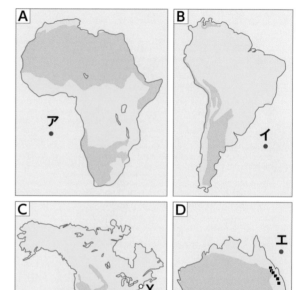

(7) 16世紀から19世紀にかけて，地図Aの大陸から地図Bと地図Cの大陸へ多くの人々が移動しました。その理由を簡潔に書きなさい。

〔　　　　　　　　　　　　　　　　　　　　　　　　　　　　　　　　　　〕

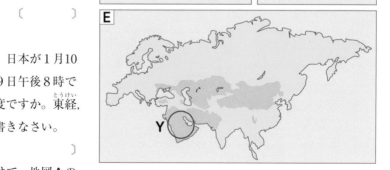

(8) 地図**D**中の■は，ある鉱産資源の分布を示しています。日本へも輸出されているこの鉱産資源を，次のア〜エから1つ選び，記号で答えなさい。〔　　　　〕

　ア　石炭　　イ　鉄鉱石　　ウ　石油　　エ　金

(9) 地図**E**中の**Y**の地域について，次の各問いに答えなさい。

写真1

写真2

① **Y**の地域では，**写真1**のような家がみられます。この家には，どのような材料が使われていますか。

〔　　　　　　　　　　〕

（ピクスタ）

（Alamy／PPS通信社）

② **写真2**は，**Y**の地域に住む女性が着ている衣服です。この衣服を着ている女性はどの宗教を信仰していると考えられますか。次のア〜エから1つ選び，記号で答えなさい。

　ア　ユダヤ教　　イ　仏教　　ウ　ヒンドゥー教　　エ　イスラム教　〔　　　　〕

2　次の⑥〜②の文は世界の国々について述べています。これを読んで，下の各問いに答えなさい。

> ⑥　世界に食料を輸出する「世界の食料庫」で，企業的な農業と適地適作に特色がある。航空宇宙産業やバイオテクノロジーなどの先端技術産業が発達し，世界をリードしている。
>
> ⑥　かつては国が工業を管理していたが，1980年代に改革開放路線を導入した結果，工業が発達し，今やGDPが世界第2位の経済大国となった。
>
> ③　多様な人々が暮らし，日系人も多く住む。鉄鉱石の生産量は世界有数で，日本への輸出も多い。道路や牧場などの開発によって，貴重な熱帯雨林が減少している。
>
> ②　国土の大半を乾燥帯が占める。かつて白人以外の移住を制限する政策をとっていたが，現在は廃止され，多文化社会を目指している。

(1) 次の表中のア〜エは，上の⑥〜②の国の統計資料です。③の国にあてはまるものをア〜エから1つ選び，記号で答えなさい。〔　　　　〕

	人口密度 （人/km²）	小麦の生産量 （千t）	一人あたり国民 総所得（ドル）	日本への主要輸出品の輸出額の割合（%）					
				第1位		第2位		第3位	
ア	3	20,941	56,396	液化天然ガス	35.4	石炭	30.0	鉄鉱石	12.4
イ	25	5,419	8,785	鉄鉱石	38.4	とうもろこし	12.4	肉類	11.4
ウ	34	51,287	63,704	機械類	26.3	航空機類	5.8	医薬品	5.6
エ	150	131,441	9,496	機械類	47.0	衣類	9.7	金属製品	3.7

（人口密度は2020年，輸出品の割合は2019年，ほかは2018年）　　　（2020/21年版「世界国勢図会」，2020/21年版「日本国勢図会」）

(2) ②の国にもともと住んでいた先住民を何といいますか。カタカナ5字で答えなさい。

〔　　　　　　　　　　〕

3 右の地形図は，山梨県の甲府盆地のものです。これを見て，次の各問いに答えなさい。

(1) この地形図の縮尺を答えなさい。

〔　　　　　　　　　〕

(2) 右の写真は，地形図中のAとBのどちらの方向から撮影したものですか。また，このような緩やかな傾斜地を何といいますか。

〔　　　　　　　　　〕
〔　　　　　　　　　〕

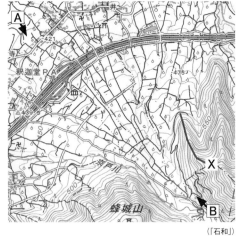

(Cynet Photo)

(「石和」)

(3) 地形図について正しく読み取っている文を，次のア〜エから2つ選び，記号で答えなさい。

〔　　　　〕〔　　　　〕

ア 「釈迦堂PA」の近くには，博物館・美術館がある。

イ Xの線で示したところは尾根と谷のうち，谷にあたる。

ウ 緩やかな傾斜地は，果樹園に利用されている。

エ 「京戸川」は西から東へ流れている。

4 資料や地図を見て，あとの各問いに答えなさい。

資料1 日本と世界の川の比較

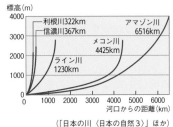

利根川322km
信濃川367km
アマゾン川 6516km
メコン川 4425km
ライン川 1230km

標高(m)
河口からの距離(km)

(「日本の川〈日本の自然3〉」ほか)

資料2

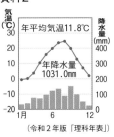

年平均気温11.8℃
年降水量 1031.0mm

気温(℃)
降水量(mm)

(令和2年版「理科年表」)

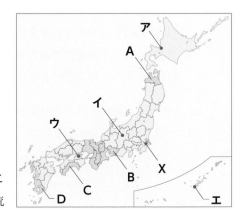

ア
A
イ
ウ
B
X
C
D
エ

(1) 資料1は，日本と世界の川を比較したものです。この資料から読み取れる日本の川の特色を，「距離」「流れ」という語句を用いて，簡潔に書きなさい。

〔　　　　　　　　　　　　　　　　　　　　　　　　　　〕

(2) 資料2の雨温図の都市を，地図中のア〜エから1つ選び，記号で答えなさい。

〔　　　　　　　　　〕

(3) **資料3**中の**あ〜え**は，地図中の**A〜D**の県に関係する統計資料を集めたものです。**A〜D**にあてはまる組み合わせを，下の**ア〜エ**から1つ選び，記号で答えなさい。　〔　　　　〕

資料3

県	面積 (km²) 2019年	人口 (万人) 2019年	人口に占める 65歳以上 の割合（%） 2019年	品目別農業生産額（億円）2018年				工業生産額 (億円) 2017年	年間商品販 売額（億円） 2016年
				米	野菜	果実	畜産		
あ	5173	755.2	25.1	296	1125	202	866	472303	416565
い	9646	124.6	33.3	553	836	828	905	19361	32735
う	9187	160.2	32.0	211	556	106	3172	20990	41941
え	7104	69.8	35.2	117	745	114	80	5919	15335

(2020/21年版「日本国勢図会」，2020年版「データでみる県勢」ほか)

ア　A－う　B－え　C－あ　D－い　　　　イ　A－あ　B－う　C－い　D－え

ウ　A－え　B－あ　C－い　D－う　　　　エ　A－い　B－あ　C－え　D－う

(4) **資料4**は，地図中の□□□□地方の昼夜間人口を表したものです。次の問いに答えなさい。

① **資料4**をもとに，右の地図に，この地方の昼夜間人口比率の統計地図を作成しました。空白の府県にあてはまる凡例を書き込み，統計地図を完成させなさい。

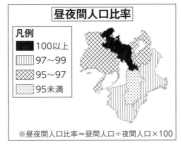

昼夜間人口比率

凡例
■ 100以上
▥ 97〜99
▨ 95〜97
░ 95未満

※昼夜間人口比率＝昼間人口÷夜間人口×100

資料4　昼間人口と夜間人口

府県	昼間人口 (千人)	夜間人口 (千人)
三重	1785	1816
滋賀	1364	1413
京都	2656	2610
大阪	9224	8839
兵庫	5294	5535
奈良	1228	1364
和歌山	946	964

(2015年) (2020年版「データでみる県勢」)

② 完成した統計地図から，「（　あ　）地方は，大阪府の昼間人口が多いから（　い　）のだろう」という仮説を立てました。空欄にあてはまる内容を書き入れて，仮説の文を完成させなさい。

〔あ　　　　　　　地方は，大阪府の昼間人口が多いからい　　　　　　　　　　のだろう〕

(5) **資料5**は，日本の主な港（空港）の主な貿易品目に関係する資料を集めたものです。左ページの地図中の**X**の港（空港）にあてはまるものを，**資料5**中の**ア〜エ**から1つ選び，記号で答えなさい。

〔　　　　〕

資料5　東京港，千葉港，名古屋港，成田国際空港の主要貿易品目

	輸出額(億円)	主な輸出品目とその割合（%）	輸入額(億円)	主な輸入品目とその割合（%）
ア	123068	自動車(26.3)，自動車部品(16.7)	50849	液化ガス(8.4)，石油(7.8)
イ	7180	石油製品(28.0)，有機化合物(17.4)	32682	石油(53.4)，液化ガス(17.4)
ウ	105256	半導体等製造装置(8.1)，科学光学機器(6.2)	129560	通信機(13.7)，医薬品(12.3)
エ	58237	半導体等製造装置(6.7)，自動車部品(6.5)	114913	衣類(8.9)，コンピューター(5.3)

(2019年) (2020/21年版「日本国勢図会」)

解答と解説

1編1章・2章　世界の姿,日本の姿

1 (1) ①アフリカ　②7　(2) 12月31日午後7時
(3) 南緯40度, 西経160度　(4) エ
(5) ①エ　②d　③大西洋

解説

(1)　Aはエジプト。②日本の標準時子午線は兵庫県明石市を通る東経135度の経線なので, 東経30度のエジプトとの経度差は, 135 − 30 = 105度となる。経度15度で1時間の時差が生じるので, 105 ÷ 15 = 7で, 時差は7時間となる。

(2)　Bのサンフランシスコと日本の経度差は135+120 = 225度となり, 時差は225 ÷ 15 = 17で, 17時間となる。サンフランシスコは本初子午線をはさんで日本より西にあるので, 日本の時刻より17時間遅い12月31日午後7時がサンフランシスコの時刻になる。

(5)　①地図2は中心からの距離と方位が正しい地図。中心(東京)からの方位が正しいのだから, 中心からまっすぐ右にいった都市が真東となる。②中心からの距離が正しいので, 最も中心から離れたdが最も遠い国となる。

2 (1) ⓥ　(2) ウ　(3) ①位置…エ　島名…B
②位置…ア　島名…D
③位置…イ　島名…A
(4) 排他的経済水域

解説

(2)　日本の標準時子午線である東経135度の経線は, オーストラリア大陸のほぼ中央を通る。

(4)　排他的経済水域では, 沿岸国に水産資源や海底の鉱産資源をとる権利がある。

---

3 (1) 兵庫県　(2) ①エ　②イ

解説

(1)　兵庫県の県庁所在地は神戸市。都道府県名と都道府県庁所在地名が異なるところは17ある(埼玉県のさいたま市を除く)ので覚えておこう。

(2)　②長野県は, 新潟県, 群馬県, 埼玉県, 山梨県, 静岡県, 愛知県, 岐阜県, 富山県の8県に接している。

2編1章　世界各地の人々の生活と環境

1 (1) ①ⓥ　②ⓤ　③ⓞ　④ⓔ　⑤ⓐ
(2) B　(3) ⓥ　(4) 砂漠化　(5) (例) 暑さや湿気を防ぐため。　(6) (例) 強い日差しを避けるため。

解説

(1)　①はサハラ砂漠の南に接するサヘルに広がる乾燥帯, ②はマレーシアやインドネシアなどの熱帯, ③はアンデス山脈の高地, ④はカナダの北極圏, ⑤は地中海沿岸の温帯の自然や暮らしについての説明。

(2)　Bは熱帯雨林気候に属するシンガポール。一年を通じて気温が高く, 降水量も多いので, 熱帯の熱帯雨林気候の雨温図とわかる。

(3)　写真は乾燥帯でみられる日干しれんがの住居。乾燥帯は樹木が育たず木材が手に入りにくいため, 土や泥を固めた日干しれんがが使われる。

2 (1) イ　(2) 写真1…ウ　写真2…イ
(3) ウ　(4) エ

解説

(1)　Bは北アフリカ, 西アジア, 中央アジアなどに分布しているのでイスラム教, Cは東アジアや東南アジアに分布しているので仏教とわかる。

(2)　写真1は仏教の托鉢, 写真2はキリスト教の礼拝

の様子。

(3) **写真3**は，ゲルと呼ばれるモンゴルの遊牧民の住居。家畜として飼っている羊の毛でつくったフェルトを壁などに利用している。

(4) エはヒンドゥー教徒の習慣。

2編2章　世界の諸地域

定期テスト予想問題 ③　　p.153〜157

1 (1) A…イ　B…ウ　C…エ　(2) (例) **外国企業を誘致するため。** (3) ①ウ　②**輸出**
(4) エ　(5) ①ア　②イ

[解説] ‥‥‥‥‥‥‥‥‥‥‥‥‥‥‥‥
(1) Aはインド，Bは中国，Cは韓国の説明。
(3) ①米は気温が高く，降水量が多い地域が栽培に適している。

2 (1) ウ　(2) ア　(3) (例) **特定の農作物や鉱産資源の輸出に頼っており，不安定。**
(4) **人口の増加，干ばつ，砂漠化，紛争，内戦**などから一つ。

[解説] ‥‥‥‥‥‥‥‥‥‥‥‥‥‥‥‥
(1) アフリカ州の北部と西部はフランスの，東部や南部はイギリスの植民地支配を受けた国が多い。それらの国ではそのままフランス語，英語が公用語となっている。
(2) ギニア湾岸のコートジボワールやガーナでは，熱帯の気候に適したカカオの栽培がさかん。カカオはチョコレートの原料となる。
(3) 農作物や鉱産資源の価格は，天候不順や災害による不作，世界的な経済情勢などの影響を受けるので，これらの輸出に頼った経済は不安定になる。

3 (1) フィヨルド　(2) ゲルマン　(3) ア
(4) ①ア　②(例) **アメリカなどの大国に対抗するため。** ③イ　④(例) **自動車をなるべく使わず，自転車を利用するようにしている。**

[解説] ‥‥‥‥‥‥‥‥‥‥‥‥‥‥‥‥
(2) 大まかに，ヨーロッパ北西部にゲルマン系言語，南部にラテン系言語，東部にスラブ系言語が分布している。
(4) ①アのイギリスはかつてはEUに加盟していたが，2020年に離脱した。　②「二度と戦争が起こらないようにするため。」でも正解。　④「パークアンドライドを導入している。」，「再生可能エネルギーを推進している。」，「リサイクルを徹底している。」などでも正解。

4 (1) ヒスパニック　(2) アフリカ　(3) ウ
(4) ア　(5) サンベルト　(6) (例) **土地が広くて安く，労働力にめぐまれていたため。**
(7) ①ア　②エ

[解説] ‥‥‥‥‥‥‥‥‥‥‥‥‥‥‥‥
(1) ヒスパニックは，スペイン語を日常語として話すメキシコや中央アメリカ，カリブ海諸国などからの移民。
(4) Xは北緯37度の緯線。

5 (1) A　(2) ポルトガル語　(3) イ　(4) あ
(5) (例) **熱帯雨林の一部を保護地域に指定し，開発を規制している。**

[解説] ‥‥‥‥‥‥‥‥‥‥‥‥‥‥‥‥
(2) Xはブラジル。南アメリカ州ではブラジル以外のほとんどの地域はスペインの植民地支配を受けたため，スペイン語が使われている。
(4) あはアマゾン川流域。
(5) 「人工衛星を使って違法な伐採を監視している。」，「植林活動を行っている。」などでも正解。

6 (1) ア　(2) (例) **多言語で，テレビ放送やラジオ放送を行っている。**
(3) ア

[解説] ‥‥‥‥‥‥‥‥‥‥‥‥‥‥‥‥
(1) オーストラリアでは，北西部で鉄鉱石，北東部や南東部で石炭が採掘されると覚えておこう。
(2) 「先住民の権利を守る法律を整備している。」，「国会で先住民の議席を確保している。」などでも正解。

3編3章　日本のさまざまな地域

ことなので，市役所や商工会議所などから市の産業
に関する統計を取り寄せる。

定期テスト予想問題④　　p.168〜170

1　(1) ①ウ　②ア　③イ　(2) イ・エ（順不同）
　　(3) ①エ　②ウ　③ア

解説

(2)　数量の変化は折れ線グラフや棒グラフ，割合は帯
　グラフや円グラフが適している。

2　(1) 20m（ごと）　(2) ア

解説

(2)　等高線の数から A 山の山頂の高さは約120m，B 山
　の山頂は約160mで，A 山より B 山の方が高い。ま
　た，等高線の間隔から A 山の東側の傾斜は緩やか，
　B 山の西側の傾斜は急であることが読み取れる。

3　(1) 280m　(2) B　(3) ア・エ（順不同）

解説

(1)　三角点（△）の数値と等高線が10mごとに引か
　れていることから考える。

4　(1) C　(2) ❶イ　❷エ　(3) ①北西　②南西
　　(4) 1500m

解説

(1)　写真は C 地点の大通公園からみたテレビ塔を撮影
　したもの。地形図中に書かれている施設名に着目し
　て，地点を特定する。
(4)　2万5千分の1地形図なので，実際の距離は
　6（cm）×25000 = 150000（cm）= 1500（m）となる。

5　(1) エ　(2) ウ　(3) イ・エ（順不同）

解説

(1)　ア は城跡，イ は図書館，ウ は風車。
(2)　2018年の地形図には，鉄道や道路が整備され，
　開発された住宅地が広がっている。
(3)　イ は市の統計書などを調べる。エ は商業に関する

定期テスト予想問題⑤　　p.212〜214

1　(1) イ　(2) フォッサマグナ
　　(3) A…奥羽山脈　B…信濃川
　　　　C…関東平野　D…紀伊山地
　　(4) あ…ウ，リアス海岸
　　　　い…ア，三角州
　　(5) ①X…親潮（千島海流）
　　　　　 Y…黒潮（日本海流）
　　　　②潮境（潮目）　(6) ①オ　②ウ　③イ

解説

(1)　イ は北アメリカ大陸の東部。
(6)　①は南西諸島の気候，②は瀬戸内の気候。③は日
　本海側の気候。

2　(1) ①ウ→イ→ア　②イ
　　(2) X…サウジアラビア　Y…オーストラリア
　　(3) ①A…ブラジル　B…ドイツ
　　　　C…日本　D…フランス
　　②再生可能エネルギー
　　③(例)発電時の二酸化炭素の排出量が少ない。

解説

(1)　①富士山型→つりがね型→つぼ型へ変化。
(3)　③自然環境に与える影響が少ない長所があるいっ
　ぽうで，発電量が不安定などの短所もある。

3　(1) A…ウ　B…ア
　　(2) X…抑制　Y…促成　(3) 太平洋ベルト
　　(4) ①ウ　②イ　③ア
　　(5) ①ウ　②(例)産業の空洞化がみられるように
　なった。
　　(6) イ　(7) エ

解説

(2)　X は群馬県嬬恋村などの高原地域，Y は高知平野
　と宮崎平野。
(5)　②産業の空洞化とは，国内工場の閉鎖，失業者の
　増加により，国内の産業が衰退する現象。
(7)　ア，イ，ウ は海上輸送に適している。

定期テスト予想問題⑥　p.293〜295

1. (1) ①エ・桜島（御岳）　②イ・阿蘇山
(2) ⓑ・(例)二つの山地にさえぎられて，季節風の影響を受けないから。
(3) ①B　②C　(4) 地方中枢都市　(5) ウ

解説
(2) 瀬戸内の気候は，冬は中国山地，夏は四国山地に季節風がさえぎられて影響を受けないため，降水量が少ない特徴がある。
(5) 沖縄県は観光業がさかんで，第三次産業人口の割合がとくに高い。

2. (1) A…ウ　B…イ　C…ア　(2) 日本アルプス（日本の屋根）
(3) X…阪神工業地帯　Y…中京工業地帯
(4) ①ⓒ　②ⓑ　③ⓐ
(5) (例)古都の景観を守るため。

解説
(5) Zは奈良市。京都や奈良など，歴史的な寺院や建物が残る古都では，景観保全と開発を両立させる取り組みが行われている。

3. (1) 関東ローム
(2) (例)周辺地域からの通勤・通学者が多いから。
(3) 近郊農業　(4) イ

解説
(2) 千代田区は国会議事堂や中央省庁などの国の中枢機能が集まる都心。新宿区は副都心。

4. (1) やませ　(2) 世界自然遺産（世界遺産）
(3) A，石狩平野　(4) ウ
(5) リアス海岸，イ・ウ（順不同）
(6) ①イ　②ウ　(7) ①ⓤ　②ⓘ　③ⓐ

解説
(2) 北海道にある★は知床，青森県と秋田県にまたがる★は白神山地。
(4) てんさいは，加工して砂糖となる工芸作物で，北海道の生産量が100％を占めている。

定期テスト予想問題⑦　p.296〜298

1. (1) 豚…イ　肉用若鶏…ア
(2) A…オ　B…イ　C…ア　D…エ
(3) イ，(例)ほかの産地からの入荷が少ない夏の時期に多く入荷されているから。
(4) ①渥美　②施設園芸

解説
(1) ウは肉牛，エは採卵鶏のグラフ。
(3) 長野県の高原では，夏でも涼しい気候をいかしてレタスやはくさいなどの高原野菜の抑制栽培がさかんである。

2. (1) ①八幡製鉄所　②イ・ウ（順不同）
(2) 石油化学コンビナート
(3) ①A…カ　B…ア　C…ウ
②(例)新聞社や出版社が多く，多くの情報が集まるから。
(4) イ・ウ（順不同）

解説
(1) ②1960年代のエネルギー革命以降，鉄鋼業が衰えて，自動車やIC（集積回路）の工場が九州各地に進出した。
(3) ①北海道は，地元でとれる農畜産物や水産物を加工する食料品工業が発達している。
②首都東京は，文化・情報の発信地で，印刷業のほかに情報通信産業も集中している。

3. (1) エコツーリズム（エコツアー）
(2) ジオパーク
(3) イ　(4) ニュータウン，ア・ウ（順不同）
(5) (例)若い世代の人口が流出した
(6) エコタウン（事業）　(7) 水俣病

解説
(1) Aは知床で，世界自然遺産に登録されている。
(4) Dは多摩ニュータウン，Fは千里ニュータウン。ニュータウンは東京や大阪の郊外に造成された。
(5) Gは徳島県上勝町。インターネットを使った，高齢者も働き続けられる事業が注目されている。
(6) Hは北九州市。
(7) Iは水俣市。

1 (1) 南極大陸 (2) A，B (3) D (4) イ (5) ウ
(6) 西経75度 (7) （例）アフリカ大陸の人々が奴隷として，南北アメリカ大陸へ送られたため。
(8) ア (9) ① （土でつくった）日干しれんが
② エ

解説

(1) Aはアフリカ大陸，Bは南アメリカ大陸，Cは北アメリカ大陸，Dはオーストラリア大陸，Eはユーラシア大陸。
(2) 赤道はアフリカ大陸の中央と南アメリカ大陸の北部を通っている。
(5) Aのアフリカ大陸の北部と，Dのオーストラリア大陸の内陸部に分布していることから，乾燥帯と判断する。
(6) 日本の時刻とXの都市の時刻から両都市の時差は14時間あることがわかる。時差は経度15度で1時間生じるので，経度差は14（時間）×15（度）＝210度となる。日本の経度が東経135度なので，210−135＝75度となり，Xの都市は本初子午線より西にあるので，西経75度とわかる。

2 (1) イ (2) アボリジニ

解説

(1) あはアメリカ合衆国，いは中国，うはブラジル，えはオーストラリアの説明。表をみると，アは人口密度が低いことと，液化天然ガス，石炭などの鉱産資源の輸出が多いことからオーストラリアと判断する。砂漠が広がるオーストラリアは人口密度が低い。イは一人あたりの国民総所得が最も低く，鉄鉱石ととうもろこしの輸出が多いことからブラジルと判断する。ブラジルは近年の経済発展が著しいが，貧富の差が大きいため，一人あたりの国民総所得は低い。ウは一人あたりの国民総所得が最も高く，航空機類の輸出が多いことからアメリカ合衆国と判断する。アメリカは国内総生産（GDP）が世界一の世界最大の経済大国。エは小麦の生産量が最も多く，衣類の輸出が多いことから中国と判断する。

3 (1) 2万5千分の1 (2) A，扇状地
(3) ア・ウ（順不同）

解説

(1) 等高線の計曲線（太い線）が50mごとに，主曲線（細い線）が10mごとに引かれていることから判断できる。
(2) 写真から扇状地の広がりがわかる。
(3) イ…等高線が低いほうへ張り出しているのは尾根。エ…京戸川は東から西へ流れている。

4 (1) （例）距離が短くて流れが急である。
(2) イ (3) エ
(4) ①

② あ近畿 い（例）大阪を中心とした大都市圏が形成されている
(5) ウ

解説

(1) 世界の川と比べて，日本の川は山地から海までの距離が短いため，流れが速い。
(2) 年降水量が少なく，年平均気温も低いので，中央高地（内陸〔性〕）の気候と判断できる。
(3) あは工業生産額が最も多いのでBの愛知県，いは果実の農業生産額が多いのでりんごの栽培がさかんなAの青森県，うは畜産の生産額が多いことからDの鹿児島県，残ったえがCの高知県と判断できる。
(4) ①大阪府に100以上の色を塗る。
(5) Xは成田国際空港。半導体など小型で軽量，高額な製品の輸出入が多いことからウ。なお，アは名古屋港，イは千葉港，エは東京港。

さくいん

カバーイラスト・マンガ	へちま
ブックデザイン	next door design（相京厚史，大岡喜直） 株式会社エデュデザイン
本文イラスト	加納徳博
図版	ゼム・スタジオ，（有）木村図芸社，東京カートグラフィック（株），地形図：国土地理院
写真	出典は写真そばに記載。　無印：編集部または学研写真資料課など
編集協力	佐野秀好，たくみ堂， 笹原謙一，野口光伸，粕谷佳美，KEN 編集工房，菊地聡，清水香，阿部薫，田中綾
マンガシナリオ協力	株式会社シナリオテクノロジー ミカガミ
データ作成	株式会社明昌堂 データ管理コード：23-2031-3778（CC2020）
製作	ニューコース製作委員会 （伊藤なつみ，宮崎純，阿部武志，石河真由子，小出貴也，野中綾乃，大野康平，澤田未来，中村円佳， 渡辺純秀，相原沙弥，佐藤史弥，田中丸由季，中西亮太，髙橋桃子，松田こずえ，山下順子，山本希海， 遠藤愛，松田勝利，小野優美，近藤想，辻田紗央子，中山敏治）

＼ あなたの学びをサポート！／

家で勉強しよう。
学研のドリル・参考書

URL	https://ieben.gakken.jp/
X（旧Twitter）	@gakken_ieben

読者アンケートのお願い

本書に関するアンケートにご協力ください。右のコードか URL からアクセスし，アンケート番号を入力してご回答ください。ご協力いただいた方の中から抽選で「図書カードネットギフト」を贈呈いたします。

アンケート番号：305211

https://ieben.gakken.jp/qr/nc_sankou/

学研ニューコース　中学地理

この本は下記のように環境に配慮して製作しました。
●製版フィルムを使用しない CTP 方式で印刷しました。
●環境に配慮して作られた紙を使っています。